Lewald,

Erinnerungen aus

1. Ban

Lewald, Fanny

Erinnerungen aus dem Jahre 1848

1. Band

Inktank publishing, 2018

www.inktank-publishing.com

ISBN/EAN: 9783747777497

Erinnerungen

aus

dem Jahre 1848

von

Fanny Lewald.

Erster Band.

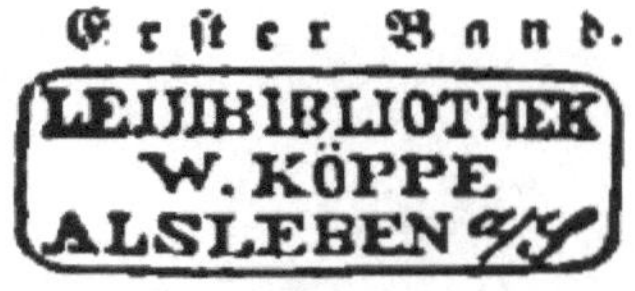

Braunschweig,
Druck und Verlag von Friedrich Vieweg und Sohn

1850.

An

Frau Therese von Lützow,

geb. von Struve,

in

Batavia.

Als Freunde mir im Anfang des vorigen Jahres riethen, die Briefe, welche jetzt gedruckt vor mir liegen, zu sammeln, und sie der Oeffentlichkeit zu übergeben, weil sie ein allgemeineres Interesse haben könnten, zögerte ich dies zu thun und theilte Dir, meine Therese! die Bedenken mit, welche sich dagegen in mir regten. Es schien mir, als müsse eine plastisch abgerundete Form auch für solche Darstellungen gewählt werden, als sei überhaupt so viel über jenes Jahr aufgezeichnet, daß der Wunsch, noch mehr darüber zu hören, nicht lebhaft sein könne. Jene Freunde blieben aber, trotz dieser Einwendungen, bei ihrer Meinung, Du stimmtest ihnen bei, und ich entschloß mich endlich zur Herausgabe der Briefe, da ich mir anderer Seits aus eigener Erfahrung sagen durfte, daß oft kleine Züge, welche unter dem Eindruck des Augenblickes wahrheitstreu festgehalten wurden, später eine größere Bedeutung haben können.

Wie dem nun sei, wie die Lesewelt das Buch aufnehmen möge, Dir wird es lieb sein, als Erinnerung an ein Jahr, das wir fast ganz mit einander zugebracht haben; es wird Dich freuen, weil sich Dir alle unsere guten Stunden in Paris, Berlin, Hamburg und Frankfurt wieder beleben werden, wenn diese Blätter Dich in Deiner neuen palmenumschatteten Heimath erreichen.

So gehe das Buch denn zu Dir, meine Therese! als ein Gruß aus Europa, als eine Gabe der Liebe, als eine Erinnerung an mich.

Berlin, den 18. Januar 1850.

Fanny Lewald.

Inhalt.

Reise von Oldenburg nach Paris.

Der März in der französischen Republik.

Reise von Oldenburg nach Paris.

1.

Bremen, den 28. Februar 1848.

Heute früh habe ich Oldenburg verlassen und es scheint, als ob ich mit dem ersten Schritte aus der kleinen, stillen Residenz gleich in eine neue Welt voll Wunder versetzt werden sollte. — Die Republik proklamirt in Paris!

In tiefster Friedenssicherheit war ich am Morgen durch die Straßen von Oldenburg gegangen. Wie still und ruhig gefestet sah die Welt aus. Alle Laden der kleinen, zum Theil aus rothen Backsteinen gebauten Häuser waren geschlossen;

1*

ein schlaftrunkener, vierschrötiger Postillon zog mit vier schwerfälligen Pferden zur Post; der Stalljunge sang ein plattdeutsches Lied. An der Hauptwache, dem Schlosse gegenüber, ging zwischen den beiden Kanonen die Schildwache auf und nieder. In der Baumallee, auf dem räumigen Schloßplatz Alles still; das wunderliche Schloß, mit seinen Anbauen und Thürmchen wie im Morgenschlafe träumend. Der Frieden ruhiger Einförmigkeit lag über Oldenburg ausgebreitet, und ich hatte mich während meines zehnwöchentlichen Aufenthalts so heimisch in dieser Existenz gefühlt, daß ich mich beinahe fürchtete vor den heftigen Aufregungen, vor den gewaltigen Eindrücken, die in Paris meiner warteten.

Auf dem kleinen Dampfschiffe, das uns die Hunte und Weser entlang nach Bremen führen sollte, waren nur wenige Leute. Der Mond stand noch hoch am Himmel und beleuchtete den engen Hafen, die holländischen Mühlen, die niedrigen aus Wiesenland bestehenden Ufer der Hunte. Trockenes Schilf, melancholisch im Morgenwinde schwankend, neigte sich zu den Eisschollen nieder, welche vereinzelt umhertrieben. Wir gingen in die Kajüte hinab, nachdem wir den Zurückbleibenden die letzten Grüße zugewinkt hatten. Während der Fahrt bildete Paris fast ausschließlich den Gegenstand unserer Unterhaltung. Das Reformbankett, Guizot's starres Verhalten, Louis Philipp's trotzige Sicherheit wurden besprochen, und man nahm als gewiß an, daß die Reform durchgehen, die Krone nachgeben werde. Ich erwartete eine bewegte, eine interessante Zeit in Paris.

So langten wir in Bremen an. Aber kaum hatten wir den Fuß aus dem Dampfschiff auf die Erde gesetzt, als uns Doktor Andree mit einem Zeitungsblatte in der Hand entgegentrat. »Louis Philipp ist geflohen! Die Republik ist proklamirt in Paris! Und hier, lesen Sie!« Ich nahm das

Zeitungsblatt und las unter den Namen der provisorischen Regierung: »Albert, ouvrier!«

Eine neue Aera beginnt. Was wird sie den Franzosen bringen? Neue Kämpfe? Mord und Guillotine? Eine kurze Epoche der Freiheit und neue Tyrannei? — Ich kann's nicht glauben. Mörderische Kriege, blutige Kämpfe kommen mir unmöglich, kommen mir undenkbar vor, nachdem man die Ideen des Socialismus, der brüderlichen Menschheitsvereinigung, im Leben zu verwirklichen versucht hat. Jemand todtschlagen, weil er nicht unserer Meinung ist, oder weil er diesseits und wir jenseits des Flusses wohnen; weil wir andere Sitten, andere Sprache haben, das Alles wäre doch zu traurig bei dem jetzigen Kulturzustande. Der Krieg gebildeter Völker untereinander ist der letzte Rest thierischer Rohheit und muß verschwinden von der Erde. Ich glaube an die Menschheit, an die Zukunft, an das Bestehen der Republik. Schöne Hoffnungen, glorreiche Erinnerungen knüpfen sich an den männlichen Klang dieses Wortes. Mehr als je zieht es mich nach Paris. Ich möchte sehen, wie ein Volk sich einrichtet, wie es sich den Staat gestaltet, nachdem es sich reif erklärt hat zu freier Selbstbestimmung. Welche Eindrücke stehen uns in Paris, diesem ewig klopfenden Herzen Europas, bevor!

2.

Bremen, den 29. Februar.

Es ist ein großer Mangel der Sprachen, daß Männer und Frauen sich derselben Worte zur Bezeichnung ihres Glückes bedienen, da doch dies Glück selbst so wesentlich von einander verschieden ist. Das habe ich gestern recht im Bremer Rathskeller empfunden und bedacht.

»Ueberirdisch glücklich!« seufzt eine sentimentale, hellblonde Deutsche in ihrer unirdischen Erhabenheit — und ein Mann, der alle lachenden Erinnerungen froher Trinkgelage in den düstern unterirdischen Kellergemächern Deutschlands im Gedächtniß liebend bewahrt, spricht gedankenlos das »überirdisch glücklich!« nach, statt »unterirdisch glücklich« zu sagen.

Mein Leben lang hatte ich vom Bremer Rathskeller, von den Hamburger Austernkellern gehört; unzählig oft Hauff's und Heine's Phantasien an den Bremer Rathskeller gelesen und deutlich standen mir Heine's Worte in der Seele:

»Ich weinte vor Andacht, und endlich
Erschlossen sich mir die Pforten des Heils,
Wo die zwölf Apostel, die heil'gen Stückfässer,
Schweigend pred'gen, und doch so verständlich
Für alle Völker.
Das sind Männer!
Unscheinbar von außen, in hölzernen Röcklein,
Sind sie von innen schöner und leuchtender.
Denn all' die stolzen Leviten des Tempels.

— — — — —

Hallelujah! Wie lieblich umwehen mich
Die Palmen von Beth El!

Wie duften die Myrrhen vom Hebron!
Wie rauscht der Jordan und taumelt vor Freude! —
Und meine unsterbliche Seele taumelt,
Und ich taum'le mit ihr, und taumelnd
Bringt mich die Treppe hinauf. an's Tageslicht,
Der brave Rathskellermeister von Bremen.

Da kam ich im letzten December nach Bremen an einem hellen Sonntage, und durchwanderte in Gesellschaft lieber Freunde die schöne, aufblühende Stadt, die sich um den ernsten Kern der Altstadt in hellen, lichten Straßen ausbreitet, wie eine blätterreiche Blume um ihren dunkeln Kelch.

Das Rathhaus ist ein schönes Gebäude. Arkaden stützen den ersten Stock, und unter den reich verzierten Steinbogen dieser Arkaden steigt man die Treppe hinab in die geweihten Hallen des Bremer Rathskellers.

Ich hatte die ganzen Zurüstungen mittelaltriger Poesie in mir zurecht gelegt — das deutsche unterirdische Mittelalter stand im Vorgrunde meiner Seele, von den Versammlungsorten der heiligen Fehme auf der rothen Erde, bis zu der wunderbaren unterirdischen Synagoge zu Prag. Ich sah hanseatische Handels- und Rathsherren in breitschnabligen Schuhen, im schwarzen Gewande, die goldene Ehrenkette unter der weißen Halskrause; ich sah den dicken Wirth, den Tyrannen und Hofnarren seiner Gäste; ich sah die »Meister der Zünfte« versammelt vor dem Rathhause, schon damals die Kämpfe der Jetztzeit beginnend — aber die nüchterne, glattgeweißte Prosa der übertünchten Wände machte die bunten phantastischen Bilder verschwinden.

Einer unserer Begleiter, auf dessen lebensfrohem Gesichte, in dessen hellen Augen ein ganzes ungedrucktes und doch oft in Scene gesetztes Werk, »über die Kunst fröhlicher Gelage,« zu lesen war, sah ganz bestürzt den Ausdruck der Enttäuschung in meinen Zügen.

»Kein Ort auf der Welt kommt diesem gleich!« rief er. »Sehen Sie diese saubern, weißen Wölbungen! wie das Sonnenlicht vergnüglich hineinscheint, und so flimmernd an den Wänden herumspielt, wie der Wein in dem Glase. Und die heilige Stille, die dort in der Dunkelheit der Urgemächer herrscht! — O! dort! dort funkelt das gediegene Gold der Begeisterung und quillt in strömendem Leben hervor, das trockenste Hirn befruchtend, daß es duftende Blüthen der Poesie, strahlende Perlen des Humors erzeugt. Kellermeister! Licht! und vorwärts in die Urwelt!«

Der Kellermeister hatte unsern Begleiter begrüßt, wie man den Aufgang der Sonne zu begrüßen pflegte: mit der freudigen Ruhe der Sicherheit. So gewiß die Sonne allmorgenlich am Horizonte aufgeht, so gewiß erscheint alltäglich der fröhliche Doktor dem zärtlichen Auge des Rathskellermeisters zu Bremen.

Außer den braunen Tischen und Bänken, die

in dem großen Raume für die Trinker hergerichtet sind, geht ein langer Verschlag an der Wand hin, unter den Fenstern, welche sich an der Straßenseite befinden. Dieser Verschlag ist innen so abgetheilt, daß unter jedem Fenster ein kleines Kämmerchen entsteht. Grüne Vorhänge verhüllen das Fenster. Ein Tisch und zwei Bänke, so lang als das Gemach, und festgenagelt an den Boden desselben, ein Klingelzug und die Weinkarte, bilden das ganze Ameublement — und die Bänke sind hart und der Tisch ist schmal, in diesem Trinker-Paradiese zu Bremen.

Wir warfen einen flüchtigen Blick hinein und schritten den innern Kellergewölben zu.

Da lagen die alten Stückfässer mit ihren Emblemen, wie die Götter der Unterwelt, in ewigem Schweigen. Gelbflackernd streifte das Licht des Kellermeisters die Gestalt des Bacchus, der weinumkränzt thronte auf dem größten Stückfasse, umgeben von den zwölf Aposteln und von allen Blüthen der Rose von Bremen.

Ich sah das Alles, ich sah das mißvergnügte Gesicht des Doktors über unsere Gleichgültigkeit, ich hörte seine ausgesprochene Geringschätzung unserer weiblichen Einsicht — und stieg, beschämt meine mittelaltrigen Träume verhüllend in der eigenen Seele, zum Tageslichte hinauf.

So dachte ich auch gestern noch von dem Rathskeller, als wir von einem Spaziergange auf den Wällen heimkehrten. Die feuchte Wärme des Vorfrühlings drang aus der Erde empor und fiel im leichten Sprühregen durch die Nacht vom Himmel hernieder. Weil es so mild war, mochten wir nicht nach Hause gehen, und schlenderten auf dem Marktplatz auf und nieder, in ernstem Gespräche über die ersten Donnerschläge der Revolution, die eben, von Westen her, an unser Ohr gedrungen waren. Aus der Börsenhalle, aus den Kaffeehäusern und Hotels glänzten helle

Gasflammen und ließen deutlich die langgestreckte Masse des Domes, inmitten des Marktes, erkennen. Manche Prophezeiung für die Gestaltung der nächsten Zukunft ward ausgesprochen, mancher Wunsch, manche Hoffnung für die Entwickelung der Menschheit. Wir waren ernst, fast feierlich gestimmt, wir wünschten ruhig und ungestört beisammen zu bleiben. »Laß uns hinabgehen in den Rathskeller und dort noch eine Stunde verweilen,« schlug mein Begleiter mir vor, und ich war es zufrieden.

Der Keller war düster und still. Die moderne Aufklärung der taghellen Gasflammen ist noch nicht in diese Räume gedrungen. Der Kellermeister öffnete uns eines der kleinen Gemächer, setzte Austern und Rheinwein, zwei Talglichte auf zinnernem Leuchter, eine Lichtscheere, dies fast vergessene Hausgeräth der Vorzeit, vor uns nieder, machte die Thüre zu und wir blieben allein.

Anfangs schien mir der Raum beengt, es war mir, als sperre man mich ein. Ein großes, luftiges Gemach, mit hellen Kerzen, weichen Sesseln wäre mir heimischer gewesen, als diese hölzernen, in grauer Oelfarbe angestrichenen Wände. Bald aber schien es, als zeichneten sich die Physiognomien all der Menschen auf diese leeren Wände, die hier in fröhlichem Genusse geweilt seit langen Jahren; als schwebten Erinnerungen wie Sonnenstäubchen in der Luft; als tanzten alle hier gesprochenen Worte einen klingenden, melodischen Geisterreigen, der die Lebenden anregt zu träumen und zu verklingen wie die Dahingegangenen vor ihnen.

„Sieh!“ sagte mein Begleiter, „hier haben wir gesessen, Immermann, Theodor von Kobbe, eine Freundin der Beiden und ich; und in sprudelnden Scherzen sind die Witzfunken von Immermann's blühenden Lippen geflogen. Noch sehe ich seine kräftige, breitbrustige Gestalt, wie er, mit beiden Ellenbogen auf den Tisch gestützt, das Rheinweinglas in die Höhe hob und die dunkeln Augen darin versenkend, gleichsam aus dem Gefunkel des Weines die Blitze zog, die er wie Goldfäden in die phantastischen Bilder seiner Rede verwob. Noch höre ich Kobbe's homerisches Gelächter; noch sehe ich den liebevollen Blick der edlen Frau, der schweigend auf den Männern ruhte und sich an ihrer Genußfreudigkeit so mitgenießend weidete. Und nun sind sie hin! Kobbe liegt unter dem mit Rosen, Wein und Epheu umkränzten Steine auf dem Kirchhofe eines kleinen Städtchens, und auch Immermann deckt das Grab! Und doch funkelt hier der Rheinwein noch, doch ziehen immer neue Generationen hieher, in dem goldenen Becher Freude und Lust zu suchen.«

»So laß auch uns hier Lust und Freude finden!« rief ich aus. »Ist denn Immermann todt, so lange Tristan und Isolde leben? so lange ein Mensch auf Erden sich an den geographischen Studien des Riesen, des ungeschlachten Schlagadodro erfreut? so lange der Schulmeister Agesilaus das reine I noch nicht ausgesprochen hat und Münchhausen seine herkulischen Lügen erzählt? Auf Immermann's Wohl! und auf die Unsterblichkeit des Schönen!«

Wir stießen die Gläser an und brachen Beide in das hellste Lachen aus.

»Wie die Macht des Bremer Rathkellers sich an einer deutschen Schriftstellerin bewährt, daß sie den ersten Toast ihres Lebens ausbringen muß, vom Geiste getrieben — im Rathskeller zu Bremen!« jubelte mein Freund.

»Das ist die gute Gesellschaft, die man hier findet,« entgegnete ich. »Siehst Du denn nicht, daß Heine dort herüberkuckt und die Geschichte erzählt von dem verregneten Poseidon der Nordsee in seiner weißgelben Flanelljacke? und hörst Du denn nicht, daß er die ganze Poesie des Nordens verspottet und nach den heißen Inspirationen des Südens sich sehnt, wie ein Verbannter nach der Luft seiner Heimath? Ja! der Nordsee-Poseidon

ist übel daran! Komm! laß uns nach Süden fahren und ihn mitnehmen auf der Fahrt, damit er aufthaue und ihm wohl werde in dem blauen Wellengekräusel des Meeres, das den Fuß der schönen Parthenope küßt und sich liebend um die blühenden, seligen Inseln schmiegt.«

»Italien und der funkelnde Wein von Genzano!« sagte mein Freund, und leerte sein Glas. — »Wie reich ist der Erinnerungsreiche in seiner Seele!« fuhr er dann fort. »Da sitzt sie ja wieder, die schwarzlockige Rosina und kokettirt mit Gasparo und die Töne der süßen Liebeslieder schwirren mit den goldenen Leuchtwürmchen durch die Weinlaubblätter der Loggia, und von dem Kloster an der Villa des Tasso tönt die Glocke der Frühmette durch Sorrent, denn der Morgen ist nahe und schon erbleichen die Sterne an dem lichterwerdenden Silberblau des Himmels. Hörst Du wohl die Glocke? —«

Und wirklich schlug Glockenschall an unser

Ohr! Wir fuhren empor, als ob ein Wunder sich vorbereite, als ob Mephisto's Machtgebot die Reben des Weinstocks aus dem dürren Holze hervorgezaubert hätte.

Ein Glockenschlag und noch Einer und noch Einer! wir horchten in gespannter Erwartung der phantastischen Dinge, welche kommen sollten: es schlug prosaisch neun Uhr! vom Rathhausthurme zu Bremen. —

Der Rheinwein war zu Ende, die Austern verzehrt; wir kehrten heim nach dem Hotel, uns freuend an unserer »unterirdischen Freude,« an die selbst ich zu glauben gelernt hatte im Rathhauskeller zu Bremen.

3.

Düsseldorf, 3. März.

Wir sind noch hier, weil die Eisenbahn bei Valenciennes zerstört ist und die Passage also gehemmt. — Düsseldorf ist fast so schweigend als Venedig. Es kommt mir selbst im Vergleich mit Oldenburg noch auffallend still vor. In Oldenburg hört man in den engen Straßen das Klappern des Handwerkers, das Rollen der Marktwagen, den Schrei spielender Kind ; hier aber liegen die langen, baumbesetzten Straßen lautlos da. Es ist eine Ruhe, wie ich sie einst in Fulda, in Bruchsal, überhaupt in den ehemaligen kleinen Residenzen geistlicher Herren gefunden habe. Wie still muß es nun erst in Düsseldorf gewesen sein, ehe die Eisenbahnen und Dampfschiffe Leben und Bewegung in diese Gegenden brachten! Man begreift, daß dies gerade der Ort war, an dem die Jacobi's, die Stollberge, die Gallizin, sich so sanft mit ihrem mystischen Pietismus in's bläuliche, nebelverschwommene Jenseits hinübergeschwächlicht haben.

Hier in Düsseldorf ist mir denn auch das wunderliche Manifest des Bundestages in Bezug auf die jetzige Revolution zu Gesicht gekommen. Das ist eines der sonderbarsten Dokumente, welches die Neuzeit besitzt. Es mahnt mich an das Verhalten der alten Frau W., die immer zankte und fluchte; aber sobald ein Gewitter aufzog und es donnerte, die Bibel vornahm, ein Kreuz schlug und sich zu bessern gelobte. Wäre es nicht so komisch, man müßte sich über diese Phrasen ärgern. Und es wird doch Deutsche genug geben, die daran glauben und darauf Hoffnungen bauen.

Louis Philipp höre ich täglich von vielen Personen bedauern. Ich kann es zu keinem Mitleid für ihn bringen, so erschütternd ich seinen Sturz finde, so rührend ich mir einzelne Züge seiner Flucht zu denken vermag. Ich gönnte ihm den Tod, weil es schrecklich seyn muß, sich zu überleben, aber er hat sein Schicksal, die Verbannung, nur zu sehr verdient. Wer von Franzosen zum Könige der Franzosen erwählt wird, der muß nicht König von Frankreich sein wollen, und höhere Interessen haben, als die materielle Bereicherung der eigenen Familie. Louis Philipp hatte den Regenschirm und die bürgerlichen Händedrücke von 1830 so sehr vergessen, daß er durchaus in einer Citadine Paris verlassen mußte.

Neben den großen Ereignissen, neben der gewaltigen Bewegung in Paris, haben die hiesigen stillen Künstlerateliers etwas Unheimliches und

Fremdes. Die Kunst ist bei uns, d. h. nicht in Deutschland, sondern in unserer Zeit, so wenig in das Leben getreten, daß sie für die Meisten immer ein abstrakter Begriff bleibt. Sie ist nicht aufgegangen in unserm Bewußtsein als ein nothwendiges Bedingniß unseres Daseins, wir sind sie nicht gewohnt, wie die Harmonie in der Natur, die uns eben, weil wir sie gewohnt sind, nicht befremdet Wäre alles, was von Menschenhand erzeugt wird, von dem Geiste des Schönen durchdrungen, so würden wir uns auch vertrauter zu den großartigsten Produkten der Kunst verhalten, die um ihrer Kostbarkeit willen nicht in den Besitz des Einzelnen übergehen können. — Der moderne Monarchismus und die ungleiche Gütervertheilung, so wie der Mangel an öffentlichem Leben, haben in den letzten Jahrhunderten noch reichlich dazu beigetragen, die Kunst aus den Kirchen und von den Märkten, aus den Volkshallen und andern öffentlichen Gebäuden, in verschlossene Paläste und Säle zu verstecken, und die Völker haben sicher dadurch verloren. Wir müssen nun erwarten, ob die neue Republik auch die Kunst, als allgemeines Bildungsmittel, dem Volke mehr zugänglich, sie zum Gemeingut auf Straßen und Plätzen machen werde, wie es im Alterthum und in den italienischen Republiken der Fall gewesen ist.

Wenn ich mich hier, wo die transcendentale christliche Kunst ihre großen Verehrer hat, gegen die Abstraktion in der Kunst ausspreche und es recht finde, daß mein Landsmann und Freund Karl Hübner wenigstens den Versuch wagt, den Inhalt der Jetztzeit in den Bereich seiner Schilderungen zu ziehen, und durch die bildliche Darstellung der herrschenden Uebelstände zum Herzen und in das Bewußtsein der Menschen zu dringen, so antwortet man mir: »Die Kunst kann die Zeitfragen nicht lösen.« — Aber die bloße christliche Liebe und die Madonnenbilder haben es auch

2*

nicht vermocht bis jetzt; und es kommt, so scheint mir's, nun darauf an, mit allen Kräften, mit allen vereinten Mitteln auf das eine große Ziel zu steuern. Daß die Kunst ein großes Mittel sei, wird aber Niemand läugnen; sie muß also mitwirken, so viel an ihr ist, für die Sache der Freiheit.

Gestern besuchten wir den Maler Scheuern. Er hat sich in vielfachen, man möchte sagen in allen Zweigen der Malerei versucht, und überall mit Erfolg. Ich sah vortreffliche, dichterisch componirte Aquarellen, anmuthige Genrebilder und sehr schöne Landschaften von ihm. Zu den Landschaften hat man eigentlich das reinste Verhältniß in Stimmungen wie die jetzige. Sie wirken beruhigend, wie die Natur; während das Genre, trotz seiner oft rührenden Kindlichkeit, kleinlich erscheint, wenn auf der Erde neue Menschheitsepochen sich bereiten. Das große Schicksal des einzelnen großen Menschen verliert sich dann schon in der Allgemeinheit und erscheint weniger bedeutend, um wie viel mehr die kleinen Leiden und Freuden, welche das Genre darzustellen pflegt! Wer denkt denn jetzt an ein pfeifendes Vögelchen, an ein spielendes Kind, an einen trommelnden Großpapa und an sein Enkelsöhnchen!

Das ausgezeichnetste Bild, das ich in Düsseldorf gesehen, war von einem Norweger, Tidemand: norwegische Sektirer in einer Bauernstube zum Gottesdienst vereint, in die von oben das Tageslicht hereinfällt. Es sind an zwölf Figuren, Männer und Weiber jeden Alters, in farblosem Nationalcostüm und mit scharf ausgeprägtem Nationaltypus in den Physiognomien; Alle zu gleichem Zweck vereint, Alle abgezogen von jedem irdischen Gedanken, zu tiefster innerer Selbstbetrachtung; und gerade darum jene höchst charakteristische Verschiedenheit in den Individualitäten, die einen großen Meister verkündet. Von dem Ausdruck des durchgeisteten, schwärmerisch schönen Kopfes des aus der Bibel vorlesenden Mannes, der auf einem hölzernen Stuhle mitten im Zimmer steht, bis zu der dumpfen Versunkenheit eines im Hintergrunde sitzenden Jünglings, ist fast die ganze Skala menschlicher Geistesentwickelung in religiöser Beziehung durchlaufen. — Das Bild fesselte mich sehr, rührte mich tief. Aber ich möchte wohl einmal von Tidemand, der ein sehr edles Aeußere hat, glückliche, lebengenießende Menschen gemalt sehen.

Die hiesigen Maler, wie sie sich in kirchliche und weltliche theilen, bilden auch in der Politik zwei Parteien. Die Frommen und die Romantiker halten es mit dem Bestehenden; Lessing, Hübner, Scheuern und viele Andere sind ergriffen vom Geiste des Jahrhunderts, und voll freudiger Hoffnung auf eine freie Zukunft. Sie hatten sich bei den Petitionen betheiligt, waren bei den Versammlungen der Liberalen thätig und vor Allen forderte der männliche Lessing zu frischem

Fortschritt auf, was ihm von der andern Seite verargt wurde. Wird sich irgendwo das Erblühen der Freiheit segensreich beweisen, so ist es zuerst in der Kunst, und diejenigen Künstler, welche überhaupt Leben in sich haben, empfinden dies in freudiger Vorahnung auch hier. Hübner will nach Paris gehen, um Volkserhebung, Volksbewegung »mit Augen zu schauen« und sich die Seele daran zu erweitern.

4.

Köln.

Montag den 6. März sind wir Nachmittags um 4 Uhr von Düsseldorf abgefahren. Um fünf ein halb Uhr waren wir im holländischen Hofe am Rhein. — In den Straßen ein buntes Carnevalsleben, das Volk, leicht beweglich und frei, viel Masken, viel Singen und dadurch italienische Erinnerungen.

Die Unruhen in Köln müssen nicht eben bedeutend gewesen sein, und kaum die Grenzen eines gewöhnlichen Straßenauflaufs überschritten

haben, wenn die Erzählungen wahr sind, die man an der Wirthstafel und sonst davon machte. — Am Abende fuhren wir zum Erzbischof von Geißel, für den wir durch Th. einen Einführungsbrief hatten. Im Dunkeln langten wir vor seiner Wohnung an. Der Platz, auf dem sie liegt, ist räumlich und still. Ein großer, öder aber neugehaltener Palast. Treppen und Hallen mäßig beleuchtet, still und sauber. Ein Diener ohne Livree leuchtete uns mit einem bescheidenen Talglicht vorauf. Der Erzbischof befand sich in einem sehr großen, hohen Studirzimmer; ein Tisch voll Papieren und Büchern stand vor dem Sopha, auf dem er bei einer kleinen Arbeitslampe gelesen haben mußte. Ein großes Pult, büreauartig gegen das Fenster gestellt, nahm einen bedeutenden Theil des Zimmers ein; eine reiche Pelzdecke mit Stickereien lag davor und Bücherrepositorien an den Wänden vollendeten den Eindruck des Studirzimmers.

Der Erzbischof von Geißel mag gegen fünfzig

Jahre oder wenig darüber alt sein. Er ist groß und von stattlicher Fülle. Sein volles Gesicht erinnert mit den feinen und scharfen Formen an die Bourbons; der Mund ist klein, bestimmt in der Form und sehr angenehm in der Bewegung; auch die Bewegung der schönen Hände durchaus edel. Er trug den langen Rock der Monsignori, die rothe Sammetkappe, kleine Päffchen, ein Kreuz von Gold an schwerer goldener Kette um den Hals; den Fischerring am Finger. — Nach den ersten Begrüßungen kamen wir auf die Zeitereignisse zu sprechen. Er erzählte von Louis Philipp's Flucht, fand es auffallend und hart, daß Niemand in Frankreich Sympathien für ihn habe; glaubte, daß die Republik sich für's Erste halten werde, obschon die Organisation der Arbeit ein unlösbares Problem sei. „Sobald die Geldmittel erschöpft sind, muß eine gefährliche Krisis eintreten. Die socialen Elemente sind aufgerüttelt, sind in Gährung; alles Bestehende in Frage gestellt Die Beruhigung der Zustände, die Lösung der Fragen wird nicht von Einzelnen ausgehen. Ereignisse wie die Völkerwanderung werden eine radikale Umwälzung, eine neue Weltordnung erzeugen.«

Die Unterhaltung wendete sich auf Italien. Herr v. Geißel glaubte nicht an die Lombarden. »Napoleon hat gesagt, die Italiener sehen aus wie Männer, sprechen wie Weiber, handeln wie Kinder.« — Ich wandte die Vorgänge in Palermo ein. — »Die Sicilianer sind Araber und Griechen; es ist Energie und Race in ihnen.« Als darauf des Papstes erwähnt wurde, sagte er: »Die Absichten des Papstes sind vortrefflich.« Auf die Frage, ob man sich in Deutschland wohl zur Vertheidigung der Legitimität rüsten werde? entgegnete er: »Ich hoffe, daß es nicht geschieht; man wird einer fremden Nation die Freiheit lassen, ihre Angelegenheiten selbst zu ordnen.«

Die ganze Unterredung war gehalten, aber ohne jenen Anstrich von Frömmigkeit und Monarchismus, mit dem unsere protestantischen Geistlichen sich zu übersirnissen pflegen. Herr v. Geißel macht den Eindruck eines Kirchenfürsten und ist, wie die ganze höhere katholische Geistlichkeit, wohl zu Hause auf Erden. Ueberhaupt scheint mir, als habe der protestantische Pietismus, indem er Weltverachtung und ausschließliches Hingeben an den Geist predigte, sich selbst den Boden unter den Füßen fortgezogen; selbst die Brücke zerstört, die ihm den Weg in die Zukunft möglich macht. Verachtung des Irdischen ist eine solche Lüge, daß sich darauf nichts Standhaltiges erbauen läßt. — Als wir auf die Straße kamen, umwogte uns im Innern der Stadt das lauteste, fröhlichste Fastnachtstreiben.

Dienstag den 7. des Morgens. Die Nacht war es sehr lärmend unter meinen Fenstern. Ich stand auf, zu sehen, was es gäbe. Dampfschiffe

lagen vor dem kleinen Landungsplatze, auf den meine Fenster gingen, und Karnevalsgäste sangen und jubelten bei ihrer Abreise von Köln. Es gab einen hübschen Anblick, wie sie sich im Schneegestöber bei der unvollkommenen Erleuchtung von einigen Laternen, in Maskentracht nach dem Schiff drängten. Der ganze Eindruck von Köln war gestern ein südlicher. Hier sieht man doch wieder ein geistig lebhaftes, ein zur Freude geneigtes Volk. Auch der Anstrich eines Nationalcostüms, wie es noch in der runden, mit Falbeln besetzten Haube der Kölnerinnen sich erhalten hat, ist anmuthend. Masken guckten mit großen Papplorgnons in unsern Wagen, riefen uns an, neckten uns harmlos. Ganz ungehindert bewegten wir uns nachher durch das wirklich große Volksgewühl, als wir zu Fuße einige Besuche in Straßen machten, die wegen des Gürzenichfestes für Wagen gesperrt blieben. Alle Laden waren offen und erleuchtet, in allen Bier-

3*

und Weinhäusern großes Gedränge und viele Masken, überall tönte Singen und Jauchzen durch die offenen Fenster auf die Straße hinaus.

Heute nun jubelt das Volk noch fort; dennoch wollen wir am Nachmittag nach Aachen, morgen von Aachen nach Paris gehen. Jeder Tag fern von Paris ist jetzt ein Verlust, und es wird immer unmöglicher, Bilder oder deutsche Dome zu besehen. Wer kann denn die festgefrorene Starrgläubigkeit, die steingewordene Vergangenheit betrachten, wenn die Menschheit ihre wichtigsten Thaten in der Gegenwart thut, und die Welt sich neu gestaltet. Zudem habe ich persönlich nie einen Zusammenhang, nie eine Sympathie gehabt für das spitzbogige, gothische Mittelalter; und der Unterschied zwischen diesem und der Antike tritt mir gerade jetzt doppelt lebhaft in das Bewußtsein. Man könnte mitten in der Erregung dieser Tage römische und griechische Skulptur und Architektur mit Genuß, mit Erhebung betrachten; man würde danach ruhiger und eben darum freier, parteiloser in die Jetztzeit blicken; denn es liegt in der sich begrenzenden, maßvollen Schönheit der alten Kunst die weise Lehre, zu innerer und äußerer Abschließung durch möglichste Vollendung in sich. Die gothische, emporstrebende Architektur, die eigentlich nirgend ein Ende hat, da auf dem spitzesten Spitzchen des höchsten Thurmes immer noch ein höheres, spitzeres denkbar und möglich ist, hat gerade dadurch, daß sie nicht in sich abschließt, sondern in den Himmel, in das Unerreichbare strebt, etwas Unruhiges, und all die Zinken und Zacken, Kreuzchen, Heilige und Thierfratzen sehen doch zuletzt nur wie festgefrorene Einfälle aus.

Später. Auf dem Wege zum Dome kam mir der Gedanke, bei dem Bankier Schaafhausen nachzufragen, ob Frau Sibylle Mertens, jene bekannte deutsche Archäologin, in Köln sei. »Sie wohnt hier im Hause,« war die

Antwort. Als ich sie, die ich in Rom verlassen, hier wieder sah mit ihrem kurzgeschnittenen Haar, ihrem strengen dunkeln Negligé, hinter Papieren an einem soliden Arbeitstische in ihrem Kölnischen Vaterhause, hatte ich eine wahre Freude. Sie las uns Lamartine's Manifest vor, das eben angelangt war. Ihr kluges, kantiges, charaktervolles Gesicht machte mir das Vorlesen zum Genuß.

Das Manifest ist gemäßigter, als Franzosen bei ähnlichen Anlässen je geschrieben haben; es trägt den Stempel einer neuen Weltordnung, einer Aera des Friedens, wie Idealisten sie träumen; dennoch spricht sich die Marklosigkeit des Theoretikers darin aus, der es selbst fühlt, er werde seiner Theorie keine Form in der Wirklichkeit zu geben vermögen. Das Gouvernement provisoire sitzt wie ein heiliger Paradiesvogel auf dem schwanken Blatt der Palmbäume des Friedens – und müßte wie ein Sonnenadler horsten auf dem Felsgestein, den Blitz des Genius unter seinen Füßen. Es ist eine Kraft- oder Glaubenslosigkeit in dem Manifeste, die unwillkührlich zu dem Gedanken führt, es werden eiserne Fäuste diesen Männern das Scepter aus den Händen nehmen, und vielleicht nehmen müssen.

Frau Mertens erbot sich, uns in den Dom zu begleiten. »Ich komme, Ihnen die Honneurs zu machen, denn der Dom ist mein Vaterhaus und die heiligen Dreikönige sind meine Vettern, wie Mistreß Jameson zu behaupten pflegte.« — Hier in Köln begriff ich erst ihre große Liebe für die Stadt. Gerade am Fuße des Domes liegen vier prachtvolle Häuser, in denen sie und ihre Familie seit einer Reihe von Jahren gewohnt. Sie ist hier geboren und erzogen; alle Bettler, alle Beamten und Bauarbeiter im Dome kannten sie, als sie die Bauhallen öffnen ließ, uns umherzuführen. Als sie im schwarzen Zobelpelz, einen Kantenschleier über dem schwarzen Hut, die Brille aufgesetzt, die Handschuhe in der Hand, neben uns herging, erklärend, geistvoll das Geringste auffassend, überall Leben bringend in den Stein, war sie wieder vollkommen die »principessa tedesca,« wie das Volk sie in Rom nannte. Und sie ist wirklich eine fürstliche Natur, die ungehemmt durch Kleines, durch Fremdes, in sich gefestet, den eigenen, einsamen Weg geht; von Vielen unverstanden, aber sehr geliebt von denen, die in ihr reiches Innere zu sehen vermochten; durchaus wahr und sich selbst getreu. Um so in sich, so auf ernste männliche Studien gewiesen zu werden wie sie, muß eine Frau ein großer Charakter sein.

Wir gingen in ihrer Gesellschaft durch die Stadt. Auf dem Marktplatze bewegte sich bei lachendem, blauem Himmel ein wahrhaft italienisches Maskenleben. Festzüge und Gruppen bildeten sich mit südlichem Ordnertalent und südlichem Takte. Frau Mertens machte uns darauf aufmerksam, daß dieser Marktplatz vollkommen

die Form der Piazza Navona in Rom habe und sicher auch eine alte Rennbahn gewesen sei. Dies hat sie bewogen, vom Magistrat die Erlaubniß zu Nachgrabungen zu fordern, die ihr ertheilt worden ist.

Gegen Mittag langten noch telegraphische Nachrichten an, welche von der vollständigsten Ruhe in Paris sprachen. Wie würde wohl Deutschland nach solchen Erschütterungen beben! Es ist aber mit den Völkern wie mit den Individuen; je besser ihre Erziehung auf der einen, je vollständiger und fertiger ihre historische Bildung auf der andern Seite ist, um so leichter wissen sie sich in allen Lebensverhältnissen zurecht zu finden. Die Franzosen, die Italiener sind mitten in diesen gewaltsamen Revolutionen stets sie selbst, mit allen Vorzügen ihrer Bildung, stets in sich gefaßt.

5.

Aachen.

Der Weg nach Aachen ist anmuthig, weil eine Hügelkette Abwechselung in die Gegend bringt. Der Blick von der Höhe herab auf Aachen, das mit seinem, aus Thürmen und Kuppeln wunderlich zusammengesetzten Dome tief im Thale liegt, ist sehr freundlich. Die neuen Stadttheile sind prächtig. Sie erinnern in den Hauptstraßen an die schöne Rue de la Coraterie in Genf; doch scheinen die älteren Partien der Stadt bevölkerter und sind darum interessanter. Auch in Aachen

sah man Masken und wir hörten das Singen und die Freudenschüsse des Carnevalls, mit rohem Lärme untermischt, bis tief in die Nacht.

Unsere Wohnung lag dem Bade gegenüber Kaum hatten wir den Fuß aus der Thüre gesetzt, als wir von Bettlern umgeben waren, die uns auf unsern Wegen durch die Stadt verfolgten, und von allen Seiten Zuwachs erhielten. Das gab denn zu dem südlichen Lichtbilde des Carnevals auch die südliche Schattenseite der Armuth, und die Naivität der Aachener Spielbankverordnung übertrifft in ihrer Unbefangenheit selbst die italienischen Lottos. Die Spielbank ist städtisches Eigenthum, die Stadt also Bankier; kein Aachener Bürger darf spielen, die Fremden werden geplündert und der Gewinn der Bank zur Verschönerung der Stadt verwendet.

In Aachen waren schon seit einigen Tagen lebhafte Unruhen und Straßenaufläufe gewesen, bei denen die Fabrikarbeiter eine wesentliche Rolle gespielt haben, und der Haß des Volks gegen Preußen grell hervorgetreten sein soll. »Preuß« sei noch immer ein Schimpfwort im Volke, behauptete man. Erst in derselben Woche hatte ein Angeklagter vor Gericht gesagt: »Alles Andere wäre noch hingegangen, aber daß er mich Preuß geschimpft, das konnte ich nicht auf mir sitzen lassen und da habe ich denn zugeschlagen.« — Es war die Rede gewesen von Zusammenberufung der Landwehr am Rhein, von Aushebung in den Fabriken. »Wir wollen uns lieber von den Franzosen todtschlagen lassen, als für die Preuß gegen die Franzosen fechten,« hatten sie gesagt.

Die Stimmung in Aachen schien viel aufgeregter als in Köln; vielleicht täuschte dort auch die Carnevalslaune über den eigentlichen Grundton.

Den 8. März. Von Aachen nach Verviers führt die Eisenbahn einen Berg in die Höhe, durch sehr liebliche Gegenden, die von Verviers nach Lüttich zu noch schöner werden. Es sind lauter kleine Thäler, von mäßig hohen Hügelketten gebildet und durch die Tunnelthore gleichsam abgeschlossen. Jedes solche Thal hat eine Fabrik an einem Flüßchen. Die Fabrikgebäude, das Haus des Besitzers, die Arbeiterwohnungen, die Kirche und die Parkanlagen machen ein für sich bestehendes, sehr anmuthiges Ganze. Es ist ganz die Gegend und die Art und Weise, wie George Sand sie in dem péché de Monsieur Antoine beschreibt. Ich mußte mir dabei immer denken, daß einmal die ganze Erde mit solchen, in sich selbst die ganze Existenz einer Gemeine umfassenden Colonien bebaut sein werde, wenn die socialen Umgestaltungen zur Ausführung kommen, die uns als Ideal vorschweben. Es würde dies auch der einzige naturgemäße Weg sein, von dem Gipfel industrieller Kultur zur ursprünglichen Vergesellschaftung der Einzelnen in der Gemeine.

Diese Fabrikorte haben ihren Arzt, ihre Krankenhäuser und könnten leicht zu der Selbstverwaltung herangebildet werden, die ihren gemeinsamen Mittelpunkt in einer Centralverwaltung des Landes hätte. Es liegt ein eigener Zauber darin, solche Zustände in ihren Einzelnheiten wie in ihrem Zusammenhange mit dem Ganzen durchzudenken, und obschon Paris uns als festes Reiseziel vor Augen stand, war der Reiz der Stille an diesen schnell strömenden Bergwassern, die von den ersten Frühlingsblüthen der Bäume überschattet, goldig schäumend im Sonnenlichte hinrauschten, so mächtig, daß man es sich sehnlich wünschen konnte, hier verweilen, hier seinen Wirkungskreis finden zu dürfen. Ein Badeort, Chaude fontaine, mochte der schönste Punkt dieser lieblichen Gegend sein

Aber ganz im Gegensatz zu dieser friedlichen Stille war die Unterhaltung in den Waggons nur auf die stürmischen Ereignisse des Tages, auf die französische Republik, auf Krieg und Revolutionen gerichtet. An allen Halteplätzen wurden die Journale l'Indépendance und l'Observateur Belge ausgeboten. — Es waren Fabrikanten, Gutsbesitzer, Kaufleute in unserem Coupé; die Unterhaltung französisch. »Man schlägt sich bereits auf allen Punkten in Deutschland, die Communisten haben den Kampf begonnen,« sagte der Eine. — »Der Communismus ist weder in Frankreich noch in Belgien zu fürchten, er ist nur in Deutschland gefährlich. Bei uns hat man zu viel praktischen Verstand, um sich an diesen Chimären die Finger zu verbrennen, um an dieses Utopien zu glauben.« — »Was ist überhaupt für Belgien zu fürchten? Die Republik? Es wäre ein leerer Name für uns! Was thut der Name? Wir sind freier in unserer Monarchie, als die Franzosen es jemals in ihrer Republik sein können. Meinetwegen kann das Gouvernement »Despotie« heißen, und ich will unter einer Despotie leben, wenn ihre Institutionen so frei als die unsern, so frei als möglich sind« — Das waren die Aeußerungen, welche wir von allen Seiten hörten Die größte Zufriedenheit mit der Verfassung leuchtete hervor, und der sichtliche Wohlstand des vortrefflich angebauten Landes schien diese Zufriedenheit vollkommen zu rechtfertigen.

Man glaubte nicht an die Dauer der Republik, man belächelte das Gouvernement provisoire, man spottete über die Friedensrepublik, wie über eine belle fiction poëtique de Mess. Lamartine et Louis Blanc. Ein Fabrikbesitzer aus dem Norden Frankreichs sagte: »chez nous dans le Nord, où l'on est très Henri V.« Er behandelte die Revolution mit vollkommener Geringschätzung, als »une folie de gamins et de vautriens, verklärt und geheiligt durch Männer von Genie, welche aber leider nur Dichter und nicht Staatsmänner wären.« — Eben so leichtfertig und ungläubig sprach man von der Republik an der

Table d'hôte des Hôtel de Hollande, wo wir Abends fünf Uhr das Ende unserer Tagereise fanden. — Aber was beweist dieser Unglaube? »Die Wenigen, die was davon erkannt, die thöricht genug ihr volles Herz nicht wahrten, hat man von je verketzert und verbrannt.« — Es wird auch nichts gegen die Republik und ihre vernunftgemäße, einstige Nothwendigkeit beweisen, wenn selbst dieser neue Versuch sie in's Leben zu führen noch an der Ungunst der jetzigen Zeit und Verhältnisse scheitern sollte, was ja möglich ist. Die Albigenser, die Waldenser, die Hussiten, und Savonarola, und tausend Andere mußten untergehen; hundert Versuche zur Reformation des Katholicismus scheiterten, ehe Luther's große That möglich und durch die Reife der Zeit ausführbar und nachwirkend werden konnte.

Unsere religiöse Ueberzeugung, welche den Gott in das Individuum setzt, muß folgerecht auch die Selbstbestimmung, die Selbstherrschaft in das Individuum legen. Sobald man sich reif erklärt zur Emancipation von dem Begriff des persönlichen Gottes, muß man sich auch reif erklären für die Republik; denn das Königthum ist nur die politische Parallele für den persönlichen Gott, die Verwandlung des Begriffs in ein Symbol.

Die Belgier wollen ihren König Leopold behalten und sich gegen jeden Versuch, ihnen die Republik aufzudringen, mit aller Kraft vertheidigen. Dies ist vollkommen in der Ordnung, da sie auch streng festhalten am Katholicismus; es spricht dies aber weder für die constitutionelle Monarchie, noch gegen die Republik, sondern es giebt nur den Maßstab für die Volksbildung in Belgien; denn jede Verwaltung ist gut, die dem Bildungsgrade der Nation angemessen ist. Die höchste geistige Entwickelung und sittliche Bildung fordern aber die Republik, und wenn Frankreich jene erlangt hat, wird die Republik bestehen, trotz aller Spötter und Zweifler.

6.

Brüssel, 9. März.

Wir machten gestern noch einen Weg durch die Stadt und kamen in eine der sogenannten »Passagen«. Es sind Durchgänge, Hallen, mit Glas überdeckt, in denen sich zu beiden Seiten, auf ebener Erde und im Entresol Laden und Kaffeehäuser finden. Solcher Passagen giebt es auch eine in Hamburg, und grössere in Mailand und Neapel. Im Ganzen sind sie unbehaglich; voll beständigen Lärms, sehr heiss im Sommer, kalt im Winter, und bei nassem Wetter, wo der Fuss-

4*

boden schmutzig und glatt wird, feucht und dumpf. Die rechte Heimath der Passagen soll aber Paris sein, und ich bin im Voraus überzeugt, daß ihr Dasein dort durch irgend eine klimatische Nothwendigkeit bedingt sein wird; denn solche Einrichtungen sind fast niemals Erzeugnisse der Laune, sondern Nothwendigkeiten. — Gestern Abend, wo es wie heute unablässig regnete, war die Passage nicht angenehm, aber doch interessant durch die große Menge von Blousenmännern, die hier nach gethaner Arbeit, die Kalkpfeife im Munde, neben und mitten unter der vornehmen Welt umherspazierten. Diese Lust an Erholung haben doch fast alle Völker mehr als die Norddeutschen.

Heute Morgen fuhren wir nach der Kathedrale, der église de St. Gudule. Es ist ein mächtiges Gebäude mit unvollendeten Thürmen; man baut und erneut daran wie an dem Kölner Dome. Wunderbar bleibt es, daß unsere Zeit einen Glaubensenthusiasmus in sich zurückrufen

und Kirchen zu Ende bauen will, nachdem vor zweihundert Jahren dieser kirchliche Enthusiasmus bereits so erloschen war, daß man die Bauten einstellte, die Kirchen unvollendet ließ. Was unsere Voreltern ehrlich und freiwillig als Irrthum erkannten und aufgaben, das nehmen wir mit einer innern Lüge wieder auf, und diese wird doppelt strafbar, da so viel wirklicher Noth, so drückendem Mangel abzuhelfen ist.

In St. Gudula sind treffliche alte und neue Glasmalereien, die Kirche ist schön, edel, einfach, die Kanzel ein Meisterwerk der Schnitzkunst, fast so trefflich als die Arbeiten in San Severo in Neapel. Adam und Eva mit sämmtlichem Gethier sind auf der Frontseite in höchster einfältiger Vollkommenheit vor dem Sündenfalle dargestellt. Ich hatte aber keine rechte Geduld dafür. Daß es die mühseligste Arbeit, und obenein eine nicht sehr wirkungsreiche ist, das hatte ich schon oft mit Bedauern für die alten Arbeiter gesehen, und die unschuldige Einfalt, mit der die paradiesischen Thiere und Menschen in gedankenloser Seligkeit in die Welt gucken, steht in zu grellem Contraste mit den Vorgängen des Augenblicks, als daß man gerade jetzt Empfindung dafür haben könnte.

Es überraschte mich, die Kirche an einem Donnerstage von drei bis vierhundert Personen aller Stände besucht zu sehen. Männer und Frauen aus den reichen Volksklassen, von gallonirter Dienerschaft begleitet, bildeten den größern Theil der Versammlung. Ein Jesuit, Abbé Delcour, predigte. Er sagte zum Anfang: »Wir leben in einer Zeit der Entwickelung. Rund um uns her erklingen die schönen Worte Brüderlichkeit und Menschlichkeit. Wir fühlen die Pflicht, dem Mitbruder zu Hülfe kommen, seinem materiellen Bedürfniß zu genügen Unsere Zeit, wie sie die Zeit der Menschlichkeit ist, ist auch die Zeit der Wissenschaft. Die Wissenschaft breitet sich über die ganze Welt aus; sie lernt die Kräfte der Natur benutzen, sie weiß sich das magnetische Fluidum, und Meer und Luft und Feuer dienstbar zu machen, um dem materiellen Bedürfniß zu genügen. Während wir aber streben, dieses auf jede mögliche Weise zu befriedigen, während wir gut, menschlich gut zu handeln trachten, unsern Mitbruder erheben wollen, hört man überall, trotz dieses Ringens nach dem Princip des Guten, die Klage über Principlosigkeit im Handeln. Der Materialismus, dem genügt werden soll, entsittlicht durch die Genußsucht und Unersättlichkeit, welche er in seinem Gefolge führt. Niemals sah man größere Inconsequenz im Fühlen und Handeln, niemals größeres Schwanken zwischen Recht und Unrecht, zwischen Menschlichkeit und Barbarei; niemals hörte man mehr die Klage, daß es an einem Grundprincip, an einem wahren Vereinigungspunkte mangle, um die Ueberzeugungen, die Seelenkräfte zu einem harmonischen, einstimmigen Wirken zu vereinigen. Es fehlt entschieden an jenem Grundprincip, das die Einsichten des Gebenden und des Empfangenden in Verbindung setzt und die Kluft zwischen diesen, wie zwischen dem geistigen und physischen Bedürfnisse, ausgleicht. Dieses Grundprincip, das Allem entspricht, Allem genügt, das in sich, in einem Gedanken, die Lösung aller Fragen und Zweifel umschließt, das ist der Katholicismus, die alleinige, universelle Religion.«

Darauf ging er über zu der Hoffnung, daß es ihm vom Himmel vergönnt sein werde, diese Wahrheit seiner Gemeine einleuchtend zu machen, und forderte die Zuhörer auf, zu beten um Kraft für den Prediger, um Verständniß für die Gemeine. Während dieses schweigenden Gebets gingen wir davon, weil es gar zu kalt war in der Kirche. Indeß wäre ich gern länger geblieben, denn der Abbé sprach dichterisch edel, ohne von seinem ungünstigen Dialekt und Organ behindert zu werden.

Meine Theilnahme an dem katholischen Klerus ist durch den Bischof von Geißel und den Anfang dieser Predigt wieder lebhaft angeregt worden. Hat irgend ein positives Dogma den Anspruch, in die Zukunft der Menschheit mit hinübergenommen zu werden, so ist es der Katholicismus, weil er in stetem und nahem Zusammenhange mit dem irdischen Bedürfniß geblieben ist, weil seine Symbolik weit genug ist, auch neue Elemente in die alte Form aufzunehmen, und weil diese an und für sich eine Verklärung des Materialismus ist. Die Madonna wird immer eine schöne Gestalt, ein schönes Bild weiblicher Reinheit und jungfräulicher Liebe bleiben, die in süßer Unschuld Gatten- und Mutterliebe in sich vereint.

Von St. Gudula gingen wir abermals nach dem Stadthause auf der »grande place,« wo wir schon am Abend vorher gewesen waren. Haus und Platz sind in ihrer Art so schön, als der

Palazzo vecchio und die Piazza del Gran'duca in Florenz, und wie dort ragt der, auf einer Seite des Stadthauses sich erhebende große Thurm, über alle Gebäude stattlich empor. Auf diesem Platze wurden im Jahre 1568 auf Alba's Befehl fünfundzwanzig edle Niederländer, und später, am fünften Juni desselben Jahres, die Grafen Egmont und Horn enthauptet. Die Nacht vor ihrem Tode brachten sie in der Maison du Roi zu. Das Volk nennt diese Maison du Roi das Brothaus. Es liegt dem Stadthause gegenüber und ist in einem eigenthümlichen Style gebaut, der Elemente gothischer Bauart mit der Bauart der Zopfzeit in sich verbindet. Dennoch ist es von großer, schöner Wirkung. Unter dem Standbilde der heiligen Jungfrau, das die Fronte schmückt, befindet sich folgende, von der Infantin Isabella bestimmte Inschrift:

A peste, fame et bello libera nos Maria pacis
Hoc votum pacis publicae Elisabeth consecravit.

An den Fenstern dieses Palastes soll Alba der Hinrichtung Egmont's beigewohnt haben. — Auf der linken Seite des Platzes sind die Zunfthäuser, l'hôtel des brasseurs, l'hôtel des bateliers und andere, mit großen Emblemen geschmückt; schöne, mittelalterliche Gebäude, welche im Verein mit dem Stadthause dem Platze etwas sehr Charakteristisches geben.

Nachdem wir im Rathhause noch alte Oudenaarder Gobelins und die silbernen, vergoldeten Stadtschlüssel auf einer schönen Schaale aus gleichem Metalle betrachtet hatten, fuhren wir in das Palais de Justice, die Bilder von Gallait und de Biefve zu sehen, worüber vielleicht ein andermal. —

Unterwegs zeigte man uns den kleinen Springbrunnen an der Eykstraat, le plus ancien bourgeois de Bruxelles, wie das Volk das Männchen nennt, das einen Beweis für die Naivetät der Zeit liefert, aus der es stammt. Einer alten

Sitte nach wird es bei Festen in die Volkstracht gekleidet. Es trug 1789 die trikolore Schärpe, später das Orangeband und seit 1830 die blaue Blouse Diese Blouse ist in ihrer Einfachheit doch schon viel malerischer und plastischer als unsere moderne Kleidung, als Ueberrock und Frack Das sieht man an dem Denkmal des jungen Grafen Merode in St. Gudula, der bei dem Freiheitskampfe des Jahres 1830 gefallen ist. Das Denkmal zeigt ihn in der Blouse, zusammenbrechend an der Todeswunde und sich im Fallen auf die Linke stützend, während die Rechte noch die Pistole abzufeuern versucht. Der Faltenwurf der kurzen Blouse macht sich vortrefflich.

Durch die regennassen Scheiben unseres Wagens erblickten wir den Park vor dem königlichen Schlosse, auf dessen hügeligem Terrain der blutige Freiheitskampf des Jahres 1830 gefochten ward; ferner im untern Stadttheile das große massive Entrepot an dem Kanale, der nach Antwerpen und Charlerois geht, und so breit und fließend ist, daß ich ihn für einen Strom hielt. --- Seitdem bannt ein wahrhafter Platzregen uns in die Zimmer unseres Hotels, und ich kann von Brüssel nichts weiter sagen, als daß der Regen hier eben so auf das Asphaltpflaster klascht und rasselt als in Berlin. Wollte er sich hier nur genug thun und uns nicht die morgende Fahrt nach Paris und die Ankunft daselbst verderben!

Der März in der französischen Republik.

7.

Paris, 12. März.

Sonnenschein nach drei Tagen strömenden Regens.

Die Fahrt von Brüssel nach Paris ist die langweiligste von der Welt. — Die Eisenbahn war ganz in der Ordnung, nur bei Valenciennes, wo man die Brücke verbrannt hatte und die Passage dadurch gehemmt war, wurden wir in große Omnibus gepackt und in diesen durch das Landstädtchen Reines auf einem kleinen Umwege weiter befördert. Da, wo wir wieder zur Eisenbahn gelangten, war kein Bahnhof, man hatte also Bretterschuppen und Zelte aufgeschlagen, welche für die anlangenden Menschen- und Gepäckmassen zu klein, und gegen den strömenden Regen kein ausreichender Schutz waren.

Der Charakter der Gegend ist flachste, gleichförmigste Ebene. Douay, Amiens, Arras u. s. w. bleiben seitwärts liegen, und außer dem prächtigen Bahnhofe in Amiens, in dem man in einem von oben erleuchteten, fürstlich eingerichteten Speisesaale eine vortreffliche Mittagsmahlzeit hält, ist von der ganzen Fahrt weiter nichts zu bemerken.

Der Bahnhof in Paris ist überraschend groß, obschon man große Maßstäbe mitbringt und Großes erwartet, die Ordnung musterhaft. Statt daß man bei uns in wilder Hast in die Gepäckkammern gedrängt wird, und nun Hals über Kopf nach dem Seinigen greifen soll, verwirrt gemacht durch das Wühlen, Suchen, Schreien der andern Passagiere und der Beamten und Packträger, bleiben hier die ankommenden Frem-

den ganz ruhig in einer Salle d'attente. Während dessen suchen die Beamten die Packstücke nach den Nummern aus, ordnen das Zusammengehörende nebeneinander auf den großen Tischen, die längs allen Wänden des Gepäckgebäudes stehen, und erst wenn dies besorgt ist, läßt man die Fremden herein und händigt ihnen gegen den Packschein ihr Eigenthum aus. Unsere neun Collis, die wir sonst überall mit Mühe und Noth zusammengerafft, hat man uns hier zierlich wie eine Geburtstagsbescherung aufgebaut.

Vor allen Dingen will ich Dir nun in Eile den Eindruck beschreiben, den Paris in diesen anderthalb Tagen in Bezug der neuesten Vorgänge auf mich gemacht hat. — Von der Größe der Stadt, von ihrer Pracht und Schönheit kann ich noch keine mich überraschende Vorstellung haben. Die Boulevards, so weit ich sie gesehen, die innere Stadt, der Börsenplatz, der Vendomeplatz mit dem Standbilde Napoleon's auf der

Säule, der Concordeplatz sind sehr bedeutend, sehr volkreich, voll glänzender Magazine und prächtiger Gebäude. Indeß Rom und Neapel sind auch so großartig, daß der äußere Eindruck irgend einer Stadt, wie man ihn in den ersten Tagen empfängt, nicht mehr wesentlich überraschen kann, nachdem man jene Orte gesehen hat. Zudem schadete wohl das schlechte Wetter der Physiognomie der Stadt.

Die Zerstörungen durch die letzte Revolution sind überall sichtbar. An den Straßenecken sind die Pflastersteine erst lose hingelegt, nicht eingerammt; zerbrochene Brotwagen und umgestürzte Omnibus bezeichnen hie und da die gewesenen Barrikaden. An einer Kirche ist das aus Eisenstäben bestehende Gitter bis auf einige Fuß abgerissen, die allein noch zeigen, daß hier ein Gitter war. Im Palais royal — oder Palais national, wie es jetzt laut der Ueberschrift heißt sind alle Scheiben, viele Fensterrahmen und

Gerüste zerbrochen; das Wachhaus — Chateau d'eau — gegenüber dem Palais royal, in dem die Garden verbrannten, liegt in rauchgeschwärzten Trümmern; andere Wachhäuser in der Nähe der Seine sind bis auf das Fundament abgebrochen, und Nationalgarden halten in ihrer Nähe Wache, vor der ersten besten Boutike sitzend, die als Wachstube dient. Auf den Boulevards sind die Bäume umgehauen, die Brunnenröhren und Säulen niedergerissen. In den Tuilerien flattern zerfetzte weiße Vorhänge aus den scheibenlosen Fenstern; über allen Thüren, an den Mauern des Schlosses liest man mit Kreide oder Kohle angeschrieben: »Hôpital des Invalides civiles.« An den Theatern, über den Portalen der Kirchen, auf allen öffentlichen Gebäuden flattert die Trikolore lebensmuthig in der Luft über der Inschrift: liberté, fraternité, égalité. Sie haben die Worte hingeschrieben, wo sie Raum fanden, als wollten sie sich beständig erinnern, daß dieselben künftig die Grundlage ihrer Staatsgesetzgebung bilden müssen, oder als fürchteten sie, man könnte das vergessen

Mehrmals am Tage sah ich gestern Haufen von dreißig bis vierzig Männern, fast lauter Arbeiter, durch die Straßen ziehen, welche die Marseillaise sangen und das alte Lied der Girondisten, das vom Volke wieder aufgenommen ist. Es lautet:

Par la voix du canon d'alarme,
La France appelle ses enfants.
Allons! dit le soldat, aux armes!
C'est ma mére. je la défends.
Mourir pour la patrie,
C'est le sort le plus beau, le plus digne d'envie.

Nous, amis, qui loin des batailles
Succombons dans l'obscurité,
Vouons au moins nos funérailles
A la France et sa liberté.
Mourir pour la patrie,
C'est le sort le plus beau, le plus digne d'envie.

Die Melodie ist sehr schön, von fast eben so ergreifendem Rhythmus als die Marseillaise.

Die Arbeiter haben noch ein anderes Lied, dessen Refrain: »vive la république!« gestern in der Nacht mich oft aus dem Schlafe weckte. Und diese Melodien werden so unablässig gesungen, daß man sie zu hören glaubt, wenn auch Alles still ist. —

Riesige Anschlagzettel kleben an allen Ecken, Brunnen und Gebäuden; die Ordonnanzen und Plakate der Regierung sind auf weißem, alle andern auf farbigem Papiere gedruckt. Gestern war ein Dekret angeschlagen, das die Arbeitszeit auf zehn Stunden bestimmte, ein anderes, das die Brotpreise regelte, mir aber unverständlich war, weil ich das Maß nicht kenne. Indeß so viel habe ich erfragt, daß die Lebensmittel unverhältnißmäßig theurer sind als bei uns.

Man sagt mir, Paris sei todt, die Straßen sehr öde in diesem Augenblick, und allerdings ist die Zahl der Equipagen verhältnißmäßig wohl gering, aber das Leben in den Straßen, auf den Boulevards ist doch überraschend. Das ganze Volk ist darauf eingerichtet, sich kund zu geben, seine Meinungsäußerungen nicht zurückzuhalten. Vive la république! schreien schon achtjährige Knaben mit derselben Energie wie die Erwachsenen, und dieser Ruf hat eine ganz bestimmte Tonscala. Bei den drei ersten Sylben des Wortes Republique steigt der Ton wachsend und sinkt dann herab bei der letzten Sylbe. Manchmal wenn man ein schallendes, kräftiges »vive la république!« ertönen hört und dann fünf, sechs kleine Jungen erscheinen, die es ausgerufen haben, traut man seinen Sinnen nicht, lernt aber begreifen, wie sehr das politische Element das Volk durchdrungen haben muß, wenn es sich bis in die Spiele der Kinder gedrängt hat.

So wie man sich auf der Straße befindet, wird man von Zeitungsausrufern, Männern,

Weibern und Kindern umdrängt. »La Presse! la Presse! Journal du soir! seconde édition! — Le Moniteur du soir, Monsieur! achetez le moniteur du soir, Monsieur! — Voilà quelque chose qui vous regarde, Mesdames! la voix des femmes! achetez la voix des femmes, Mesdames! — Achetez la Presse, Messieurs! — La Liberté! La Liberté pour un sou, Monsieur! — La République! la vraie République! — Les scélératesses du scélérat Louis Philippe et de ses scélérats de ministres! — Le Chant de la liberté! — La voix du Peuple!« — so ruft, schwirrt, lärmt es durcheinander. Zeitungsblätter, Veilchenbouquets, Phosphorhölzer, Statuetten, werden dem Vorübergehenden fast in die Hand gedrückt, aber eigentlich belästigt wird man nicht. Sie wissen die rechte Linie zu treffen und scheinen sie nicht zu überschreiten.

Karrikaturen auf Louis Philipp sieht man an

5*

allen Ecken. Eine in Terracotta zeigt ihn als blinden Bettler. Er sitzt an der Erde, den Regenschirm neben sich, von einem Hunde bewacht und die Hand mit dem runden Hute den Vorübergehenden entgegenstreckend. Darunter stehen die Worte: »Faitez moi l'aumône d'un petit trône, s'il vous plaît, Messieurs!« — Eine Andere stellt ihn dar, wie er sich, mit einem Päckchen unter dem Arm, in die Thüre eines sehr engen Fiakers drängt, mit der Unterschrift: »A l'heure, cocher, et non à la course, car j'irai loin!«

Wir haben in diesen Tagen eine Menge Leute gesprochen, aber nirgends eine sympathische Aeußerung für Louis Philipp gehört. Sein Geiz, diese niedrigste, diese elendeste Leidenschaft, hat ihn allgemein verächtlich gemacht; und wahr ist es, wie einst die Sittenlosigkeit der Bourbons das Volk demoralisirte durch schlechtes Beispiel, so hat der Geiz Louis Philipp's die Franzosen habsüchtig gemacht und, ihr Ehrgefühl, ihr Rechtsgefühl untergrabend, sie bis zur Käuflichkeit herabsinken lassen. Trotz der Verdammung Louis Philipp's, wird jedoch stets ein lebhaftes Bedauern für die Prinzen Joinville, Montpensier und Aumale, besonders aber für Joinville ausgesprochen, der sehr beliebt zu sein scheint.

In Bezug auf Joinville haben wir gestern Abend interessante Papiere in Händen gehabt, die Korrespondenz seines Lehrers mit dem Könige, damaligem Herzog von Orleans, als es sich darum handelte, den eilfjährigen Knaben einem Collège zur weiteren Ausbildung zu übergeben. Mit echt pädagogischem Unverstande verkennt der Gouverneur die Harmlosigkeit und Freimüthigkeit dieses Knabencharakters. Er schildert ihn als einen trägen, zum Lernen gar nicht zu bewegenden Knaben. »Sein Hang zum Niedrigen,« heißt es in den Originalbriefen, »seine Lust an dummen Streichen werden ihn gleich zum Mittelpunkt für alle Taugenichtse der Klasse machen; er wird diese mit dem Instinkt seiner Anlagen augenblicklich heraussinden, sich ihnen anschließen und von ihnen alle Fehler annehmen, die ihm noch abgehen. Was für einen andern Prinzen rathsam wäre, was sich für die Herzöge von Chartres und Nemours als vortrefflich bewährt, sie mit andern Jünglingen gemeinsam zu erziehen, das würde bei dem maßlosen Leichtsinn, bei den übeln Anlagen und dem Trotze dieses Knaben, die übelsten Folgen haben und Ew. königlichen Hoheit den bittersten Verdruß zuziehen, den der Herzog von Joinville Ihnen auch ohnedies nicht ersparen wird.«

In diesem Tone, der mitunter an eine so rohe Frechheit streift, wie kein Dorfschulmeister sie gegen seinen Amtmann sich erlauben würde, gehen dieser und ein paar andere Briefe gleichen Inhalts fort, so daß man das tiefste Mitleid mit dem unglücklichen Fürstenkinde empfindet, dessen fröhliche Jugend in die Hände eines so lieblosen, so unverständigen Mannes gegeben war. Glücklicherweise ist die gesunde Menschennatur schwer zu verderben, wie man an Joinville sieht

Diese Briefe, nebst noch sechzig oder siebenzig andern vom König und der königlichen Familie, befanden sich im Besitze eines unserer Bekannten, der sie am Tage des Sturmes der Tuilerien auf dem Hofe zusammengerafft hatte. Das Volk war in ein Kabinet gedrungen, in dem die Privatkorrespondenz der königlichen Familie in lederne Koffer verpackt stand. Alle diese Koffer wurden aufgerissen, die Papiere auf den Fußboden und durch die Fenster auf die Straße geworfen, wo Jeder davon nahm, was ihm gerade in die Hände fiel.

Unter den Blättern, die ich gesehen habe, befand sich manches Interessante; so z. B. ein Entwurf des Königs zu einer Einladung Guizot's. Das Billet war mit höchster Ueberlegung geschrieben und immerfort geändert, um die rechte Form für die Aufforderung zu finden, bei der es sich um eine Verständigung nach einer Spannung zu handeln schien. Die Worte: »je vous prie, je vous invite,« waren ausgestrichen, und endlich die Redensart: »je vous engage de vous rendre chez moi« stehen geblieben. — Ferner sah ich einige sehr bedeutende Briefe des Königs Leopold von Belgien in Betreff der griechischen Frage; dann aus neuerer Zeit dringende Bitten Joinville's und der beiden jüngeren Prinzen an den Herzog von Nemours und an die Königin, den König zum Nachgeben bei einer freisinnigen Maßregel zu bewegen. In einem Blatte schreibt Nemours: »le roi devient de plus en plus entêté; impossible de le faire fléchir!« Ferner fanden sich Briefe der Königin der Belgier, welche im Auftrage ihres Mannes, der zur Jagd gefahren war, dem Könige Mittheilungen über Verhandlungen in London machte.

Sehr ausführlich war ein Tagebuch des Herzogs und der Herzogin von Nemours, geführt bei ihrer ersten Reise durch Frankreich. Die junge Fürstin erscheint darin als höchlich erfreut über all die Ehrenbezeugungen, die ihr zu Theil werden. Trotz der Ermüdung, über welche ihr Mann für sie klagt, wird jedes Blumenstraußes, jeder Rede mit Wohlgefallen erwähnt, und alle diese Gewohnheitssachen als Zeichen ursprünglicher, besonderer Theilnahme hingestellt und genossen.

Das Familienleben der Orleaniden muß nach diesen Briefen eines der innigsten und edelsten gewesen sein. Durchweg, selbst da, wo die Söhne den Vater in Briefen an einander tadeln, spricht sich die größte Anhänglichkeit aus. Aus der Zeit einer Entbindung der Königin der Belgier finden sich fast von jedem Tage Zettelchen des Königs, in denen er nach der Tochter fragt, und Briefe der Königin, in denen sie gute Rathschläge giebt. Die Anrede in den Briefen der Prinzen ist sehr oft ein scherzendes: »chère et bonne Majesté!« — oder auch »dites à la chère Majesté.«

Sehr komisch waren ein paar Briefe der Königin von Portugal an die Prinzessin Clementine, für welche die Erstere sehr große Liebe an den Tag legt. Die Hauptgegenstände bilden Zahnkrankheiten der Kinder, Toilettenangelegenheiten, Besprechungen Dûmas'scher Romane, und mitten darin die Frage: »demande à ton père ce qu'il pense des arrangements à Londres et ce qu'il faut faire?« Gleich darauf wird dann ein Hofmann oder ein Künstler empfohlen, mit den Worten: »un homme parfaitement honnête, mais une énorme bète!«

Die königliche Familie hat nichts gerettet; alle Familienporträts, all die tausend Kleinigkeiten, die uns werth sind als Andenken, oder werth geworden durch längeren Gebrauch, hat man bei der ganz unerwarteten Flucht zurückgelassen. Man fühlt das tiefste Bedauern über das Loos dieser jungen Männer und Frauen, welche der Ehrgeiz und die Starrheit ihres Vaters von dem höchsten Gipfel der Macht hinabgestürzt haben, in alle Schmerzen der Verbannung, der Entbehrung.

Und damit sei denn der erste Brief aus Paris beendet. Zum Schlusse nur die Versicherung, daß hier für die Ruhe der Fremden nicht das Geringste zu fürchten ist, und daß wir sehr zufrieden sind, hergegangen zu sein, um das größte Ereigniß der Zeit an dem Orte kennen zu lernen, wo es zum Ausbruche kam, wo es begann; denn dies kann nur der Anfang sein jener socialen Revolution, die uns seit Jahren als unabweisliche Nothwendigkeit vor dem innern Auge stand, und die wir herbeisehnten, wie man das Frühjahr ersehnt, mit Bangen vor den Stürmen und Nöthen des wahrscheinlichen Eisganges. Mögen wir bewahrt bleiben, wenn er über uns kommt!

8.

Paris, 13. März.

Man hat rechte Noth, seinen Gedanken einen festen Halt zu geben, sich ein Bild von den obwaltenden Zuständen zu schaffen, wenn man sie an jedem Tage zehnmal von verschiedenen Standpunkten beurtheilen hört — Darin sind alle Personen, welche wir gesehen haben, einig, daß die Regierung Louis Philipp's mit dem Ministerium Guizot und seinen Doktrinen eine Unmöglichkeit geworden war. Man glaubt auch an die Dauer der Republik, an die Reife

6*

des Volkes zur Selbstherrschaft; nur die socialistische Richtung fürchtet man, welche der Revolution gegeben worden, und die in Louis Blanc's Versprechen, die Arbeit zu organisiren, ihren Ausdruck gefunden hat. Man hält diese Organisation der Arbeit für unausführbar, namentlich im Herzen einer Civilisation, in der alle Nachbarstaaten bei den alten Grundsätzen verharren, und sieht schweren Verwickelungen und Krisen entgegen. Dennoch macht sich selbst bei Vielen, welche durch die Revolution Hab und Gut, oder Amt und Stellung eingebüßt haben, eine freudige Erhebung, ein Glaube an den Fortschritt geltend, die gewiß ein gutes Zeichen sind in diesen Zeiten Besorgniß erregender Auflösung.

Wunderlich ist es, wie Jeder aus den allgemein festgestellten Thatsachen Belege für seine Meinung zu ziehen weiß, wie der große Mantel geschichtlicher Nothwendigkeit für jede Partei ein

Zipfelchen hat, in das sie sich verkriecht, das sie beansprucht, an dem sie gewebt haben will, und wie es zuletzt doch nur eben der umhüllende Mantel des Alls ist, in dem die Kreuz- und Querfäden der Vergangenheit die Gegenwart und die Zukunft aus Nothwendigkeit erschaffen.

Seit Jahren mag der Druck des herrschenden Systems schwer auf Vielen gelegen haben; es scheint auch, als sei eine Partei von fünf- bis sechstausend Menschen vorhanden gewesen, welche sich in einzelnen Klubs versammelte und nur durch ihre Häupter in Verbindung stand. Diese Partei hat die Republik gewollt, und den Tod Louis Philipp's als den rechten Zeitpunkt dafür im Auge gehabt. Als nun nach dem Verbot des Reformbanketts sich die Blousenmänner zu Hunderttausenden in den Straßen zeigten, gleichsam nur um die Regierung an die materielle Macht der arbeitenden Stände zu errinnern, und vor dem Hotel Guizot's auf dem Boulevard ihnen eine Flintensalve auf ihr »à bas Guizot!« antwortete, welche eine Masse Menschen, darunter spazierengehende Frauen am Arme ihrer Männer, tödtete oder verwundete, da brach der Kampf los, und jene Männer der Republik fanden es gerathen, sich der Bewegung zu bemächtigen.

Dennoch behauptet man, es sei in jenem Augenblick mehr Wahrscheinlichkeit für die Regentschaft der Herzogin von Orleans, als für die Republik gewesen. Nicht die Republik, sondern nur die Einführung des allgemeinen Wahlrechts, welches die übrigen Reformen von selbst nach sich gezogen hätte, wäre eine Nothwendigkeit gewesen. Eine Stimme, die sich zur rechten Zeit entschieden für die Regentschaft ausgesprochen, würde die Einführung der Republik gehindert haben. Und da untersteht man sich, auch in Frankreich, an den Zufall in der Weltgeschichte zu glauben, der allem Christen- und Heidenthum und aller Möglichkeit und Vernunft widerspricht.

Als ob der Zusammenstoß gewitterschwerer Wolken, welche von den Urkräften erzeugt, sich innerhalb nothwendiger Kreise bewegen, und in diesen sich ebenso nothwendig begegnen und den zerschmetternden Blitz entzünden müssen, ein Zufall wäre! — Zufall ist ein Wort, hinter dem sich die Einsichtslosigkeit versteckt, welche selbst die kleine Mühe des Denkens zu schwer findet. -- Zufall! in einer Welt, die sich in den Angeln der strengsten gesetzlichen Regelmäßigkeit bewegt, in der jedes Untergehen mit einem Werden zusammenhängt! Man schämt sich, wenn man die Kinder des neunzehnten Jahrhunderts von Zufällen in der Weltgeschichte sprechen hört. Als ob Etwas anders werden könnte, als es werden muß! Wo nimmt man nur die Resignation her, sich über das Unglück zu trösten, das aus dem blinden Zufall für den Einzelnen entspringt? In eine Nothwendigkeit fügt man sich, aber in die dumme Laune eines blinden Zufalls, von irgend einem einfältigen Menschen herbeigeführt, nimmermehr.

Die Republik war für Frankreich nothwendig, weil sie entstand; und sollte sie auch nur von kurzer Dauer sein in diesem Augenblick, so wird sie auch dann, das für diesen Augenblick Nöthige geleistet, und den nöthigen Samen für weitere Entwickelung erzeugt haben. Daran halte ich mich und bin ruhig. —

An eine Schreckenszeit denkt Niemand, aber die Geldkrisis soll sehr schwer sein. Die Journale, namentlich die Reform, klagen die Kapitalisten an. Sie sagen: »Wie euch 1789 die Aristokratie durch ihre Flucht verrathen hat, so thun es jetzt die Kapitalisten. Die Bankiers verstecken ihre Kapitalien, sie machen keine Geschäfte, sie halten ihre Fonds zurück, um euch zu ängstigen durch Stockung des Verkehrs. Sie wollen euch zwingen, in die Werkstätten zurückzukehren und für die früheren Preise zu arbeiten Aber glaubt ihnen nicht und arbeitet nicht.« — Thatsache ist, daß viele der ersten Häuser ihre Zahlungen eingestellt haben, und daß kein Bankier auf die Anweisungen und circulating letters aus Deutschland und Rußland zahlt, wenn sie auch von den Häuptern, von den Grundpfeilern der Börsen ausgestellt worden sind. — Dies hat die Folgen, daß die Fremden fortgehen, daß eine große Zahl Gewerbtreibender brotlos wird, daß viele Wohnungen leer stehen und die Zustände für die arbeitenden Klassen sich so verschlimmern, daß keine Unterstützung der Regierung Abhülfe zu bringen vermag.

Die Nacht des Revolutionskampfes muß schrecklich gewesen sein. Man führte die blutenden Leichname derer, welche vor dem Hotel Guizot's gefallen waren, auf Wagen durch die Straßen. Männer mit brennenden Fackeln, deren glührothes Licht die klaffenden Wunden beleuchtete, umgaben diese Wagen, und der Schrei:

»aux armes! vengeance! on nous assassine!« durchzitterte die Nacht hindurch die Luft, den Trommelwirbel und das Läuten der Sturmglocken übertönend. Wie durch einen Zauberschlag entstanden die Barrikaden und verbreiteten sich durch die ganze Stadt. Unaufhörlich rief man: éclairez, éclairez, ou l'on vous cassera les vitres! Des lampions à la fenêtre!« Da es aber sehr windig war, brannten die Lichter nicht, und man improvisirte Papierlaternen. Auf dem Balkon vor unsern Fenster fanden wir noch halbe Kartoffeln, die man ausgehöhlt hatte, um Lichter darin zu befestigen.

Im Faubourg St. Martin, wo wir in einer der engsten Straßen, der Rue St. Lazare, eine liebenswürdige, hieher verschlagene Deutsche besuchten, soll der Kampf furchtbar gewüthet haben. Tag und Nacht kamen die Männer nicht von den Barrikaden; in den Häusern machte man nach Recepten Schießbaumwolle; auf den Straßen schmolzen Frauen und Kinder Zinngeräth und gossen Kugeln; Alles war auf den Füßen, Alles in der fieberhaften Aufregung der Wuth. So wie ein Trupp Soldaten anrückte, fielen von den Barrikaden die Schüsse, dann sprang man hinab, sich hinter den Brustwehren zu bergen. Jeder Angriff hat Todte und Verwundete von beiden Theilen zurückgelassen, die man schnell in die, einen Augenblick geöffneten Häuser schleppte, worauf sich die Thüren wieder schlossen. Solch ein Kampf mitten in einer Stadt! mitten im Herzen der sogenannten Civilisation! »Ich habe schaudernd Achtung bekommen vor diesen Kämpfern,« sagte die Dame, welche uns diese Scenen schilderte.

Das Volk hat sich bewunderungswürdig benommen, darin kommen Alle überein. Nirgends hat man geraubt, nirgends Etwas entwendet, außer in den Tuilerien, und auch da hat man sich eigentlich nur auf Zerstörung der königlichen

Insignien beschränkt. Auf dem Tuilerienplatze verbrannte man den Thron, den Gamins und Männer umtanzten, eingewickelt in die kostbaren Shawls der Prinzessinnen, und in abgerissene Sammetportièren und Gardinen. Von der Wunderbarkeit der Costüme, welche in diesen Tagen des Kampfes aus Eile, aus Laune, aus Uebermuth und Nothwendigkeit entstanden, hat mir ein alter Bekannter, der geniale Maler Karl Rahl aus Wien, die originellsten Schilderungen entworfen.

Madame Cornu, eine geistreiche Schriftstellerin, mit der mich Bettina in Verbindung gebracht, erzählte uns heute sehr hübsch von ihren Erlebnissen während der Revolution. Sie ist eine noch junge und angenehme Frau, die lange Jahre in Deutschland und Italien gelebt hat, und jetzt für eine Encyklopädie die Artikel über deutsche und italienische Kunst und Literatur schreibt. Ihr Mann ist Historienmaler; sie haben im Faubourg St. Germain, in der Rue de Varennes, die obere Etage des Hotels inne, das die Mutter des Herzogs von Praslin bewohnt. — Herr Cornu ist Nationalgardist und hatte am Morgen auf den ersten Appel sein Haus verlassen. Als die Unruhe des Kampfes und der Lärm der Sturmglocken wuchsen, hielt seine Frau die Qual der Ungewißheit in den einsamen Zimmern nicht länger aus und beschloß auf die Straße zu gehen, um sich wenigstens zu überzeugen, wohin sich die Compagnie ihres Mannes gewendet habe.

»Aber wohin ich kam,« erzählte sie, »fand ich Barrikaden, indeß auch überall Männer auf denselben, die mir Beistand anboten und mir hinüberhalfen. »Posez le pied sur ma main! on vous assistera! on vous aidera, Madame!« rief es von allen Seiten. Einmal dicht vor einer Barrikade, stürmte ein Haufen Gamins heran, laut die Karmagnole singend und sich wild durcheinander drängend, so daß ich gezwungen war, mich in die Vertiefung eines Hausthores zu stellen. Sogleich sprangen ein paar Männer von der Barrikade herab, breiteten schützend ihre von Arbeit und Pulver geschwärzten Arme vor mir aus und riefen: »Respect aux femmes! faut-il donc abimer les femmes pour chasser un roi?«

Am nächsten Tage ging sie in Begleitung ihres Mannes an einer Boutique de comestibles vorüber, aus der sie ihren Bedarf kommen läßt. Der Laden war von Männern umringt, und Herr Cornu, in der Meinung, man wolle dort rauben, trat heran, um dies wo möglich zu verhindern, als die Leute mit dem freundlichsten »merci Madame! bien obligés!« davongingen. Ganz ruhig waren sie mit der Bitte herangetreten: »Wir sind vierundzwanzig Stunden auf der Barrikade, wir sterben vor Hunger; faites nous l'aumône d'un morceau de pain!« — Dabei hing der ganze Laden voll Würsten und Schinken; Pasteten, gebratene Hühner und Käse standen umher, aber Niemand rührte etwas an, Niemand verlangte davon; und als die Besitzerin zu dem erbetenen Brote einen Käse und ein paar Flaschen Wein freiwillig hergab, theilte man es redlich und dankte ihr vielfach.

Indessen das glauben die Reichen nicht. Sie wollen sich fürchten vor ihren armen Mitbürgern, sie wollen sie für Diebe halten, und machen sie dazu. Ich habe Bankierhäuser gesehen, in denen man die kostbaren Gardinen und Portièren abgenommen, das Silber- und Goldservice verschlossen und Alles fortgeräumt hatte, was man an Kostbarkeiten besaß. Ein Goldarbeiter erzählte, daß Viele ihre Silberservice einschmelzen ließen, einmal um sie der gefürchteten Plünderung zu entziehen, und dann um sich baares Geld zu schaffen. Für den letztern Fall ist es sehr vernünftig; sie verlieren dabei nur den Werth der Arheit, und jedenfalls weniger als beim Verkauf der ganz entwertheten Staatspapiere und Actien. —

Daß bei solchen Verhältnissen die Stimmung in Paris keine heitere ist, begreift sich leicht; dennoch glaubt man an die Dauer der Republik, und einer der ersten Bankiers sagte mir heute: „Sie ist künftig die einzig mögliche Staatsform für Frankreich, und man muß sie um jeden Preis zu erhalten suchen.“

9.

Paris, 14. März.

Die beiden Personen, welche ich am lebhaftesten in Paris zu sehen gewünscht, waren Georg Sand und Heine. — Die Sand ist nicht in Paris, sondern in Berry auf ihrem Gute, von wo aus sie einzelne »lettres au peuple« schreibt, deren jetzt zwei erschienen sind, hoch und schön, wie Alles, was diese große Seele schafft. Diese Briefe und ein anderer Brief von ihr im Courrier français machten mir solch lebhaften Eindruck, daß mich der Gedanke faßte, sie zu übersetzen und schnell nach Deutschland zu senden. Es wäre aber nichts damit erreicht. Unsere Zustände und die hiesigen sind so vollkommen verschieden, daß die Briefe für die Masse unseres Volkes wirkungslos bleiben würden. Den Handwerkervereinen würden sie verständlich sein; aber die wissen zum großen Theile, was die Sand hier sagt, und der gewaltige, hinreißende Eindruck ihres prophetischen, sibyllinischen Wortes würde in der Uebersetzung verloren gehen. Die politische Bildung Frankreichs hat der Sprache allmälig einen Charakter aufgeprägt, sie für die Kürze republikanischer Zurufe — wenn man so sagen darf — fähig gemacht. Es ist eine heroische Energie, eine bestimmte Koncentration in der Sprache entstanden, wie sich der bestimmte Tonfall für den Ruf »vive la république« gebildet hat.

Das öffentliche Leben, die Kammerreden, die Redner in der Revolution des vorigen Jahrhunderts haben die Sprache von aller Abstraktion, von allem Schulstaub befreit, und wenigstens die Sprache zum Gemeingut gemacht, eine geistige Volksbewaffnung durch die Sprache herbeigeführt. So weit ist es aber bei uns noch lange nicht. Der Unterschied zwischen der Sprache der Gebildeten und der Ausdrucksweise des Volkes ist noch sehr groß, und wenn wir volksthümlich sprechen wollen, verfallen die Meisten in den Fehler derer, die, zur Sprache der Kinder hinabsteigend, lallen, statt die Kinder zum deutlichen Nachsprechen zu bewegen.

Da ich die Sand nicht kennen lernen konnte, wollte ich wenigstens so bald als möglich dem Wunsche, Heine zu sehen, genügen. Er hatte seine Wohnung in der Stadt verlassen, um gesunde Luft zu haben, und eine Maison de santé in der Rue de l'Oursine bezogen, noch über den sehr entlegenen Jardin des Plantes hinaus. Ich hatte ihm erst schreiben und bei ihm anfragen wollen, ob er erlaube, daß ich ihn besuche; was

7*

man aber in solchen Anmeldungsbilletten sagt, ist doch gewöhnlich nur ein albernes Gemisch von Schmeichelei und erlogener Bescheidenheit, und ich zog es also vor, ganz ohne weiteres hinzugehen, die Karte hinaufzusenden und es seiner Neigung zu überlassen, ob er mich annehmen wolle.

In dem weiten stillen Hofe des Krankenhauses sagte der Concierge: »au second, numero vingt trois.« Wir stiegen hinauf. Oben aus der Thüre von Heine's Zimmer trat gerade ein junges Hausmädchen heraus; dem gaben wir die Karten, und sogleich erscholl von innen ein: Entrez! entrez!

Mitten in einem großen Schlafzimmer mit großem französischem Himmelbett und blauen Möbeln stand, sich auf einen Tisch stützend, Heine, der uns mit den Worten empfing: »Mein Gott, Sie kommen so weit heraus zu mir! wie haben Sie mich nur gefunden? Und wie ich vor Ihnen erscheine! Ich habe in den letzten Tagen so viel gelitten, daß ich nicht daran denken konnte, meine Toilette zu machen; meine Nerven ertrugen keine Berührung.« — »So schicken Sie mich fort, wenn Sie leiden.« — »Nein, nein! bleiben Sie, es freut mich, es erheitert mich, es wird mich gesund machen.« — »Ich wollte bei Ihnen nicht schriftlich um die Erlaubniß Sie zu besuchen anfragen, um Ihnen die Mühe der Antwort zu ersparen, und war ganz darauf gefaßt abgewiesen zu werden, und wenn Sie wollten, wieder zu kommen.«

Sein Arzt, ein deutsch sprechender Ungar, meinte: »Sie wollten ihm die Mühe eines Billets ersparen, und er hat gestern und heute stundenlang für die Allgemeine Zeitung geschrieben.« — »Geschrieben!« rief Heine, »ach! ich kann nicht mehr schreiben, ich kann nicht, denn wir haben keine Censur! Wie soll ein Mensch ohne Censur schreiben, der immer unter Censur gelebt hat? Aller Styl wird aufhören, die ganze Grammatik, die guten Sitten. Schrieb ich bisher etwas Dummes, so dachte ich: nun, die Censur wird es streichen oder ändern, ich verließ mich auf die gute Censur. — Aber jetzt — ich fühle mich sehr unglücklich, sehr rathlos! Ich hoffe auch immer, es ist gar nicht wahr und die Censur dauert fort.«

Er lachte hell und hübsch, und man sah, trotz seines tief leidenden Zustandes, daß er sehr angenehm gewesen sein muß. Das Profil, die ganze Gesichtsbildung ist fein, das schlicht herabfallende reiche Haar hellbraun. Ein voller Bart, leicht mit Grau gemischt, umgiebt das Kinn. Die Bewegung der wohlgeformten magern Hände ist sehr edel, und vor Allem muß der Mund schön gewesen sein, denn der Ausdruck ist, trotz der Krankheit, die ihn lähmt, so angenehm, daß man ihm all die Dichterworte, all den sprudelnden Uebermuth, all die Aristophanischen Witze zutraut.

Ich fühlte recht, welch wahres Interesse ich

an ihm nehme, wie dankbar ich ihm bin für all den reichen Genuß, den ich ihm schulde, weil ich so gern irgend etwas gewußt oder gethan hätte, ihm Erleichterung, Zerstreuung oder Freude zu bereiten. Weil ich ihn immer nur in seiner geistigen Jugend sah, mag ich euch auch kein Bild seines körperlichen Leidens geben. Er ist zum Theil gelähmt und klagte sehr über seinen Zustand, welcher ihm den Gebrauch der Augen in so weit raubt, daß er nur wenig schreiben und gar nicht lesen kann.

Seine Frau, eine große schöne Französin, recht was man belle femme nennt, sagte: »Mais tu vas mieux, mon ami, depuis que tu es ici!« und der Arzt bekräftigte das, weitere Besserung für das Frühjahr versprechend. Mit Rücksicht auf die Frau war die Unterhaltung abwechselnd deutsch und französisch. — »Herr Heine hat den Frühling so schön gefeiert, daß der Frühling wohl etwas für ihn thun müßte,« sagte ich scherzend. —

»Ich habe das Meer auch sehr schön besungen und bin immer seekrank gewesen. Und die Frauen erst! quel mal elles m'ont fait!« Er lachte herzlich.

Wir sprachen von Deutschland, von der französischen Revolution. Er war gerade in die Stadtwohnung gefahren, um dort bei seiner Frau mit seinem Arzte ein kleines Diner einzunehmen, als die ersten Stürme des Kampfes sich hören ließen. Der Wagen, den man für die Rückkehr in das Krankenhaus holte, ward umgeworfen zum Barrikadenbau, und er hatte Noth, wieder dorthin zu gelangen. — Er fragte viel nach Deutschland, ließ sich einen Brief über die Revolution in Bremen vorlesen, den ich eben erhalten und noch in der Tasche hatte, wollte Auskunft über seine Bekannten in Deutschland, und kam immer wieder auf die schmerzliche Klage zurück: »Sie wissen es nicht, was es heißt, solche Revolutionen in meinem Zustande zu erleben. Ich hätte müssen todt oder gesund sein!« Aber trotz dieser Klagen sprach er die wärmsten Hoffnungen für Deutschland aus, und scherzte zugleich über die Verwunderung und den Schreck der Deutschen, wenn sie jemals frei werden sollten.

Wir waren beinahe eine Stunde bei Heine und gingen fort, um ihn nicht zu ermüden, obschon er lebhaft zum Dableiben nöthigte. Beim Abschied verhieß er, sich zu uns bringen zu lassen, sobald er einen guten Tag haben würde. —

Später am Tage sprach ich Deutsche, welche ihn verdächtigten, ihm vorwerfend, er habe als Pensionär auf den Listen Guizot's gestanden und viertausend Franken von der Regierung bezogen; er habe sich also verkauft. Dies Geschwätz ist wirklich widerwärtig. Ich will es glauben, daß Heine so gut als andere politische Flüchtlinge eine Unterstützung von der Regierung erhalten hat, aber was beweist das gegen ihn? Und wenn viele andere deutsche Verbannte diese Pension nicht erhalten haben, so ist auch das erklärlich, ohne daß Heine sich deshalb verkauft haben muß. Es ist wohl anzunehmen, daß Frankreich die stolze Großmuth zeigen wollte, einem Dichter wie Heine beizustehen, als sein Vaterland ihn verstieß.

Es ist Heine mit Deutschland gegangen, wie es edlen Naturen mit einer Jugendliebe geht, von der sie verrathen worden sind. Man kann sich zuletzt an den Gedanken dieses Verraths gewöhnen, man kann ruhig darüber werden; aber man vergißt weder die Liebe noch den Schmerz. Man kann dahin kommen, das, was man einst geliebt, mit strenger Objektivität zu betrachten, alle seine Fehler zu erkennen, verleumden wird man es nie. —

Sie sagen, Heine habe Frankreich auf Deutschlands Kosten gelobt, Deutschland verspottet im Vergleich zu Frankreich Das mußte Jeder, der gesunde Vernunft hatte; denn mochten die französischen Zustände noch so mangelhaft sein, sie waren golden im Vergleich zu den unsern. Hätte Heine Rußland gelobt, jemals der Hierarchie oder irgend einer Knechtschaft geschmeichelt, man könnte ihn des Abfalls von sich selbst beschuldigen, aber wo hat er das gethan? Weder das Wintermährchen, noch der Atta Troll, noch irgend eine seiner Arbeiten ist unfrei, und diejenigen, welche so eifrig an ihm nach Mängeln suchen, sollten sich erinnern, daß es Heinrich Heine war, der die Freiheit sang, dessen Lieder wie morgenfrischer Lerchenjubel emporschmetterten, als Deutschland in den Jahren von 1826 — 1830 wie in bleiernen Todesbanden gefangen lag. Sie behaupten ferner, seine Verehrung Napoleon's sei undeutsch, und mäkeln mit dem kleinen Maß des beschränkten Patriotismus, wo ein Dichter dem größten Genius des Jahrhunderts freudig huldigt in Allem, was er Großes geschaffen und gewesen, ohne sich an die Mängel zu halten, die ein Jeder kennt. Gerade dasselbe aber sollten Heine's Tadler für Heine thun und nie vergessen, daß er trotz seiner Fehler einer unserer größten Dichter ist, und daß unsere Sprache, daß wir Alle ihm unendlich viel verdanken. Heine ist es, der dem Styl die goldenen Fesseln der Goethe'schen Zwangsherrschaft abgenommen und dem Deutschen das Recht erkämpft hat, die Sprache als freies Eigenthum des Individuums mit Individualität zu behandeln; damit ist aber für die geistige Entwickelung der Sprache und des Volkes ein Wesentliches geschehen.

Meine alte Vorliebe für Heine, die aus meiner ersten Jugend stammt, reißt mich hin, Euch eine lange Abhandlung zu schreiben; aber viele der Heine'schen Lieder haben mich als Lieblinge durch das ganze Leben begleitet, ihr Rhythmus hat mich erquickt in Tagen schwerer Leiden, ich habe mich erfrischt an ihrer Lebensfülle, und so kann die Begegnung mit Heine mir kein gewöhnliches Ereigniß sein.

Den Weg nach der Rue de l'Oursine hatten

wir im Omnibus gemacht. Es war von unserer Wohnung aus eine förmliche Reise und wir wurden dreimal »debarkirt.« Damit bezeichnet man das Umladen der Passagiere in andere Omnibus, an bestimmten Straßenecken, wo die verschiedenen Wagen sich treffen. Ich vermuthe, daß man bei dieser Einrichtung gerade nicht auf die schnellste Art an den Ort seiner Bestimmung gelangt, da jede dieser Omnibuslinien gewiß eine möglichst große Strecke umschließt; aber man kommt doch zuletzt an das Ziel, und für mich hatten die Umwege den Vortheil, daß ich einen großen Theil der Stadt, und zwar auch die kleinen, entlegenen Straßen zu sehen bekam.

Des Interessanten giebt es denn auf solchen Wegen auch viel und überall. Gestern sahen wir viertausend Schweizer, welche die Republik beglückwünschen wollten, in's Hôtel de Ville ziehen. Sie hatten rothe Binden mit einem weißen Kreuze um den Arm. — Dann trug man, gefolgt von einer zahlreichen Menge, die Büste der Freiheit auf das Stadthaus, welche ein Bildhauer diesem zum Geschenke machte »C'est le buste de Madame Roland qu'on porte à l'hôtel ville; vive Madame Roland!« erscholl es in unserer Nähe.

Nachher kam ein Korps von vielleicht fünfzehnhundert Gamins. Sie hatten alle weiße Papierstreifen an den Mützen, auf welche die Nummer ihres Arondissements geschrieben war, und man führte sie auf das Stadthaus, um aus ihnen die Garde mobile zu bilden Damit ist es ein eigenes Ding. Alle diese Gamins hatten Waffen in den Revolutionstagen, die man ihnen nicht füglich nehmen zu können glaubt, ohne Unruhen zu erregen Man hat sich also sehr klug entschlossen, die zu Bewachenden zu Wächtern, die Böcke zu Gärtnern, die Gamins zu einem regulären Korps zu machen. Sie sollen, mit der Nationalgarde untermischt, für den Augenblick den Dienst der abgeschafften Municipalgarde versehen.

Abends im Théâtre des variétés, wo wir Bouffé in le pouvoir d'une femme sahen, führte die Garde mobile bereits die Aufsicht an der File vor dem Theater und auf allen Treppen und Eingängen. Sie waren in ihrer gewöhnlichen Kleidung, hatten aber rothe Binden um den Arm. Ihre Gewehre stellten sie in einen großen Schrank auf dem Vestibule und vernagelten ihn dann. Sie sagen hier: »Louis Philippe a été chassé par un Italien, deux Polonais et trois gamins.« Welche Rolle diese letztern hier spielen, läßt sich durch eine Anekdote bezeichnen. Als in den ersten Unruhen der Februartage die Gräfin d'Agoult einen alten Diener ausgesendet, um zu erfahren, wie die Sachen stehen, kehrte dieser mit der Antwort zurück: »Madame, l'affaire sera serieuse, car les gamins s'en mêlent.«

An allen öffentlichen Gebäuden steht außer dem liberté, fraternité, égalité noch immer ein: »Respect à la propriété nationale;« an der Eingangsthüre des Jardin des Plantes und der Sorbonne: »Respect aux sciences et arts;« vor dem Hôtel Elysée Bourbon im Faubourg St. Honoré: »Réfuge pour les blessés, Ambulance.« Auf jedem Schritte wird man an die Ereignisse erinnert. Vor einer Artilleriekaserne standen zwei Gamins Wache — und die Welt geht nicht unter, obschon das Militär fortgezogen, die Municipalgarde abgeschafft und der König entthront ist.

10.

Paris, 15. März.

Gestern habe ich denn ein Paar der berühmtesten Gebäude gesehen, die Kirche St. Madelaine und die Börse, beide im schönsten Style der Antike gebaut und darum so wunderbar fesselnd. An den langen, schöngestreckten Linien des Gebälkes der Madelaine, an den schlank und in sich gefestet aufsteigenden Säulen ruht das Auge unbeschreiblich süß aus. Schon die schönen, wagerechten Linien der Stufen, die zur Kirche hinanführen, haben etwas Wohlthuendes, indem sie den Blick allmälig emporlenken und das Gebäude, das eigentliche Kunstwerk, über die Erde erhöhen und mit ihr vermitteln. Durch drei Kuppeln fällt das Licht in die Kirche, deren Inneres im freundlichen, aber nicht eigentlich schönen Style der modernen italienischen Kirchen ausgeschmückt ist. Reiche Goldverzierungen, mehre bunte Bilder, vielfarbiger Marmor machen einen Eindruck von heiterer Pracht, der nur durch schlechte Marmorstatuen gestört wird. Auch die Statuen, welche am Aeußern der Kirche die Nischen füllen — Apostel und Heilige, wie mich dünkt — sind nichts weniger als schön Die Gestalten haben durchgehends etwas Manierirtes und sehen aus, als ob sie alle im Rumpfe zu kurz wären. Es muß an der Behandlung des Faltenwurfes der Gewänder liegen.

Die Kirche war geheizt, die Wärme strömte aus dem Fußboden. An allen Eingangsthüren befanden sich Wohlthätigkeitsaufforderungen, von drei adligen Damen unterzeichnet. Eine Kapelle mit einem Beichtstuhle trug die Ueberschrift: »Propriété des dames de la bienfaisance.« Es saßen viele Damen vor derselben, alle den reichen Klassen angehörend. Eine Mutter sprach lange mit dem Beichtiger, ehe die Tochter zur Beichte vor ihm niederkniete, während welcher die Mutter ihr, ebenfalls knieend, zur Seite blieb. Nicht weit davon saßen ein paar Blousenmänner und lasen die Réforme und den Courrier Satan. — So mischen sich hier Aristokratie und Volk, Hierarchie, Religion, Luxus, Komfort und socialistische Volkszustände zu einem Ganzen.

An der Börse war mir, außer der schönen Architektur, das auffallendste, daß man hier Briefkasten eingerichtet hatte, in die man noch später als in den andern Stadtposten Briefe, aber nur unfrankirte, hineinwerfen und befördern lassen kann Das ist ein sehr gutes Institut, da sich Jedermann, nicht nur die Kaufleute allein, desselben bedienen darf.

Nach dem Besehen der Börse machten wir mehrere Besuche in der Stadt, und dabei ist mir besonders die Enge und Zierlichkeit der Wohnungen aufgefallen. Freilich bewohnen die Reichen, die Bankfürsten und die Aristokratie, große Hotels, die sich um viereckige Höfe ziehen, und im Faubourg St. Germain auf schöne stille Gärten die Aussicht haben; aber selbst sehr begüterte Leute wohnen nach deutschen Begriffen beschränkt, nicht sowohl der Zimmerzahl nach, als nach dem Flächenraume derselben. Ein Appartement besteht aus einem Salon, einem Eßzimmer, einer Schlafstube für Madame, in der man gewöhnlich empfangen wird, einer zweiten für Monsieur und irgend einem Arbeitsstübchen oder Boudoir für den Einen oder den Andern.

Diese Enge der Räume hat zur Erfindung von zweckmäßigen Möbeln Anlaß gegeben, und solch ein Schlafzimmer von Madame ist wie die Kajüte eines Dampfschiffes benutzt. Ueberall steht ein großes Bett auf einer Estrade. Es hat Ueberhänge und Decke von gleichem Zeug und ist nach Art antiker Thronbetten zurecht gemacht, so daß über der Bettdecke, zu Kopf und Füßen, große runde Gallapolster liegen. Diese Bettstellen, die nach deutschen Begriffen schon sehr breit sind, werden Abends noch in die Breite ausgezogen und bilden ein vortreffliches Lager, denn die französischen Matratzen, Decken und Plumeaux lassen nichts zu wünschen übrig. — Vor dem Kamin st.hen kleine Sophas und ein paar Lehnstühle. Ueber dem Kamin ist der Spiegel in die Wand gefügt. Den Sims zieren eine elegante Uhr, Bronzeleuchter, Statuen, ein paar Feuerfächer und einige Nippes. Ein seidener Vorhang, der nach erloschenem Feuer niedergelassen wird, fehlt nirgends So entsteht ein warmes, behagliches Plätzchen, auf dem es jedem Fremden wohler werden muß als bei uns im Norden, wo wir, wenn wir nicht sehr reich sind, in eiskalten Zimmern schlafen, um in einem halbwarmen großen Empfangzimmer den Tag über selbst zu frieren und unsere Gäste frieren zu lassen. Jene Einrichtung der Zimmer fand ich selbst bei einer Schneiderin, die in entlegener Straße au quatrième in ganz niedrigen Stuben, aber doch sehr behaglich und zierlich wohnte.

Als wir von Heine kamen, besuchten wir noch verschiedene Personen, die zum Theil den gewerbtreibenden Klassen angehörten, unter andern einen sehr geschickten Optiker, membre de l'académie, chevalier de la legion d'honneur, und dann die Besitzerin einer Modehandlung im Faubourg St. Honoré. Diese Personen hatten denn natürlich ihre eigenen Ansichten über die Revolution, welche sie in ihrem Gewerbe benachtheiligt. Der Optiker, von dem ich eine schnelle Lieferung der gemachten Bestellung erbat, versicherte mich, daß dies außer seiner Macht läge. Er und sein Sohn seien so sehr durch Wachdienst und Patrouillen in Anspruch genommen, daß sie die Zeit und die Ruhe für eine so saubere Arbeit, wie die ihrige, nicht fänden. Die Modehändlerin bedauerte besonders, ihre Arbeiterinnen nicht beschäftigen zu können; aber alle Personen, welche wir sprachen, stimmten darin überein, daß der Geist des Volks nichts zu wünschen übrig lasse, daß die Arbeiter aller Grade le plus grand dévouement, la plus profonde résignation, le plus noble désinteressement bewiesen hätten.

Die Arbeiter seien verständig, mäßig, verlangen nichts Unsinniges, sondern nur Aufhebung der Sklaverei, die auf ihnen gelastet. Sie wollen freier athmen, Luft schöpfen nach der Arbeit und diese lohnender gemacht haben. Das sei billig, da viele Arbeiter unverhältnißmäßig schlecht bezahlt worden seien und ihr Erwerb außer allem Verhältniß mit den Preisen der nothwendigsten Lebensbedürfnisse gestanden habe. An Aufhebung der Standesunterschiede dächte Niemand weniger als die Ouvriers; eben so wenig an Aufhebung des Luxus, von dessen Befriedigung sie ihren Erwerb zögen. Die ansässigen Ouvriers und der petit commerce verabscheuten den Communismus, und hätten die Abschaffung der Adelstitel sehr mißbilligt, welche die Aristokratie und die Engländer von Paris fortgetrieben und sie in ihrem Erwerbe benachtheiligt hätten.

Andere Personen sahen das Heil Frankreichs allein in der Auflösung des stehenden Heeres. Vom Communismus, der ein Unsinn sei, fürchteten sie nichts, aber um so mehr vom Staatsbankerott, der nicht ausbleiben könne und den Louis Philipp Frankreich hinterlassen habe. Diese Geldnoth und die Furcht des Auslandes vor kriegerischen Angriffen von Seiten Frankreichs, würden beide durch Abschaffung des Heeres beseitigt werden; man würde täglich eine Million Franken sparen, die Abgaben also verringern, dem Arbeiter die ersten Lebensmittel billiger liefern können.

Für den Fall eines Krieges sei aber von der Abschaffung des Heeres bei einem so kriegerischen Volke wie die Franzosen gar nichts zu besorgen, dessen Gamins erst jetzt wieder ein Heer von achtzigtausend Mann besiegt, und eine Revolution in wenig Tagen beendet hätten.

Oft ward ein großer Widerwillen gegen die républicains par profession an den Tag gelegt. »Wir Alle sind Republikaner, wir wollen die Republik, um unser Gewerbe, unser Eigenthum gesichert zu sehen, und Institutionen herbeizuführen, die Jedem die Erwerbung von Eigenthum möglich machen: »mais il-y-a des républicains étrangers, des hommes sans patrie, qui ne sont rien, qui n'ont aucun état, et qui espèrent trouver un tel dans le désordre de la révolution.«

Während man Lamartine und andern Mitgliedern der provisorischen Regierung volle Gerechtigkeit widerfahren ließ, fürchtete man die

8*

Ideen Louis Blanc's. Man schalt auf Ledru Rollin, dem man Geldunterschlagungen nachsagte, und behauptete, er habe das Gesetz gegen die Verhaftung der Schuldner nur gegeben, um sich selbst sicher zu stellen, da er von Schulden erdrückt werde. »Lamartine ist Dichter,« hieß es, »Louis Blanc Historiker, Cremieux ein geschickter Advokat, diese Leute können bestehen auch ohne Mitglieder der Regierung zu sein; aber Ledru Rollin, Caussidière, Flocon müssen Republikaner sein und davon leben; das ist gefährlich!«

So giebt es denn auch hier gleich wieder Verdächtigungen und Zwiespalt, und die provisorische Regierung ist innerlich nichts weniger als einig. Ledru Rollin möchte Lamartine stürzen, die gemäßigte Partei ihn halten, und Lamartine selbst kämpft mit fast übermenschlicher Anstrengung, die Ordnung herzustellen

11.

Paris, 15. März, Abends.

Herwegh und seine Frau habe ich schon oft gesehen. Beide sind in einer fieberhaften Aufregung. Diese erklärt sich leicht, wenn man bedenkt, mit welcher Sehnsucht, mit welch glühendem Verlangen Herwegh einer republikanischen Zukunft entgegen gelebt hat; aber je lebhafter ich an ihm Theil nehme, seit ich ihn vor drei Jahren kennen und schätzen lernte, um so ängstlicher sehe ich sein jetziges Treiben. Er steht an der Spitze eines Comité von deutschen Republikanern, welche der Regierung in diesen Tagen ihren Glückwunsch zur errungenen Freiheit darbrachten. Das ist in der Ordnung; aber nun soll die Republik gleich jetzt auch in Deutschland proklamirt werden!

Sie verlangen Waffen vom Gouvernement, das ausdrücklich erklärt hat, sich nicht in die Angelegenheiten anderer Staaten mischen zu wollen; sie machen wunderliche Anschläge an den Straßenecken, in denen sie von den Franzosen Waffen, Kleidung und Geld fordern, um ihren deutschen Brüdern jenseits des Rheins zu Hülfe zu ziehen; es werden Sammlungen für die deutschen Republikaner in den Kirchen gemacht; die Deutschen exerciren auf dem Marsfeld; ich höre immer von »nach Deutschland ziehen in Masse,« und frage immer wozu? ohne eine vernünftige Antwort zu bekommen. Ein paar der deutschen republikanischen Arbeiter, die ich zufällig sah, da sie als Abgeordnete zu Herwegh kamen, waren durchaus nichtig. Sie sagten Ja und Nein zu Allem, wie er es ihnen in den Mund legte. Auch die Polen und Russen, die als Verbannte hier sind, regen sich. Sie wollen auch »hinziehen« — und neulich habe ich schon welche sitzen sehen, die eifrig über die Grenzen des polnischen Reiches zankten. Man hat einen Klub der détenus politiques gegründet, zu dem auch diese Polen und Herwegh gehören.

Jemehr man nun die wahre Freiheit liebt, je zuversichtlicher man darauf hofft, sie in der sich allmälig über die Erde verbreitenden republikanischen Verfassung verwirklicht zu sehen, um so ängstlicher betrachtet man jede Unklarheit in den Köpfen derjenigen, welche das Ideal der Republik im Herzen hegen, und die man selbst als Träger, als Stützen seines eigenen Idealismus hoch hält. Herwegh's Rastlosigkeit macht mir Angst. Sie rührt offenbar davon her, daß er, ein Dichter im schönsten Sinne des Wortes, nun plötzlich den Geschichte schaffenden Reformator machen will. Seine Phantasie reißt ihn fort zu glauben, Deutschland stehe auch schon auf dem Entwickelungspunkte, den Frankreich eben jetzt erreicht hat. Der Irrthum ist verzeihlich, denn Herwegh ist seit Jahren vom Vaterlande fern. Aber er will nicht glauben, daß er sich irrt. Ich besorge, er wird ein furchtbares Nachtstück dichten, wenn er die vorzeitigen Träume seines Geistes im Leben verwirklichen sollte.

Die Freiheit ist seine Religion, er würde mit Freudigkeit zum Märtyrer werden für die Wiedergeburt der Menschheit. Er hält diese in den höhern Klassen für verderbt, für entartet und keiner Erhebung durch das sittliche Ideal fähig. Darum würde er ruhig den Untergang derselben ansehen und mit ihnen untergehen, damit nachher die gereinigte Menschheit aus den gesunden Volksklassen sich zur Freiheit entwickeln könnte. Dies ist der Grund, warum er die Anarchie, die

Auflösung nicht scheut, die sonst in so grellem Widerspruch mit dem Schönheitssinne seiner Natur zu stehen scheinen müßte. Daß er vollkommen uneigennützig sich opfern könnte für das Allgemeine, und daß seine Frau den Muth und die Liebe hat, ihn sich opfern zu lassen für seine Idee, das glaube ich fest. Man kann dies Schwärmerei nennen, man kann, wie ich selbst, fürchten, daß diese Schwärmerei sie blind macht gegen die Möglichkeiten des Augenblicks, aber daß Beide edle Naturen sind, das muß man ihnen zugestehen, wenn man nur das geringste Verständniß für Charaktere hat. Emma Herwegh besitzt außerdem eine solche Tiefe der Liebe, eine so unbedingte Hingebung in derselben, daß sie schon dadurch schön und bedeutend wird.

Manchmal, wenn ich hier so gegen die Männer eifern höre, welche im Umsturz des Bestehenden allein die Möglichkeit einer bessern Zukunft sehen, oder wenn man die Personen tadelt und verdammt, die mit der Vergangenheit, ihren Sitten, ihren Ansichten aus Ueberzeugung gebrochen haben, so kommen mir sorgende Gedanken. Am unverständigsten aber finde ich es, wenn man als Beweis für die Unrichtigkeit einer Theorie ihr augenblickliches Scheitern in der Wirklichkeit anführen will. Es ist, als ob die Leute nie ein Wort von der Vergangenheit, von der Weltgeschichte gehört hätten.

Keine regenerirende Idee ist gleich fertig, gewappnet aus dem Schooße der Zeit entsprungen; alle Reformatoren haben für Aufrührer, für Unsittliche, für Empörer gegolten, alle neuen Sekten sind verspottet, mißachtet und wo möglich gekreuzigt worden. Geschieht dies jetzt nicht, so ist es wahrhaftig nicht die Schuld der Einzelnen, deren bestehende Rechte von den Reformatoren angetastet werden.

Noch nie ist eine sittliche Wahrheit, welche dem für Recht geltenden Unrecht entgegentrta, bei ihrem ersten Auftauchen, als Wahrheit von der ganzen Menschheit begrüßt worden. Als Luther die päpstliche Bulle abriß von der Kürchenthüre zu Wittenberg, um sie unter dem Zujauchzen der Studenten auf offenem Markte zu verbrennen; als er, der Augustiner Mönch, dem Ehelosigkeit Gebot war, die Nonne Catharina von Bora aus dem Kloster führte und sie sich von einem seiner Freunde als Gattin antrauen ließ, da haben sehr Viele diesen Empörer gegen Religion und Staat gewiß auch für einen höchst sittenlosen Menschen gehalten, und ihm sicher eben solche Gräuel angedichtet, als den Socialisten jetzt aufgebürdet werden.

Hat doch selbst Christus, der sich mit Handwerkern umgab, der durch ununterrichtete Männer des Volks die Schriftgelehrten und Pharisäer bekehren wollte, der mit eigener Hand die Geißel schwang gegen die Krämer im Gotteshause, für einen Aufwiegler, für einen Empörer gegolten und ist als solcher gekreuzigt worden! Wie mag man sich denn noch immer wundern, daß man auch jetzt die Menschen verläumdet, welche die Irrthümer, die furchtbaren Widersprüche unserer Zustände aufdecken und danach streben, sie zu verbessern? Wie giebt es immer noch Menschen, die sich durch fremdes Urtheil irren lassen und davor erschrecken, daß man sie revolutinär und sittenlos nennt, weil sie den Muth haben, den Schlendrian der zur Sitte gewordenen Unsitte, den Schein des zum Recht erhobenen Mißbrauchs dreist und frei von sich zu werfen! Das hat Jeder thun, Jeder erdulden müssen, der die Wahrheit gegen die Lüge, und sich selbst gegen das Beugen unter die Lüge vertheidigte; und als Christus den Tempel säuberte, Luther die Bannbulle verbrannte, da ist für den Verständigen, für den innerlich freien Menschen auch die Furcht vor dem Götzen »qu'en dira-t-on?« verbrannt, der noch immer als erster Gott die Erde beherrscht und für die Schwachen die Stelle sittlicher Ueberzeugung vertritt. Ob die Socialisten ihr Ziel schon jetzt erreichen, ob sie jetzt schon neben dem Bewußtsein des vorhandenen Schlechten, das Bewußtsein von dem Bessern haben, was an dessen Stelle gesetzt werden und als Gutes bestehen könnte, zweifle ich; aber das Problem muß gelöst werden, weil das Bedürfniß dieser Lösung als Nothwendigkeit vorhanden ist, und es kann sein, daß die Zukunft den Socialisten oder ihren Nachfolgern gehören wird.

Es hat mich überrascht, neulich über einem Bücherladen auf dem Quai d'Orsay die Worte »Imprimerie du Phalanstère« und an dem Schaufenster desselben nur socialistische Werke ausgestellt zu finden. Man ist in Deutschland noch nicht gewohnt, den Socialismus als Wirklichkeit in das Leben treten zu sehen; auch die Form, in der er auftritt, ist uns befremdlich.

In diesen Tagen erhielt ich einen Brief von

9 *

der Herausgeberin des Journals »Les voix des femmes, Journal socialiste et politique, organe des intérêts de Toutes,« Madame Eugene Niboyet. Eine russische in Paris lebende Aristokratin vom reinsten Wasser, mit Madame Niboyet befreundet, hat uns mit einander bekannt zu machen gewünscht. Der Brief lautet:

»Mademoiselle! L'amie selon mon coeur, celle que j'appelle mon bon ange, a désiré en partant, que je fisse votre connaissance. Je serais allée, sans retard, vous porter sa lettre, si je pouvais sortir, mais je rédige et dirige un journal quotidien, la voix des femmes, et je suis esclave de mon oeuvre. Vous qui êtes libre, venez à moi et, femme de lettres, pardonnez-moi de vous appeler soeur. Nous avons toutes besoin de nous parler, de nous entendre, notre mission de paix commence; si nous sommes fortes, l'humanité sera grande; venez à nous! — Je vous adresse

un numéro de notre, de votre journal. Veuillez le lire, veuillez le faire connaître; il faut qu'il ait des appuis. Toutes ensemble nous devons concourir à sa rédaction, sans distinction de patrie. Il n'y-a que des soeurs dans l'humanité.«

Die Anzeige des Journals selbst lautet: »La voix des femmes est la première et seule tribune sérieuse, qui leur soit ouverte. Leurs interêts moraux, intellectuels et matériels y seront franchement soutenus et, dans ce but, nous faisons appel aux sympathies de toutes.« — Der erste Artikel des Blattes, das ich vor mir habe, heißt: »L'union fait la force,« und beginnt: »Les élections approchent; l'action des femmes peut être puissante; qu'elles exercent cette action, le règne de la République est leur règne. Les temps sont venus, à l'oeuvre et sans relâche! Unissez-vous, agissez dans la famille, agissez dans la cité, désignez à vos frères électeurs les candidats que vous croyez assez purs pour être éligibles. Pas de puériles considérations! soyez franchement citoyennes et dignes de ce nom« u. s. w.

Dann folgt ein vortrefflich geschriebener Artikel, »Le Pape,« ferner ein schöner Brief von George Sand — »Aux riches« — der aber hier nur abgedruckt, nicht für das Journal geschrieben zu sein scheint, da die Sand anderswo erklärt hat, nicht zu den Mitarbeitern der Voix des femmes zu gehören. Es folgen ein Aufsatz über die Crise financière et commerciale, die actes officiels du gouvernement provisoire, la misère en Allemagne par Mad. Bettina d'Arnim, eine Uebersetzung des Berichts über die Voigtländer, aus »dies Buch gehört dem Könige,« ein Kapitel sur le sort actuel des femmes, die gewöhnliche, aber sehr kurze Revue des Journaux politiques de la France et de l'étranger, verschiedene Stadtneuigkeiten, einige Annoncen, das Programme des spectacles. und das Blatt, gedruckt in der Imprimerie de Madame Delacombe, ist fertig.

Ich schreibe so ausführlich darüber, um eine Vorstellung davon zu geben, wie solche Dinge hier gehandhabt werden. Die Haltung des Blattes ist im Ganzen ungemein übertrieben, aber es ist doch viel Vernünftiges darin, und es ist jedenfalls als eine Lebensäußerung der Jetztzeit und ihrer Bestrebungen interessant. Daß Madame Niboyet keine unedle, keine gewöhnliche Frau sei, dafür bürgt mir der Name der Freundin, welche sie mir zugeführt hat.

19.

Paris, 16. März Abends.

Das war ein merkwürdiger Abend. Den ganzen Tag und schon die Tage vorher war es unruhig gewesen, weil die Masse der Nationalgarde die Auflösung der einzelnen Corps d'élite in derselben verlangte, welche sich nicht auflösen lassen wollten. Es sind die Grenadiere und Jäger. Die erstern haben Bärenmützen wie die einstige Kaisergarde, die andern gelbe Federbüsche. Die Corps bestehen aus den Bewohnern des ersten und zweiten Arrondissement, der Vorstädte

St. Honoré, Chaussée d'Antin u. s. w., repräsentiren also die Aristokratie und die sogenannte haute finance.

Um sechs Uhr fuhren wir zu Madame de K. zu Mittag, welche mit uns zugleich in ihr Haus trat, athemlos den Hut abwarf und ausrief: »Man waffnet sich in den Faubourgs St. Antoine und St. Denis, wir haben einen Kampf diese Nacht. Ich komme vom Hôtel de ville, der Platz ist voll von Menschen, man hat das erste und zweite Bataillon der Nationalgarde mit Steinwürfen und Schimpfreden überhäuft. Weiber sind herangedrungen mit Schürzen voll Steinen, Jungen haben dem General Courtais den Degen aus der Hand gerissen und zerbrochen. Der Kampf bricht gewiß los.« —

Ein Pole und ein junger spanischer Herzog, beide ansäßig in Paris, beide Nationalgardisten, versicherten, daß für den Augenblick, trotz der großen Aufregung, nichts zu fürchten sei, und wir setzten uns zur Mahlzeit, um gleich nach derselben in eine Versammlung des Club centrale des républicains zu fahren, wo, wie die Männer wußten, dieser Gegenstand verhandelt werden sollte.

Der Klub versammelte sich im Conservatoire de Musique, nahe bei unserer Wohnung. Man ließ unsere Wagen in einiger Entfernung halten. Zwei Polen, von denen der eine seit Jahren Professor der Staatswissenschaften hier ist, begleiteten uns. — In der großen, etwas wüsten Halle des Conservatoire, wo die Statuen der Musen stehen, hielten sehr wild aussehende Männer in Blousen und Hemdärmeln Wache. Sie hatten dreifarbige Bänder um den rechten Arm. — »Ihre Billette?« Die Polen zeigten ihre Eintrittskarten vor. — »Aber die Frauen?« Wir hatten keine, und einer unserer Begleiter ging, einen Marseiller herbeizuholen, ein Mitglied des Klubs, das er kannte. Es war ein schöner, sehr dunkler Mann. Er ließ uns die Loge Louis Philipp's im Centrum öffnen; mit uns traten andere Personen ein. Ich saß in der ersten Reihe und konnte also vortrefflich sehen.

Der Saal ist nicht eigentlich schön, hat außer dem Parket drei offene Logenreihen und oben noch kleine vergitterte Logen. Dieses ganze Lokal war voll von Männern, unter denen sich zwanzig bis dreißig Frauen der arbeitenden Klassen befanden. Auf der Orchestertribüne saßen vor einem Tische mit brennenden Lichtern der Vorstand und mehrere Commissaires d'ordre; sie hatten Alle ebenfalls die dreifarbige Binde um den rechten Arm. Der große Kronleuchter in der Mitte des Saales war angezündet, doch brannte nur immer die vierte Lampe und es blieb ziemlich dunkel im Saale.

Die großen Fragen, um welche es sich handelte, waren die Entfernung der besoldeten Truppen aus Paris, die Aufhebung der Corps in der

Nationalgarde und eine Ehrenerklärung, ein Vertrauensvotum für den Minister des Innern, Ledru Rollin, der bei der alten Nationalgarde eben so in Ungunst steht, als die neu eingetretene und die Garde mobile ihn verehrt. Alle Redner und fast das ganze Publikum trugen Civilkleider, einige Wenige die Uniform der Nationalgarde, noch kleiner war die Zahl der Blousenmänner. Der Präsident, ein alter, ganz kahlköpfiger Mann, sprach leise, aber sehr ruhig und deutlich.

Er sagte gleich Anfangs: »Es ist vorgekommen, daß man diejenigen Bürger, welche sich zum allgemeinen Besten hier vernehmen ließen, mit einem »lauter« unterbrochen und belästigt hat. Meine Herren, Sie haben hier keine bezahlten Schauspieler vor sich, welche Sie zwingen können, sich nach Ihrem Willen zu fügen. Es liegt in dem Interesse jedes Sprechenden, sich verständlich zu machen, und sicher wird Jeder so laut sprechen, als seine Mittel es ihm gestatten.

Wenn diese aber schwach sind, so zwingt es uns zu verdoppeltem Schweigen und doppelter Aufmerksamkeit, aber man kann Niemand zwingen, sich wehe zu thun, um sich im Lärm verständlich zu machen.«

Die Versammlung war außerordentlich bewegt; zuletzt, als ein Mann gegen Ledru Rollin und für Lamartine auftrat, wurde sie so leidenschaftlich und so stürmisch, daß nach deutschen Begriffen ein Weltuntergang zu fürchten stand. Alles schrie: »Nieder mit dem Aristokraten!« man wollte ihn nicht sprechen lassen. Vergebens hob er mehrmals die Hand empor, zum Zeichen, daß er fortfahren wolle zu reden, man zischte, schrie, trampelte, stampfte mit den Stöcken, eine Pfeife ließ sich hören. — Da trat wieder der Präsident dazwischen: »Meine Herren, wir sind Alle Franzosen, wir sind Republikaner und vernünftige Männer. Wir haben eine Gewalt niedergeworfen, weil sie unserer persönlichen Freiheit

Fesseln anlegte; sollen wir dasselbe Verbrechen begehen und den Gedanken, das freie Wort in Fesseln schlagen mitten in einer Versammlung von Republikanern? Sprechen Sie, mein Herr! erzeigen Sie uns die Ehre, uns Ihre Meinung mitzutheilen.«

Jedes dieser Worte wurde mit schallendem Bravo begrüßt; aber die Reden zu Gunsten des braven Ministers des Innern, des vortrefflichen Ledru Rollin, wurden immer lebhafter, die Anklagen gegen Lamartine und die aristokratische Nationalgarde immer heftiger.

Endlich trat der Marseiller auf. »Es handelt sich hier nicht um die Bärenmützen oder um die gelben Federbüsche der Jäger,« rief er, »es ist eine Frage der Gleichheit. Diese Herren der ersten und zweiten Legion möchten nicht gern mit der Masse des Volkes verwechselt werden; sie möchten sich um die Herrschaft schaaren, gleichviel um welche, als Barrière zwischen dieser und dem Volke, und sie möchten so viel an ihnen ist dazu thun, die Barrière bald wieder recht hoch zu machen. Wir wollen sie hindern, die ersten Steine herbeizutragen. Es handelt sich nicht um die Bärenfelle, aus denen die Eselshaut hervorsieht« — jubelndes Gelächter — »sondern um unsere Freiheit und Gleichheit. Diesen Brief habe ich gestern erhalten« — er las ihn vor — »in diesem Briefe fordert eine reaktionäre Partei aus der Provinz auf, gegen die Auflösung der Corps zu protestiren. Hier sind die Namensunterschriften.«

»Lesen Sie! die Namen! die Namen!« rief es von allen Seiten. — Der Marseiller wollte sie mittheilen, der Präsident litt es nicht. »Der Name thut hiebei nichts, es kommt nur auf die Thatsache an. Die Namen nennen, wäre eine niedrige Denunciation und gefährlich, denn es würde Zwietracht säen in einem Augenblick, wo wir der höchsten Einigkeit bedürfen. Was wollte man thun, wenn man die Namen wüßte? Man hat diejenigen, welche die Hand an unsere Freiheit gelegt haben, weder getödtet, noch gestraft; man hat sich begnügt, sie unschädlich zu machen und ihre strafbaren Handlungen der Verachtung und dem Spotte preis zu geben. Das Volk, welches das Vaudeville erfunden, kann sich mit dieser Züchtigung begnügen, wenn es, wie jetzt, stark ist durch die Gewalt seines Rechts.« Die Lesung der Namen unterblieb.

Darauf bestieg ein großer, sehr energisch aussehender Mann, im Paletot, die Rednerbühne. Er hatte einen starken Bart um Mund und Kinn, und sein schwarzes Haar flatterte los und wild über seine düstere Stirne. Er sprach unstreitig am besten, resumirte alles, am Schlusse die Frage aufstellend und beantwortend, was man zu thun habe? Das Volk müsse sich unbewaffnet, aber ganz unbewaffnet — er betonte dieses Wort stark und wiederholte es mehrmals — versammeln, sich der provisorischen Regierung vorstellen, und eben nur zeigen, wie groß die Zahl derjenigen sei, welche die Auflösung der Corps verlangen. Zugleich aber solle man sich gegen die »faiblesse déplorable du gouvernement provisoire et surtout de Mr. de Lamartine« erklären.

Großes Geschrei von mehreren Seiten: »Respekt vor Lamartine! Mäßigen Sie Ihre Ausdrücke!« — »Ich weiß und erwäge was ich sage. Die Regierung ist ohne Thatkraft und unentschieden. Sie hat dem Volke schon jetzt jede Controle entzogen, indem sie alle Ministerien unter sich vertheilte, wie Louis Philipp alle Aemter und Würden für seine Familie in Beschlag nahm. Die provisorische Regierung hatte nur das Amt, die Minister, den Staat zu überwachen bis zur Eröffnung der Nationalversammlung. Es wäre besser gewesen, die alten Minister beizubehalten, als die Ministerien selbst zu verwalten, und gleich in der provisorischen Regierung eine neue Büreaukratie zu errichten. Wir müssen uns also morgen versammeln.« — »Um was zu thun?« fragte spöttisch eine Stimme aus einer Loge. — »Meine Freunde!« donnerte der Redner, »wir sind alle Republikaner — aber wir haben falsche Brüder unter uns!« — »Ja! ja!« erscholl es von allen Ecken. Eine Pfeife, die schon vorher erklungen war, ließ sich wieder vernehmen. »Nieder mit den Pfeifenden! Nieder mit ihnen! Werft sie zur Thüre hinaus!« rief man. — Der Präsident: »Das sind Kinderstreiche! Gassenjungenart! Ich ersuche diejenigen, welche in der Nähe des Pfeifenden sind, ihm gerecht zu werden, indem sie ihn hinauswerfen.« — Ein Commissaire d'ordre sprang von der Tribüne in das Parket. »Der Pfeifer ist hier! nein dort!« — Man suchte, fand ihn, und er ward entfernt.

Endlich kam Monsieur Blanqui, einer der Führer der Revolution im Februar, der lange wegen politischer Verhältnisse im Gefängniß gewesen ist; ein kleiner, scharfblickender Mann mit grauuntermischtem, glatt anliegendem schwarzem Haar, à la mécontent geschnitten. Er gleicht den Bildern Lucian Bonaparte's. Sein Anzug war sorgfältig; ein bräunlicher Paletot über dunkler Kleidung und dunkle Handschuhe, die er nicht ablegte während des Sprechens.

Er stützte sich auf den Tisch und sagte sehr ruhig: »Meine Herren, ich habe so eben der Reihe nach die republikanischen Klubs von Paris besucht. Die Arbeiter werden sich morgen um zehn Uhr früh auf dem Platz de la Concorde versammeln, ohne Waffen, die Hände in den Taschen — ohne Waffen, meine Herren! denn wir bedürfen ihrer nicht. Dann werden wir zusammen nach dem Hôtel de ville gehen, um folgende Forderungen zu stellen: erstens die Auflösung der Corps in der Nationalgarde, zweitens allgemeine Volksbewaffnung, endlich die Entfernung der Linientruppen, und man wird uns das bewilligen,

10 *

wenn man sieht, daß das Volk einstimmig derselben Meinung ist. Schließlich wollen wir Herrn Ledru Rollin danken für Alles, was er für die Nation gethan hat. Also um zehn Uhr, ohne Waffen, meine Herren, auf der Place de la Concorde!«

Damit hatte die Sitzung ein Ende, obschon sich Lärm erhob und fortdauerte. Einzelne Gruppen traten zusammen, aber die Mehrzahl verließ den Ort. Morgen also giebt es eine große Demonstration!

13.

Paris, 17. März, Abends.

Schon ganz früh zogen einzelne Haufen mit Fahnen durch unsere Straße, in so ernster, schweigender Haltung, daß die Menge auch still wurde und ihnen Raum machte, wo sie vorübergingen. Wir waren in großer Spannung. Es litt uns nicht in den Zimmern, wir kleideten uns an, gingen schon um zehn auf die Straße und trafen auf dem Boulevard de la Madelaine einige Bekannte, die gleich uns von der Aufregung aus dem Hause getrieben worden waren.

Auf den Boulevards Montmartre, des Italiens, de la Madelaine herrschte Ruhe. Wagen und Omnibus fuhren ihrer Wege, Tabuletkrämer, Zeitungsausrufer und der ganze Kleinhandel der Straße, trieben unzehindert und ungestört ihr tägliches Wesen. Wir durchwanderten die Straße de la Paix, deren Ende die Statue Napoleon's auf der Säule schmückt, kehrten um, gingen nochmals die Boulevards entlang bis zur Madelaine, durch die prächtige Rue royale nach dem Platz de la Concorde. Aber auch hier war es ruhig. Kinder spielten um den Obelisken von Luxor und sprangen über den Strick im Garten der Tuillerien, dessen Bäume sich mit dem ersten Grün belaubten.

Einzelne Corps von Arbeitern, verspätete Nachzügler, kamen über Pont royal, den Quai entlang, um sich nach dem Stadthause zu begeben. Wir blieben flanirend auf den Straßen,

bis uns gegen drei Uhr eine lebhafte Volksbewegung zurück nach den Boulevards lockte.

Als wir etwa in die Gegend der Passage Jouffroi gelangt sein mochten, kamen sie daher: hunderttausend Mann! Sie kehrten vom Hotel de ville zurück und hatten die Boulevards von der Porte St. Denis ab passirt. Man kann sich den Eindruck dieser Volksmasse nicht überwältigend genug denken. Hunderttausend Männer, größtentheils Arbeiter; vor jedem Gewerk die dreifarbige Fahne mit der Inschrift: Message de la nation! — Zu zehn gingen sie, mit den Armen ineinander greifend. Die meisten trugen Blousen, manche Gewerke bürgerliche Kleidung. Väter hatten ihre Knaben an den Händen oder auf den Armen; einzelne Frauen gingen mit den Männern Arm in Arm. An vielen Blousen schimmerten militairische Ehrenzeichen. Schüler der poytechnischen Schule, Marinesoldaten und Offiziere, zahlreiche Priester, besonders irische, befanden sich in dem

Zuge unter dem Volke. Sie sangen die Marseillaise, die Carmagnole, die Parisienne, die neuen Volkshymnen durcheinander. Die Refrains: »marchons, ça ira! — les aristocrates à la lanterne! — mourir pour la patrie! — und vive la république! tönten abwechselnd an unser Ohr. Ueberall wurden die Schüler der polytechnischen Schule mit einem: vive l'école polytechnique! empfangen. Wo sich die Priester zeigten, erscholl es: »Vivent les prêtres! ah les braves prêtres! Vive le clergé! il fraternise avec le peuple!« — Dazwischen erscholl dann ein wildes: »à bas les aristocrates! à bas les corps d'élite! à bas les fracs noir! Vivent les blouses!« Einmal traten ein paar Köche vor einem der Kaffeehäuser vor die Thüre; sogleich lachte Alles und ein lautes »à bas les bonnets blancs! vive la république!« zitterte durch die Luft.

Alle Fenster waren voll Menschen; aus vielen schwenkte man begrüßend die dreifarbige Fahne, oder band rothe, blaue und weiße Taschentücher zusammen, die man hinausflattern ließ. Auf den Balkons der Restaurants standen die Männer zusammengedrängt, die Hüte schwenkend, mit den Händen grüßend, zuwinkend, und den Anruf vive la république! mit einem Gegenruf erwidernd. Ein nicht zu schildernder, kaum erfaßbarer Eindruck.

Sie hatten die Versprechung erlangt, daß man ihre Forderungen bewilligen werde. Wie wollte man auch dieser Masse widerstehen? Der Jubel war grenzenlos. »A ce soir des lampions! des lampions à force!« riefen die Blousenmänner und Gamins in der Freude des Sieges.

Unter den uns zunächst stehenden Gruppen wurden jedoch sorgenvolle Stimmen laut. Man fürchtet eine Diktatur Ledru Rollin's, den Rücktritt Lamartine's. Zwei heutige Plakate des Gouvernements, wegen der Zwistigkeiten in der Nationalgarde und wegen der bevorstehenden Wahlen, waren energischer als die früheren Erklärungen desselben; dennoch erschienen auch diese bleich und farblos gegen die Gewalt der Verhältnisse, und vor Allem machen Lamartine's Erlasse, trotz der edlen Gesinnung und Sprache, keinen Eindruck. Sie sind matt, man mag gegen diese Behauptung sagen was man will. Im Kampfe macht sich nur die Kraft geltend, nur Trompetenschmettern und Kanonendonner; die schönste Beethovensche Symphonie erscheint wirkunslos gegen das Angriffssignal der Kriegstrompeten. Lamartine's edle lyrische Sprache ist nicht an ihrem Platze. Es fehlen Napoleon's kurze epische Schlagworte, um die Menge zu beherrschen. Sie haben keinen Glauben an sich in dem Gouvernement provisoire und glaubenslos ist man machtlos, wie man allmächtig wird mit dem Glauben an die eigene Kraft. —

Man verlangt heute Aufschub der Wahlen, bis in den Provinzen die alten Beamten abgesetzt und neue ernannt sein werden, weil man fürchtet, jene könnten Lamartine's Partei verstärken, von der die Gegner behaupten, daß sie die Regentschaft der Herzogin von Orleans wünsche.

In den Champs elysées hatte man während des Morgens eine weiße Fahne aufgepflanzt, vive Henri cinq! gerufen, den Rufer geprügelt, und es war ein kleiner Auflauf entstanden. Man nahm es für ein Regierungskunststück. Es ward wenig beachtet.

Mittags wollte ich zur Fürstin G. gehen, um ihr, da sie in diesen Tagen Paris verläßt, Lebewohl zu sagen. Ich mußte dazu zweimal den Zug der Ouvriers durchkreuzen, aber das hatte gar keine Schwierigkeit, und obgleich ich im hellen Gesellschaftsanzuge war, that mir Niemand ein Leid. Im Gegentheil, sie machten sehr gutwillig Platz. Was man von Anfällen der Proletarier erzählt, muß man glauben, weil es von glaubwürdigen Personen berichtet wird; aber warum begegnet mir gar nichts der Art? Die Fürstin klagte, daß eine Aufwärterin des Hôtels, mit der sie gesprochen, sich niedergesetzt und auf ihren Verweis geantwortet haben: »Madame, je suis votre égale,« der Fürst, daß man seine Equipage angehalten und daß Leute gerufen hätten: »Voilà ces canailles de riches! mais bientôt nous irons en voiture et ils marcheront à pied.« — Einer anderen Dame unserer Bekanntschaft hat auf der Straße eine Frau gesagt, ihr bettelnd den Weg vertretend: »Madame, vous avez deux bracelets d'or, et je n'ai pas de pain!« — und eine dritte hatte hinter sich die Worte gehört: »Tiens! cette béguele là porte encore des jupes garnies et des mouchoirs à dentelles!« Das mag Alles wahr sein; sollten aber solche Aeußerungen nicht hervorgerufen werden durch die hochmüthige Angst vor dem Volke, durch das gezierte zur Schautragen der Toilette, welche den Reichen zur andern Natur geworden? Wir haben

Paris bei Tag und Nacht, zu Fuß und zu Wagen, fast immer ohne männliche Begleitung und oft in vollständiger Toilette durchkreuzt; uns ist nicht das Geringste begegnet; überall ist man höflich gewesen und überall hat man die Almosen mit höchster Bescheidenheit erbeten, obschon die Noth sehr groß sein mag.

Die Fremden indessen sind wie vom Schreck geblendet; sie wandern karavanenweise aus. Die Russen müssen fort, die Engländer wollen fort, und wer bleibt, thut es nur, weil die Bankiers kein Reisegeld geben. In diesen Tagen hatte die englische Gesandtschaft fünftausend Pässe ausgestellt; Mistreß Austin, die ich hier finden sollte, ist auch schon fort. Paris ist auffallend leer; das sehen wir daran, daß wir in den ersten, besuchtesten Restaurants um sechs Uhr, um die rechte Essenszeit, oft die einzigen Gäste sind. Die Wirthe klagen außerordentlich und die Magazine sind ohne Käufer. —

Heute Abend waren wir in der großen Oper, wo wir eine vortreffliche Aufführung von Robert dem Teufel sahen. Eine Engländerin, Madame Plunkett, tanzte die Soli im Ballet und fand Beifall. Aber was für ein entsetzlicher Stoff ist eigentlich dieser Robert der Teufel, und wie garstig ist die Gefallsucht dieser spukenden Nonnen! Man ist so in den Irrgängen der sogenannten Romantik befangen, so gewohnt conventionell geheiligte Unsittlichkeiten zu ertragen, daß sie das Publikum gar nicht mehr stören. Göthe's Braut von Korinth wird von Vielen verdammt, und sie ist bei aller Schönheit auch kein recht erfreulicher Stoff, aber diese klösterlichen Vampyre, die mit ihrer spukhaften Liebeslust den halbtrunkenen Ritter verfolgen und, die Leichengewänder abwerfend, ihn umtanzen — das ist der Menge schön, das liebt sie, das findet sie nicht beleidigend. So weit ist man entsittlicht, so gedankenlos, sich daran zu freuen! Mich ekelte es an.

Von all der Dekorationspracht der mittelalterlichen, mondscheinbeleuchteten Dome, der grünen Trauerweiden und weißschimmernden Grabsteine, sehnte ich mich fort nach dem Vatikan, zu den schönen nackten Götterbildern, zu der reinen, unverhüllten Menschengestalt der heiligen Antiken.

Als der Spuk und die Lüsternheit bei kirchlichem Glockengeläute ein Ende hatten, als das Parterre die Marseillaise verlangte, athmete ich auf. Der gesunde Klang dieses rachedürstenden Freiheitsliedes war herzstärkend dagegen. Ein Baritonist deklamirte sie singend, die dreifarbige Fahne in der Hand, und das ganze Personal, die Primadonna mit einbegriffen, sang den Refrain. Der Eindruck blieb aber doch zurück gegen den, welchen am Morgen die Marseillaise, vom Volke gesungen, gemacht hatte.

Nach dem ersten Akte der Oper hatte der Bassist einen neu gedichteten und componirten Chant national vorgetragen, bei dem ebenfalls das ganze Personal den Chor sang. Der Rhythmus war marschartig, frischer, kräftiger Trommelwirbel das Accompagnement des Chors. Eine Strophe enthielt etwa die Worte »jusque dans ses plus profondes racines le vieux trône était pourri!« — Das klang widrig an einem Orte, wo vielleicht noch vor wenig Tagen dieselben Sänger dem Könige sich gebeugt und ihm gehuldigt hatten. — Der Refrain des Liedes lautete: Vive la France républicaine! la liberté prend son essort! und hatte einen schönen, jubelnden Klang. — Als wir gegen Mitternacht aus dem Theater kamen, war Paris illuminirt. Jetzt ist's nach zwei Uhr Morgens.

14.

Paris, 18. März.

Ein kälteres, frostigeres, kahleres Gebäude als das Pantheon, diesen Tempel französischen Ruhmes, habe ich nie gesehen. Große Hallen, welche Kreuzgänge bilden, hohe Kuppeln, in deren Wölbung einige Allegorien aus der Geschichte Napoleon's al fresco gemalt sind, und weiter nichts in den riesigen Räumen, deren Bauart etwas Unwohlthuendes hat. Aus dem Schiffe der Kirche wird man in ein gewölbtes Souterrain geführt, in dem die Särge berühmter Männer stehen; dieses

Gewölbe ist jedoch keine schöne alte Krypta mit architektonischem Schmuck, mit Säulen und Hallen, es ist ein ganz einfacher Keller, in dem man eben so gut Wein und Fleisch, als die Gebeine von Heroen aufbewahren könnte. —

Ein paar Särge stehen frei und sind von schöner antiker Form; so der Sarg Rousseau's, aus dem aber eine Hand eine brennende Fackel hervorstreckt, welche moderne Allegorie eher auf eine Bonbondevise als für ein Grabmal paßt. Auch Voltaire und noch viele Andere sind hier beigesetzt — verwahrt, wäre der rechte Ausdruck für die Empfindung, welche man dabei hat, besonders den weniger berühmten Todten gegenüber, die zu beiden Seiten der Gewölbe in Nischenreihen übereinander geordnet sind. Da ist Santa Croce in Florenz ein ganz ander Ding, mit den Prachtdenkmalen Dante's, Alfieri's, Michel Angelo's, Galiläi's u. A., die das Volk täglich vor Augen hat in der stolzen, prächtigen Kirche.

Vom Pantheon fuhren wir nach Notre Dame. Die Beschreibung erlaßt mir, da ihr sie in Victor Hugo's Roman viel besser findet, als ich sie geben könnte. Der Eindruck des Gebäudes ist ernst und großartig, der ganze Stadttheil, die Isle de la Cité, auf der es liegt, höchst interessant durch den mittelalterlichen Charakter, der sich überall ausspricht und der um so düsterer erscheint, wenn man vorher die schönen Quais der Seine passirt hat.

Sieht man in der Mitte des Platzes de la Concorde, bei dem Obelisken stehend, die Fontainen, die Tuillerien am Ende des Gartens, den Triumphbogen de l'Etoile, als Schluß der Champs elysées, die Deputirtenkammer jenseits des Pont royal, und die Madelaine am Ende der Rue royale, so hat man ein Bild von so großer Pracht, so reicher Schönheit, daß man ganz ungläubig dasteht, wenn man sich nach wenigen Minuten in das Innere des alten Paris, nach der Insel der Cité oder in die Gegend der Sorbonne versetzt sieht. Schmale, sieben bis acht Stock hohe Häuser in den engsten, winklichtsten Straßen, von Schornsteinen überragt, die den Dampfschornsteinen an Höhe nichts nachgeben. Wo einmal ein Haus abgebrochen und eine Lücke in den Reihen entstanden ist, putzt und tüncht man die Seitenwände nicht ab, sondern sie werden von oben bis unten mit großen Affichen bemalt. Da sieht man Damen mit großen Shawls und Sonnenschirmen über den Anpreisungen eines Zahnarztes gemalt, große Weinflaschen und Würste neben den Empfehlungen eines Shawlmagazins; und dazwischen ziehen sich, unter all dem Blau, Roth und Gelb der Buchstaben, die breiten Rauchspuren ehemaliger Schornsteine. Anfangs kann man es sich gar nicht klar machen, wodurch die Straßen von Paris einen so eigenthümlich befremdenden Eindruck machen, bis man gewahr wird, daß derselbe zu einem guten Theil von den

hohen Schornsteinen und mit Affichen bemalten Brandmauern und Eckhäusern herrührt. An einem solchen war in der Höhe des dritten Stocks über der Anzeige eines Holzmagazins ein Kohlenträger so täuschend dargestellt, daß mich jedesmal ein Schreck und Schwindel erfaßte, so oft wir vorbei kamen.

Sehr reizend ist dagegen die Art, wie die Schaufenster an den Magazinen verziert werden. Selbst der Holzhändler spaltet und schichtet seine Holzscheite in gefälligen Formen vor den Kellerthüren und Fenstern auf, und die boutiques de comestibles sind glänzend und lustig wie ein Weihnachtstisch. Hummern und Würste mit Goldpapier beklebt; Goldfische in frischem Wasser unter Guirlanden feiner Kräuter, gerupfte Fasanen mit bunten Schweiffedern, Pasteten in schönen Schaalen, Fische auf grünen Blättern, gebratenes Geflügel und Fleischwaaren in glänzenden Gallerten, das sieht beim hellen, flackernden Gaslicht so lockend aus, daß man sich doppelt über die Enthaltsamkeit des Volks in den Revolutionstagen zu wundern hat. Einzelne Straßen sind fast ganz von bestimmten Gewerben eingenommen, wie die Rue Vivienne, an deren oberem Ende Haus an Haus sich Putzhandlungen und Blumenmagazine finden. Auch die Passagen, welche sich durch ganze Stadtviertel ziehen, sind sehr hübsch und man lernt sich mit ihnen vertragen, wenn man bei Regenwetter die Weite der Pariser Wege zu durchmessen hat. — Halbe Tage lang wandern wir durch die Straßen, ohne Plan und Ziel, und immer gewährt es neue Lust, immer ist etwas zu sehen, was unterhält, auch jetzt, wo Paris so wenig sich selbst ähnlich sein soll.

Heute lag wirklich wieder die Revolution in der Luft, wenn man so sagen darf. Man fühlte, man ahnte sie, wie ein herannahendes Gewitter. Ueberall standen die Arbeiter wieder zu dreien, vieren beisammen, oder zogen in größern Trupps schweigend durch die Straßen. Plakate der Regierung fordern zur Rückkehr in die Werkstätten auf und erklären, daß die ausländischen Arbeiter an den Nationalatteliers nicht Theil haben könnten. In einem der ersten Shawlmagazine, wo wir einen Einkauf machten und etwas gewaschen haben wollten, fragten wir, wann wir dieses wieder haben könnten? »Das wird von den Arbeitern abhängen, die noch immer nicht zurückkehren,« hieß es.

Täglich hört man von großen Bankierhäusern und Fabrikanten, welche ihre Zahlungen einstellen müssen, und täglich auch neue Reden an das peuple magnamine, über seinen bon sens und seine modération; aber das Volk will nicht arbeiten, es will ernährt sein, und es scheint, daß diese Sache der Regierung gewaltig über den Kopf wächst. In der Geschichte der Girondisten von Lamartine findet sich ein Wort, das man jetzt füglich auf ihn selbst anwenden kann: »Le génie fait pitié quand on le voit aux prises avec l'impossible!« — Es ahnt Niemand, es übersieht Niemand, wo oder wie diese Krisis hier enden wird, und es müßte wahrhaftig ein Wunder geschehen, wenn sie friedlich und glücklich enden sollte.

In dem Hôtel de Ville befinden sich noch immer zweihundert Mann mit zwei Kanonen und reichlicher Munition, welche sich dort festgesetzt haben und nicht weichen wollen. Da man sie nicht vertreiben konnte, ohne einen Aufstand zu wagen, thut man, als bewachten sie das Stadthaus, und hat ihnen noch ein Corps der Garde mobile beigesellt. Die Regierung behandelt das Volk wie nachgiebige Eltern ihr weinendes Kind, dem sie sagen: »Ach, das gute Kind ist so artig, es weint gar nicht mehr!« während dieses laut schreit und mit Händen und Füßen um sich schlägt, und auch Grund zum

Schreien hat, denn es leidet. — Diese Krisis ist wie ein Gewitter. Sie mußte kommen, um die Luft zu reinigen, aber trotz dieser Ueberzeugung kann man ängstlich werden bei dem Blitzen, Donnern, Hageln, und fürchten, doch gelegentlich todtgeschlagen zu werden, wenn man sich auch bescheiden sagen muß, daß dieses für den, welchen es trifft, sehr unangenehme Todtgeschlagenwerden im Hinblick auf das Ganze durchaus gleichgültig wäre.

Nach unsern Kirchenbesuchen fuhren wir zur Gräfin Marie d'Agoult, der unter ihrem Schriftstellernamen Daniel Stern bekannten Verfasserin der Nelida und des Essai sur la liberté. Wir hofften, da sie einigen Mitgliedern des Gouvernement provisoire befreundet ist, von ihr Auskunft über die Zustände zu erhalten, und vernahmen auch die zuversichtlichsten Beruhigungen, an die man jedoch nicht zu glauben vermag.

Als ich die Gräfin das erstemal sah, überraschte sie mich, abgesehen von dem bedeutenden geistigen Eindruck ihrer Persönlichkeit, durch die seltene Formenschöne ihres Aeußern. Groß, schlank und voll, hat ihre Gestalt etwas Imponirendes bei dem vollkommensten Ebenmaaß der edel gebildeten Glieder. Ihr Profil ist eben so rein, und die stark und bestimmt ausgeprägten Züge bekommen dadurch, daß sie ihr bereits ergrauendes Haar nach Männerart kurz um den Kopf geordnet trägt, noch einen besondern Ausdruck. Denke Dir dazu eine sehr strenge dunkle Kleidung, ein mittelalterlich dekorirtes Arbeitskabinet, einen langgestreckten weißen Windhund auf dunklem Teppich vor dem brennenden Kamin, und das prächtigste Bild ist fertig, wie wir es gesehen haben.

Es war bei diesem Morgenbesuche die Rede von einem Wohlthätigkeitsballe in der komischen Oper, der heute Abend stattfinden sollte und den wir zu sehen beschlossen hatten. Die Gräfin bestärkte uns in dem Vorsatz, und als wir um zwölf Uhr aus den Variétés kamen, wo Bouffé die Rolle eines Gelehrten in: le pouvoir d'une femme vortrefflich gespielt hatte, fuhren wir noch nach der komischen Oper. Da gab es denn ein hellerleuchtetes Haus — a giorno wie die Italiener sagen — sehr hübsche Toiletten, eine Lotterie, bei der jede Dame ein Bouquet und in diesem verborgen ein Lotterieloos erhielt, Erfrischungen, große Hitze und Alles, was sonst zu einem Opernballe gehört. Nachdem wir diese Hitze eine Stunde lang im vollsten Maaße genossen hatten, fuhren wir nach Hause, und ich legte mich mit dem seligen Bewußtsein schlafen, daß ich zur Beruhigung meines Gewissens auch einen Opernball in Paris mitgemacht, das heißt ausgehalten hatte. Das mag für junge, in Paris bekannte Männer sehr unterhaltend sein, für fremde Frauen ist es eben so langweilig als ermüdend.

15.

Paris, den 19. März.

Die Witze des Charivari haben darum etwas so überaus Belustigendes, weil sie nicht boshaft sind; wenigstens sind mir keine solche vor Augen gekommen. Ein Paar derselben will ich hieher setzen. Auf den Boulevards sind alle Bäume in den Revolutionstagen umgehauen und zu den Barrikaden verwendet worden. Ein Pariser Bürger steht nun vor einem abgehauenen Baume, betrachtet die leere Stelle mit dem Lorgnon und ruft: »Pas de verdure! c'est étrange! Comme les révolutions changent le climat! La végétation est bien en retard cette année!« — Ein verabschiedeter Beamter sieht zu, wie man die aufgerissenen Steine des Pflasters wieder einrammt, und seufzt: »Est il heureux ce pavé! il retourne toujours dans sa vieille place!« — Ein Dritter kommt in strömendem Regen Nachts vor seiner Wohnung an. Er hat den Schirm zugemacht, um die Hand für das Aufschließen frei zu machen; Mantel und Hut triefen von Wasser. Er eilt, den Schlüssel in die Thüre zu stecken, aber riesige Plakate, Aufrufe an das Volk sind über das Schlüsselloch geklebt. Nun steht er da, arbeitet mit den erstarrten Fingern, das Papier fortzuschaffen, und ruft: »Ah, quelle bonne chose, que la liberté«

Indeß komischer als all diese Satiren ist mir neulich der Plafond in der französischen Oper vorgekommen Er stellt den Olymp dar, auf dem die Götter beisammen sitzen, mit Ausnahme

Apoll's. Dieser nämlich klettert mühsam, die Leier in der Hand, durch das dicke Gewölk empor, welches den Olymp von der Erde trennt. Alle französischen Dichter und Musiker, porträtähnlich, im Kostüm ihrer Zeit, folgen ihm und klettern eben so emsig als ihr göttlicher Meister den Pfad des Ruhmes hinan. Nun denke Dir dieses Gemisch von Perrücken, Hofkleidung, Zöpfen, Jabots, Revolutionstrachten und griechischer Nacktheit; die Physiognomien Voltaire's und Boileau's der Ceres, der Venus, all den seligen Göttern gegenüber! Es läßt sich gar nichts Komischeres erfinden und man begreift nicht, wie ein so gebildetes Volk diesen Ungeschmack erträgt.

Morgens waren wir heute im Jardin d'hiver, weil jeder, der uns sah, immer fragte: »waren Sie im Wintergarten?« Alle Welt rühmte ihn, nannte ihn admirablement beau; mir ist er unbeschreiblich langweilig und flitterhaft erschienen.

Den Jardin d'hiver eröffnet ein sehr großer Saal, in dem sich eine permanente Kunstausstellung befindet: Oelgemälde der unbedeutenderen Maler, vortreffliche Daguerreotypen und Aquarellen, sehr schlechte Skulpturarbeiten und große, höchst geschmackvoll geordnete Blumentische mit blühenden Pflanzen. Dann tritt man in ein sehr großes Treibhaus, dessen erste Hälfte mit orange und weißen Stoffen zeltartig überdacht ist. Oben herum gehen reich verzierte Gallerien, welche in kleine, behagliche Kabinets führen; unten im Zelte ziehen sich Estraden mit Bänken an den Wänden hin. Dazwischen befinden sich Trophäen, Harnische, Fahnen, Statuen, gewappnete Pferde, die unter all den geputzten Männern und Frauen auf den Estraden einen mehr verwirrenden und confusen, als schönen Eindruck machen.

Es ward gerade an dem Tage ein Morgenconcert von den Mitgliedern der komischen Oper zum Besten der Verwundeten gegeben. Man sang die Freiheitslieder aus der Stummen von Portici, heroische Partien aus andern Opern und zuletzt auch das Körner'sche Schwerdtlied im Chor, ob aber deutsch oder französisch, konnte ich nicht verstehen. Dann deklamirte eine schöne, brünette Schauspielerin in weißem Gewande, mit Lorbeeren bekränzt, einen Palmzweig in der Hand, viel von liberté, gloire, patrie; aber außer diesen Stichworten konnten wir der Ferne wegen auch davon nichts hören, als das donnernde Beifallklatschen des Publikums. Das Zelt ist groß wie ein Reitsaal und mag schwer mit der Stimme auszufüllen sein.

Den letzten Theil des Wintergartens bildet der eigentliche »Garten,« ein Treibhaus, in dessen Mitte ein Stückchen Rasen gesäet ist, aus dem ein paar Büsche und Sträucher hervorwachsen. Dann giebt es auch Palmbäume, Teiche en miniature mit Goldfischen, Steingrotten, Springbrünnchen, einige Volièren, und viele herumflatternde Kanarienvögel, über die man erschrickt. Ferner findet man ein Lesekabinet, Büffets, einen Ueberfluß an Lüsters und Lampen, und all das zusammen ist doch im Grunde kindisch, kleinlich und langweilig, und dieses doppelt in einer Zeit wie die jetzige. Der ganze Jardin d'hiver sieht aus wie eine Weihnachtsbescherung für große Kinder; von einem Lustorte für das Volk, wie Einige ihn nannten, hat er vollends nichts.

Für das Volk zu bauen hat man überhaupt verlernt; die Römer verstanden es. Die allem Volke geöffneten Thermen des Caracalla, des Titus, das Amphitheater des Marcellus, das Colosseum, das waren Bauten, in die man zehn solche Jardins d'hiver hinein setzen konnte. An den nackten Mauern dieser Gebäude erfreut, erhebt man sich noch heute; was wird nach zwanzig Jahren von den Spielereien des Pariser Wunderwerkes übrig geblieben sein?

Als wir heimkehrten, es mochte fünf Uhr sein, wehte plötzlich am Ende der Rue royale auf dem Boulevard eine roth-schwarz-goldene Fahne. Wir gingen schneller, um zu sehen, was es gebe, und erblickten die Deutschen, welche vom Exerciren auf dem Marsfelde zurückkamen. Die Zugführer und Fahnenträger schritten, trotz des Princips der Gleichheit, mit wahrer Offiziers-eitelkeit einher; das muß wohl in den Deutschen liegen. Sie quälten sich ängstlich, im Schritt zu gehen, und banden ihre junge Freiheit gleich vorsichtig an Richtung und Fühlung. Das ist den hunderttausend Ouvriers neulich gar nicht eingefallen; da ging jeder wie es ihm gefiel, und doch machte der Zug einen so würdigen Eindruck.

Einige Compagnien sangen, man konnte nicht hören was, aber dabei fiel es mir recht traurig auf, daß wir Deutsche nicht einmal ein National-lied haben; keine Melodie, wie die Marseillaise oder das Rule Britannia, rule the waves, bei der jedes Herz erzittert in freudigem Stolz. Wie hat man Deutschland mißhandelt, wie haben sich die Deutschen mißhandeln lassen!

Mitten auf den Boulevards machten sie Halt. Sie riefen: »vive la République!« Es entstand ein Gedränge, ein Auflauf; wir blieben in der Ferne. »Was giebt es? was machen die Deutschen dort?« fragten wir einen Vorübergehenden. »Ich weiß nicht, meine Damen; es wird wohl die österreichische Gesandtschaft sein, der die Deutschen ein Vivat bringen,« entgegnete naiv der gute Bürger. Inzwischen wälzte sich der Ruf: »la révolution à Vienne! la république à Vienne! l'abdication du prince de Metternich!« über die ganzen Boulevards. Ein Zeitungsverkäufer hatte über seinem Tisch die Tricolore entfaltet; die Worte: »Vive la République! la révolution à Vienne!« prangten in ihrer Mitte. — Wir hielten es für einen Puff. Und doch ist es Wahrheit geworden. Die Tyrannei gestürzt in

12*

Wien, durch Metternich's Starrheit, in Metternich's Person! Louis Philipp im Exil, Metternich auf der Flucht! Es giebt eine Nemesis in der Weltgeschichte! Cäsar verblutet auf dem Kapitol, Ludwig XIV. stirbt im Lebensüberdruß der Uebersättigung, Napoleon verschmachtet auf St. Helena, Louis Philipp geht arm in das Exil und Metternich führt den Sturz der Tyrannei in Deutschland herbei.

Man spricht von großer Aufregung in Berlin, größer als unsere Briefe von dort sie schildern, von Unruhen in Polen, und auch hier sieht es sehr bedrohlich aus. Es bildet sich unter Flocon eine Partei, der schon Ledru Rollin zu gemäßigt, ein Aristokrat erscheint. Flocon soll im Klub gesagt haben: »Man will die Wahlen beschleunigen, weil man das Hereinbrechen der Anarchie fürchtet, falls die Nationalversammlung nicht bald zusammentritt. Aber wir wollen die Anarchie, wir bedürfen der Anarchie. Der Künstler, welcher aus einer schlechten Erzstatue eine neue, gute machen soll, muß sie erst im Feuer zerschmelzen, sie auflösen, das Metall in neuen, glühenden Fluß bringen. Wir werden keine neue Gesellschaft bilden, keine Regeneration ist möglich, so lange die Monogamie, die Ehe und die Familie Sklavenketten bilden, an denen das Christenthum uns hält. Ehe die staatliche Freiheit beginnt, ehe die bürgerliche anfangen kann, muß die menschliche Freiheit begründet sein.«

Das Volk, d. h. die Proletarier sagen: »Wir wollen Deputirte haben, die nicht lesen, nicht schreiben können; denn die Andern haben über den Büchern den Blick für unsere Zustände verloren und urtheilen nach Theorien. Wir wollen Deputirte, die von den großen Staatsverhältnissen nichts wissen, die nichts kennen als unsere Noth, und nichts berücksichtigen als unser bien-être!«

So erzählten mir gestern ein Paar leidenschaftliche Verehrer der anarchischen Umschmelzung. Sie waren dabei so vergnügt wie Kinder, deren Eltern einen Wohnungswechsel vorhaben, und die sich in der allgemeinen Unordnung glückselig fühlen, weil sie thun und machen können, was sie wollen. Wie das enden wird?

So lange die Völker roh sind, wird die Vergangenheit maßgebend bleiben für die Zukunft; Mißbrauch der Freiheit wird zur Diktatur eines Massaniello oder Rienzi, zur Kaiserherrschaft eines Bonaparte führen. Sind die Franzosen aber reif für die Freiheit, ist die humane Bildung des Volkes eine Wahrheit geworden, so werden sie in der Freiheit das Maaß, das Gesetz finden und achten, und eine feste Republik wird entstehen, deren Grundlage schon die Keime jener socialistischen Zukunft in sich tragen wird, welcher wir unzweifelhaft entgegengehen.

16.

Paris, 20. März.

Gestern ist mir eine vollkommen neue Offenbarung geworden, wenn man es Offenbarung nennen kann, daß urplötzlich verwirklicht vor uns steht, was wir lange in unserem Innern als Ueberzeugung besessen haben. — Ich habe die Rachel als Pauline im Polyeuct von Corneille gesehen und sie nachher die Marseillaise singen hören.

Tausendmal habe ich behauptet: das, was man uns jetzt auf dem Theater bietet, an Dichtung und Darstellung, ist nicht das Rechte, ist nicht das Schöne; es muß ein Anderes geben, weil man fühlt, daß es existirt. Tausendmal habe ich auch gesagt, das Theater, die höhere dramatische Dichtung kann den Vers nicht entbehren. Der Rhythmus muß im höheren Drama der Träger des Gedankens sein, der ihn über das Alltägliche erhebt. — Ich habe seit Jahren keine Freude am Theater gefunden, selten durch die neuen Werke einen wirklich tiefen, erhebenden Eindruck empfangen. Die meisten haben mich durch innere Unwahrheit, durch Mattherzigkeit und Glaubenslosigkeit geärgert, oder durch Phrasen und Schlagworte gelangweilt, die nicht hineingehörten. Vor den Schauspielern, vor der Convention der Sprache, vor dem hohlen Pathos der Tragirenden, bin ich immer wahrhaft erschrocken.

Mir hat es lange vorgeschwebt, daß Einheit der Scene eine Bedingung des ächten Dramas sein müsse, und nun ich das erste Stück von Corneille gesehen habe, bin ich vollkommen überzeugt, daß Einheit des Ortes und der Zeit eine Nothwendigkeit für das dramatische Kunstwerk ist. Sie stimmen den Hörer allein zu jener Ruhe, welche die Auffassung des Kunstwerkes fordert, und das spannende Interesse an der Handlung, welches die moderne Tragödie beabsichtigt, ist ein Kunststück, unwürdig der Kunst. Die Franzosen, welche ihren Corneille, Racine, Voltaire höher stellen als Victor Hugo und Dumas, haben Recht; wie die Italiener Recht haben, welche sich an ihre alten klassischen Dramen halten. Das Drama im höhern Sinne soll uns den Menschen zeigen im Kampfe mit den Lebenswirren, welche als Nothwendigkeit aus seiner Natur hervorgehen und dadurch seine Entwicklungsgeschichte bilden. Es soll uns eine histoire intime im größten Style geben, der sich auch in geringen, untergeordneten äußern Verhältnissen bethätigen kann. Diese Seelenentwicklung zu betrachten, bedürfen wir der Ruhe; Ruhe entsteht durch Sammlung, und diese wird unmöglich, wenn unsere Phantasie von Norden nach Süden gehetzt und durch die Erwartung wunderbarer Entwicklungen gespannt wird, wie beim modernen Drama.

Und nun Polyeuct und die Rachel! — Sie ist eine kleine, wenigstens nicht große, sehr magere Gestalt; ein nicht schönes Gesicht, in dem nicht einmal der schöne jüdische Typus ausgeprägt ist; eine hervortretende Stirne, kleine, sehr tief liegende Augen; die Bewegung der Ellenbogen fast eckig, die Haltung des Rückens, des Kopfes etwas gebeugt. So trat sie in dieser Rolle auf.

Sie spielt die Gattin eines Römers, der sich zum Christenthume bekennt, das sie als Anhängerin der alten Götter verachtet. Von dem Vater zur Ehe mit Polyeuct gezwungen, hat sie der

Liebe zu dem Feldherrn Severus entsagen müssen und sich aus dem Gehorsam gegen den Vater, aus der Treue gegen den Gatten einen Kultus gemacht. Das Drama beginnt mit der Rückkehr des Severus in dem Augenblicke, wo Polyeuct, des Abfalls von den Göttern angeklagt, zum Tode verurtheilt worden ist. Die heftigsten Seelenkämpfe entstehen. Alle Bitten der Gattin, des Vaters vermögen nicht Polyeuct zum Widerruf zu bewegen. Polyeuct wird zum Tode abgeführt, nachdem er vorher Pauline, die tugendhafteste Gattin, dem Severus, als dem edelsten der Römer, vermacht hat. Pauline aber folgt dem Gemahle bis zum Richtplatz. Sein Märtyrertod bekehrt sie zu der neuen Lehre. Sie und ihr Vater, ein Oberpriester, werden Christen, und Severus, von dem sich Pauline dadurch für immer scheidet, verspricht ihr großmüthig, den Schutz des Kaisers für die Christen zu erbitten.

So schlicht diese Erfindung in der Erzählung klingt, so wenig ich das Pathos der altfranzösischen Tragödie in Schutz nehmen will, wo es übertrieben ist, so sind es doch lauter große und reine Motive, um die es sich hier handelt; ein hoher Grundgedanke, an dem sich die einzelnen Charaktere entfalten und bewähren. Wenn Stratonice ihrer Freundin Pauline vorhält, daß es Unrecht war, ohne Neigung zu heirathen, und Pauline in der Würde trostloser Entsagung antwortet: »Mais j'avais un père!« so wiegt dies im Eindruck auf die Zuschauer gewiß das todte, auswendiggelernte: »Du sollst Vater und Mutter ehren« auf.

Immer habe ich gefragt, wenn wir die Frauen auf dem Berliner Theater herumwüthen sahen: »wer rast denn im Schmerz? wer ficht so mit den Armen? wer agirt so, wenn er das Geheimniß seiner Liebe ausspricht? wer schreit denn seine Leiden so aus?« — Von all diesen Verkehrtheiten ist keine Spur an der Rachel. — Je mehr sie leidet, je tiefer ihr Schmerz wird, um so stiller, um so klangloser wird ihre Stimme. Nur schneller, nur angstvoller, nur thränenbebender spricht sie. Sie stürzt nicht ab von der Scene; würdevoll geht sie davon, ihr Leid dem Auge zu entziehen, in schöner Achtung vor der eigenen Schönheit, vor der Heiligkeit des Schmerzes. — In jeder Bewegung, in jeder Vibration ihrer Stimme fand ich die Bestätigung meiner Ueberzeugung, daß jede Kunst nach den Regeln der Plastik, durch die höchste Einfachheit und Beschränkung der Mittel das Höchste leistet. Das moderne Drama, selbst Shakespeare, selbst Göthe im Götz, und Andere stehen hinter dem antiken Drama zurück. Sie verhalten sich dazu wie Genremalerei — die ja in ihrer Art vollkommen sein kann — zur Plastik. — Das Drama, welches als Erziehungsmittel der Nationen benutzt werden kann und soll, ist aber allein das plastische

Drama, welches innerlich wirkt, weil es nicht äußerlich spannt, die Neugier nicht anregt.

Das Kostüm der Rachel war vollendet. Ein ganz weißes, fein wollenes Gewand, sehr lang auf die Füße herabfallend, am Halse ausgeschnitten, blousenartig natürlich, ohne genähte Falten, mit einer Binde von demselben Stoff, welche also Querfalten gab, unter der Brust gebunden; die kurzen Aermel wie bei der Statue der sitzenden Agrippina mit drei Edelsteinen geschlossen. Darüber trug sie einen goldgelben Mantel von Wolle ohne alle Stickerei oder Besatz, streng nach dem Bilde der Antike; er ward auf der linken Schulter mit einer Gemme zusammengehalten, den rechten Arm für die Bewegung freilassend; das Haar hatte sie mit einigen Streifen goldenen Bandes durchflochten, das Scheitel und Flechten umschloß.

Als sie nach der Sterbescene ihres Gemahls auf die Bühne zurückkehrte, hatte sie den Mantel abgethan, die Stirnbinden nach hinten geschoben, so daß diese in losen Zügen die Flechten umgaben und von Vernachlässigung des Aeußern zeugten. Nichts von jener gemachten, komödienhaften Theaterraserei der offenflechtigen, haarsträubenden Verzweiflung. In langen, ruhigen Falten hing das weiße, keusche Gewand an ihrem Körper hernieder, wie an der schönsten Gewandstatue; und schnell, mit verstörtem Blicke eintretend und festen Fuß fassend im Vordergrunde, erzählt sie den Tod ihres Gatten und sagt: »j'ai vu! je sais! et je crois!« beide Arme in Extase gen Himmel breitend und die Augen, strahlenwerfend, erhoben in Verklärung. Mir bebten Schauer des Entzückens durch alle Adern, als der Vorhang fiel.

Aber nun erscholl es: »Rachel! la Marseillaise! la Marseillaise! Rachel!« — Der Vorhang ging auf. In demselben weißen Gewande, eine dreifarbige Schärpe unter der Brust um die Taille geschlungen, das Haar in der Vernachlässigung des letzten Akts, trat sie schnell aus den Coulissen hervor in das Proscenium. Die Musik accompagnirte leise, denn Rachel hat wenig Stimme, und nun begann sie.

Dafür giebt es durchaus keine Worte. Was der Zorn der tiefsten Unterdrückung, was die Empörung des entmenschten und sich doch menschlich fühlenden Sklaven an finsterem Ausdruck in die Züge eines Menschenantlitzes pressen kann, das lag in ihrem Gesichte. Eine Kriegsfurie, eine entfesselte Rachegöttin, wie der Schönheitssinn der Helenen sie dargestellt hat; schön, wie das lähmende, versteinernde Antlitz einer Meduse. Jeder Nerv in mir hat gebebt, als man hinter der Scene einen leisen, dumpfen Trommelwirbel hörte, und sie, fest in das Publikum blickend und es bannend unter die Gewalt dieses magnetischen Blickes, mit der rechten Hand in die Ferne zeigend, die Worte sang oder sprach — denn es hält die Mitte zwischen beidem: »entendez-vous dans ces campagnes mugir ces féroces soldats? — Ils viennent, jusque dans vos bras, égorger vos fils et vos campagnes?« Ein Strom von sanfter Trauer überfluthete ihren Zorn bei diesen letzten Worten, und die rächende Göttin hatte eine milde, weiche Klage für das Loos der Geopferten.

Dann die prachtvolle Zuversicht in den Worten:

Tremblez, tyrans et vous perfides,
L'opprobre de tous les partis.
Tremblez, vos projets parricides
Vont enfin recevoir leur prix!

Die spöttische Geringschätzung derer, welche die Freiheit zu tödten glauben, indem sie den Menschen tödten:

Tout est soldat pour vous combattre;
S'ils tombent nos jeunes héros,
La terre en produit de nouveaux,
Contre vous tout prêts à se battre!

Die Zuversicht auf die Unsterblichkeit, auf den Sieg der Freiheit lag in einer einzigen Bewegung des rechten Armes, den sie mit stolzer Verachtung emporhob, als schleudre sie jeden Zweifel aus der Welt.

Plötzlich rafft sie sich empor, geht festen Schrittes in den Hintergrund, in dem die dreifarbige Fahne aufgepflanzt war, ergreift sie, hält sie hoch empor in der Rechten, sie frei entfaltend, ein freies Banner. Vor diesem Banner, daß sie selbst erhebt und hält, vor diesem Banner, das sie mit inbrünstiger Verehrung an ihre Brust drückt, sagt sie:

Amour sacré de la patrie,
Conduis, soutiens nos bras vengeurs!
Liberté, liberté chérie,
Combats avec tes défenseurs!

Für den Ton dieses liberté! liberté chérie! reicht keine Schilderung aus. Es war der leidenschaftlichste Enthusiasmus, die tiefste, anbetendste Herzensliebe in ihrer Stimme.

Rachel ist die personificirte, die menschgewordene Marseillaise, der fleischgewordene Begriff des Freiheitskampfes. Immerfort klang es in meiner Seele: und das Wort ward Fleisch! — Ja! das soll das Wort! Es soll, es muß Fleisch werden, um zu sein! Und es ist auch darin ein Gott, daß diese menschgewordene Marseillaise eine Jüdin, die Tochter der Unterdrückten ist.

Eine halbe Stunde nachher, als man bereits ein Lustspiel aufführte, löste sich die gewaltsame, starre Ergriffenheit meiner Seele, und da erst brach ich in einen Strom heißer Thränen aus. Ich werde den Abend nie vergessen, niemals!

Da ich nicht allein hingegangen war, also abhängig von Andern, mußte ich noch ein, freilich gutes Lustspiel von Alfred de Musset ansehen. Es hieß le caprice, und die Allan spielte meisterhaft darin. Teppiche über dem Fußboden, geschlossene Coulis-

13*

sen, vollständige Möblirung des Zimmers geben der Bühne eine ruhige Behaglichkeit, welche gewiß viel zu dem guten Spiele der Franzosen beiträgt.

Beim Herausgehen aus dem Theater hörten wir von einem Zeitungsausrufer — es war nach zwölf Uhr — einen sehr komischen Puff: »Messieurs! la Presse! le Journal la Presse. Messieurs! dernière édition du soir! Messieurs! l'abdication de l'empereur Nicolas en faveur de Louis Philippe!« Es geschehen übrigens solche Wunder, daß man eigentlich auch daran glauben könnte.

17.

Paris, 21. März.

Die Posten von Berlin sind nicht angekommen, das Gerücht von einer Revolution bestätigt sich. Auf der Gesandtschaft hatte man keine Nachrichten und war in eben solcher Spannung als wir.

Um über die Zeit fortzukommen, macht man Besuche, sieht Merkwürdigkeiten und geht in die Theater. So sind wir heute Abend in das Theater von Alexander Dumas gerathen. Es liegt auf dem Boulevard in der Gegend des

Faubourg St. Martin, heißt Théâtre historique und ist im Innern von der heitersten Pracht; bunt, fröhlich, kokett, als müßten lauter Maskenbälle darin gegeben und die witzigsten Intriguen in's Leben geführt werden.

Das Stück aber, welches man darstellte, war nach meinen Begriffen weder heiter noch schön, sondern unerträglich: der erste Theil des Dramas „Monte Christo," das zwei Abende ausfüllt, jeden Abend mit fünf Akten Gegen das Unkünstlerische dieses Einfalls zu sprechen, ist überflüssig; denn wie weit diese Art von dem Princip der Einheit abliegt, das ist klar. Aber nun erst das wüste Durcheinander von Scenen, von Menschen, von Zuständen! Wenn man den Roman, wie ich, nicht kennt, versteht man es gar nicht und wird ganz schwindelnd davon. Bald ein Salon mit vornehmer Sentimentalität, dann wüthende Marseiller Fischer in ihrer Hütte; arme Schneider oder so etwas in der Mansarde; Gefängnisse, französische Revolution, Vergrabung eines gemordeten neugebornen Kindes durch den Vater, der es gemordet hat; ein tugendhafter, im Gefängniß sterbender Weise; in einer Nebenzelle sein Freund Monte Christo, der sich zu dem Kranken einen Weg durch die Mauer bricht und ihn erst als Kranken, dann als Leiche durch das Verbindungsloch hin und her zieht; man muß das physische Leiden des armen Schauspielers dabei bejammern; noch einmal Monte Christo, der sich in einen Sack wickelt, um statt der Leiche des todten Greises vom Felsen in's Meer gestürzt zu werden, und der dann im Wasser aus dem Sacke herauszappelt, um seine Flucht zu bewerkstelligen, was man alles auf der Bühne sieht; Todesgrauen, tugendhafte Seelenbefriedigung, dies Alles geht wild durch einander und bildet ein merkwürdiges Ragout von spannenden, aufregenden Scenen.

Ich mußte immer an das Gebräu von Macbeth's Hexen denken: »Türkenlebern, Judennasen!« Es ist alles darin, es fehlt nichts, und die Pracht, die ganz eigenthümlich künstliche Einrichtung des Dekorationswesens umfangen uns wie ein toller Mährchentraum. Aber ich sagte doch, aus voller Seele aufathmend: »Gottlob, das es vorbei ist!« als wir auf die Straße kamen und ich mich von dem wüsten Hexenspuk dieses Durcheinanders befreit fühlte; denn daß ich die Fortsetzung nicht sehe, versteht sich von selbst. — Wie ein Volk, das die Rachel in antiken Rollen sieht und zu schätzen versteht, solches Machwerk ertragen kann, ist kaum zu erklären, wie denn überhaupt die Manierirtheit der Franzosen in der Kunst auffallend bleibt.

Wir waren am Morgen im Louvre, in dem die Kunstausstellung eröffnet worden ist. Da man den Grundsatz der Freiheit auch auf den Salon ausgedehnt hat, so enthält der Katalog mehre tausend Nummern. Jeder, der ein Stück Leinwand zum eigenen Vergnügen mit Farben überstrichen, hat es zur Ausstellung gesendet, und neben den Werken erster Meister kommen Bilder vor, wie sie über Reiterbuden, Menagerien und Wachsfigurenkabinetten hängen. Wir waren spät angelangt, das Gedränge war sehr groß; wir mußten uns also begnügen, einen Gang durch die schönen Säle zu machen, hie und dort flüchtig mit dem Auge verweilend, wo Schönes lockte.

Zum Schlusse kamen wir in die Säle der Skulptur, und eilten die Statuen Klessinger's zu sehen. Es sind deren zwei ausgestellt. Man hatte sie uns beide im höchsten Grade gepriesen. Klessinger, der mit einer Tochter von George Sand verheirathet ist, machte durch eine nackte Frauengestalt, welche er vor ein Paar Jahren geliefert, großes Aufsehen. Auch diesmal hat er wieder nackte Frauenbilder geschaffen. Die eine war so von Beschauern umringt, daß wir sie gar nicht sehen konnten, denn sie ist liegend dargestellt. Wir wendeten uns also zu der andern — und mit Schrecken, mit Widerwillen davon ab.

Es ist eine berauschte, nein, eine betrunkene Bacchantin — auch das ist noch nicht der Ausdruck für diese Statue, für diesen Zustand. Adolf Stahr setzt in seinem Werke über Italien vortrefflich auseinander, wie die alten Meister, Rafael, Tizian und deren Zeitgenossen, christliche oder heidnische Mythe als Deckmantel benutzen mußten, um das rein Menschliche, das sinnlich Berechtigte darzustellen. Hier aber wird die heidnische Mythologie angewendet, um unter ihrer Aegide das Unberechtigte, das Unschöne der gesunden Menge aufzubringen, welche sich sonst widerwillig davon abwenden würde.

Keine Spur von der jubelnden, frischen Lebensfülle der Bacchantinnen des Alterthums, die selbst da, wo der Geist des Weines sie übermannt und sie in die Arme eines Fauns sinken, nie unschön werden. Es ist nur ein leichter Rausch, vom Weine erzeugt, der die Lebenslust bis zur Ekstase steigert und den Bacchantinnen in der Glücksempfindung des Daseins jubelnde Päane des Dankes für das Geschaffensein erpreßt. Man kann die jüngsten Mädchen hinführen vor die große Vase in der Villa Albani zu Rom, auf der ein Bacchanal dargestellt ist, ohne ihr weibliches Empfinden zu verletzen, ohne ihnen einen andern Eindruck zu geben, als den freudigen Genuß der reinsten Schönheit. — Diese Bacchantin aber ist ein trunkenes, zügelloses Weib, das in bewußtloser Unschönheit niedergesunken, den schönen Körper zu ungefälligen Linien verdreht. Brust und Leib sind so gehoben, der Nacken so zurückgeworfen, daß man von der einen Seite den Kopf gar nicht entdeckt. Wahrhaft empörend ist diese Darstellung und ein Verbrechen gegen die Reinheit der Kunst. Wie mag nur George Sand das ansehen! und wie kann das die französische Kritik loben! — Die Franzosen sind

Idealisten, denn sie gründen eine Republik, sie stellen die Idee der Freiheit in der Wirklichkeit her. Wie können sie die Kunst so mißbrauchen lassen? Wer das Ideal in einer Richtung erkennt, muß es nach allen Richtungen verstehen und ehren, und Ehrfurcht vor dem Ideal wird die Religion der Zukunft sein.

18.

Paris, 22. März.

Endlich Nachrichten aus Berlin! Gestern Abend spät sind die ersten sichern Berichte eingetroffen. Mieroslawski im Triumphe durch die Stadt getragen — Kanonenschüsse, Volksmord in der christlichen Hauptstadt des christlichen Staates, unter den Augen des Königs! Der weiße polnische Adler und die roth-schwarz-goldene Fahne zugleich emporflatternd zum Lichte aus langer Knechtschaft! Man jubelt auf und denkt zugleich mit tiefem Schmerze an all die Opfer der Unterdrückung, welche in Nacht untergingen, ehe dieses Morgenroth der Freiheit über die Erde leuchtete. —

Wie ist man angstvoll in der Trennung! Die Ferne hat etwas Entsetzliches und es ist mir ein großer Schmerz, daß ich fern bin in dem ersten großen Augenblicke, den die Geschichte Deutschlands bietet, seit ich denken kann.

Was wird die nächste Zukunft schaffen in Deutschland, in Preußen? Es giebt gewisse Dinge, welche Volk und König einander nie verzeihen, nie vergessen können. Eine wirkliche Aussöhnung zwischen unserem mittelalterlich monarchischen Könige und der Idee der Volksfreiheit ist so unmöglich, wie die Herstellung einer innerlich zerstörten Ehe. Ein Volk soll aber kein Scheindasein führen.

Wir leben in einer Zeit, welche gewaltsam mit ihrer Vergangenheit zu brechen scheint, und man wird den Kampf verlängern, wenn man nur halb bricht, wenn man nicht allen Schutt des Zusammengestürzten forträumt. Das wird viel Noth, viel Mühe machen, Mancher wird obdachlos oder unter den Trümmern verschüttet werden, Mancher der nothwendigen Arbeit des Neubaus erliegen. Es wird nicht bleiben bei den politischen Umgestaltungen; die sociale Revolution bricht unaufhaltsam herein. Hier gilt nur ein Entweder Oder. Das hat etwas furchtbar Beängstigendes. Es ist ein Entsetzen, so wie wir auf der Wetterscheide der Weltgeschichte zu stehen, zwischen dem Tode der Vergangenheit und der Geburtsstunde der Zukunft — und doch mußte dieser Augenblick kommen! Es war eine Ungerechtigkeit, eine Lüge in der Welt, denen ein Ende gemacht werden mußte, weil die Menschheit beide zu fühlen begonnen hatte. Wer weiß, ob die große sociale Reformation nicht gerade in Deutschland zur Vollendung kommt, wie einst die religiöse Reformation, die ja auch ihre Vorgänger in allen romanischen Ländern gehabt hat!

Heute Morgen hat uns Heine besucht; sein deutscher Diener führte ihn bis in unser Zimmer. Er ist sehr erschüttert durch die Ereignisse. »Ich wollte,« sagte er, »sie wären früher oder später gekommen; denn sie in meinem Zustande erleben zu müssen, ist um sich todt zu schießen.« — Wir sprachen von Attatroll und ich erzählte ihm, wie uns die Stelle belustigt: »Auch die Juden sollen künftig volles Bürgerrecht genießen; nur nicht tanzen auf den Märkten! Dieses Amendement, ich mach' es im Interesse meiner Kunst.« — Er versicherte, dies sei ein Zug, den er aus dem Leben genommen. Er habe in seiner Jugend in Göttingen einen sehr vernünftigen, durchaus liberalen Apotheker gekannt, der immer ganz ernsthaft ausgesprochen habe, die Juden müßten volle Gleichstellung erlangen und Alles werden können, nur nicht Apotheker.

Nachher sprach er von seinem Leben und nannte es ein glückliches. Wie schön ist das, wie selten hört man das von einem Manne, dem doch so vielfach Unrecht geschehen ist! Er sagte: »Ich habe so viel Glück gehabt, daß ich eigentlich nie ehrgeizig war; das höchste Glück! Ich habe eine seltene Frau, die ich unaussprechlich geliebt, dreizehn Jahre hindurch mein eigen genannt, ohne das Schwanken einer Minute, ohne einen Moment des Wenigerliebens, ohne Eifersucht, in unwandelbarem Verständniß und in vollster Freiheit. Kein Versprechen, kein Zwang äußerer Verhältnisse band uns aneinander. Ich erschrecke jetzt in meinen schlaflosen Nächten noch oft vor dieser Seligkeit; ich schauere entzückt zusammen vor dieser Glückesfülle. Ich habe oft über solche Dinge gescherzt und gewitzelt und noch viel öfter ernsthaft darüber gedacht: die Liebe befestigt kein Miethkontrakt, sie bedarf der Freiheit, um zu bestehen und zu gedeihen.«

Nachher gedachte er seiner großen, unzerstörbaren Lebenslust. »Sie kommt mir ordentlich spukhaft vor bei meinen Leiden. Meine Lebenslust ist wie das Gespenst einer zärtlichen Nonne in alten Klostermauern; sie spukt noch bisweilen in den Ruinen meines Ich!« — »Warum wählen Sie solch schauriges Bild? Es war in Ihnen so viel gesundes Heldenthum, daß die Götter einem Dichter wie Ihnen bis zum letzten Athemzuge Daseinsfreude gönnen müssen.« — »Ach die Götter! Die heidnischen Götter hätten einem Dichter nicht angethan, was mir geschieht; so etwas thut bloß unser alter Jehovah! Selbst die Lippen, mit denen ich so vergnügt gesungen und geküßt, sind mir ja halb gelähmt. Ich halte jetzt, da ich stündlich an meinen Tod denken muß, oft sehr ernste Gespräche mit Jehovah in der Nacht, und er hat mir gesagt: »Sie dürfen Alles sein, lieber Doktor, was Sie wollen, Republikaner und Socialist, nur kein Atheist.«

Dann kam die Rede auf die persönlichen Verhältnisse von George Sand und Rachel. Mit einemmal fing er an zu lachen. »Da muß ich Ihnen eine meiner heitersten Geschichten erzählen. Als ich vor Jahren Rachel's persönliche Bekanntschaft machen sollte, hatten mich Freunde dazu meilenweit auf das Land geschleppt, wo ihre Familie eine Sommerwohnung hatte. Ich lange endlich an, man setzt mich an einen Tisch, es erscheint Papa Rachel, Mama Rachel, la soeur Rachel, le frère Rachel.« — »Wo ist Rachel?« fragte ich. — »Elle est sortie,« hieß es, »mais voilà toute sa famille!« Und nun lache ich, daß Alle denken, ich habe den Verstand verloren. Mir fiel nämlich die Anekdote ein von dem Manne, der ausgeht, ein in den Zeitungen angekündigtes Ungeheuer zu sehen, das von einem Karpfen und einem Kaninchen abstammen sollte. Als er anlangt und fragt: »wo ist das Ungeheuer?« antwortet man ihm: »wir haben es in das Museum geschickt, aber hier ist der Karpfen und das Kaninchen; überzeugen Sie sich selbst.« — Ich werde mein wahnsinniges Lachen und das Erstaunen der civilisirten Franzosen nie vergessen.«

So plauderten wir lange; Heine war sehr angeregt, sehr heiter, kam aber immer auf den Ernst der Zeitfragen zurück, und ich hätte die reinste Freude an dieser Stunde gehabt, wäre er nicht so leidend, müßte man nicht immer denken, daß dieser liebenswürdige, heiter spielende Geist, der doch so tiefsinnig sein kann, vielleicht nur zu bald nicht mehr ist. Sein Wesen und seine Werke sind vollkommen identisch, und die Originalität seines mündlichen Ausdrucks ganz seiner Schreibweise gleich. Als er fortging, verhieß er uns wiederzukommen, sobald er wohl genug sei, und wir versprachen ihm jede Nachricht aus Deutschland mitzutheilen, die wir erhalten würden.

10.

Paris, 24. März.

Auf allen Straßen werden Zeitungsblätter ausgerufen mit der Nachricht vom emprisonnement du roi de Prusse et de ses ministres, von der abdication du roi de Prusse. — Ich zweifle, daß ich in Paris bleibe; die Spannung, die Ungewißheit über die Vorgänge in der Heimath sind so quälend, daß man darüber jede Genußfähigkeit verliert.

Die Deutschen hier rüsten sich zum Abmarsch; sie wollen fort, sobald sie Geld haben. Auf der

Gesandtschaft sagte man uns, daß man ihnen keine Pässe ertheilen werde; sie werden aber ohne das gehen, und — in ihr Unglück, wie zu fürchten steht. Wenn man fragt: »was sollen denn diese Leute jenseit des Rheines thun?« so heißt es: »ihren Brüdern beistehen.« — Aber worin? Im Kampfe? — Es ist ja kein Kampf in Deutschland, was sollen die brotlosen Arbeiter dort beginnen? »Sie sollen die Aufregung vermehren, aus der der Kampf und die Republik hervorgehen.« — Das sagen Menschen, die sonst ganz vernünftig sind, und Niemand will bedenken, daß man wohl in einem einigen Lande, bei einer Nation von gleichmäßiger politischer Bildung schnell die Monarchie in eine Republik verwandeln kann, nicht aber die achtunddreißig Fürsten verjagen und aus achtunddreißig getrennten Völkern mit einemmale ein Ganzes herstellen. Wie gern wollte man schon jetzt an diese Möglichkeit, wie gern an die republikanische Verfas-

sung in Deutschland glauben, wenn man es nur könnte!

Bei all den Besorgnissen giebt es aber doch eine Freude: den Sturz der pietistischen Büreaukratie in Preußen. Ich möchte jetzt wohl die frommen Geheimeräthe sehen, die Knechte des Gottes, welcher den christlichen Staat und die absolute Monarchie Preußen vorzugsweise liebte und vor Attentaten und Constitutionen bewahrte, die, ein Blatt Papier, zwischen dem König und dem Volke schweben. Da wird nun alles Beten in der Geheimerathskirche im Thiergarten nichts helfen; der polnische Adler flattert trotz des rothen Adlerordens vierter Klasse, und der beschränkte Unterthanenverstand kommt doch an's Ruder.

Wie politisch gebildet hier das eigentliche Volk ist, das haben wir heute gesehen. Wir waren Abends im Conservatoire des arts et métiers, wo ein Professor Blanqui, Bruder des Blanqui, den wir neulich im Klub hörten, einen Vortrag über die

Finanzkrisis in Frankreich hielt, und das Wesen der Banken in den verschiedenen Ländern erklärte. Das Lokal ist weit oben im Faubourg St. Martin und das Auditorium bestand aus etwa achthundert Männern, von denen bei weitem die Mehrzahl Blousen trugen. Obgleich der Vortragende sich auf den praktischsten Standpunkt gestellt hatte, mußte ich recht sehr aufpassen, um folgen zu können. Das Publikum aber schien vollkommen an dergleichen Materien gewöhnt, folgte mit Theilnahme und gab oft seine Zustimmung durch Bravorufen und Beifallklatschen zu erkennen.

Am Morgen waren wir im Invalidenhause, wo man an dem Denkmal Napoleon's baut. Wir besuchten den Dom, die Wohnungen, sahen die einzelnen Compagnien speisen, man zeigte uns die Gärtchen. Die alten Garden der Kaiserzeit haben neben der jungen Mobilgarde schon etwas ganz Fabelhaftes; man muß sich besinnen, daß ihre Zeit erst so kurz vergangen ist.

Als wir dann das Luxembourg besuchten, um die Zimmer der Maria von Medicis, die Galerie moderner Malerei und die Kapelle zu sehen, in welcher die Ehen der Pairs eingesegnet wurden, bemerkten wir eine lebhafte Bewegung in dem Hofe, der zu den Sitzungszimmern von Louis Blanc führt. Plötzlich theilte sich die Menge, ein Zug erschien, eine Prozession von Frauen in verschiedener Tracht, von verschiedenem Alter. Eine derselben, die voran schritt, trug die dreifarbige Fahne. Es waren die Westennähterinnen, les giletières, der großen Kleidermagazine, welche Verbesserung ihrer Lage verlangten, wie man sie den männlichen Kleiderarbeitern bewilligt hatte: höhern Lohn und kürzere Arbeitszeit. Niemand außer uns beachtete diese Prozession der Frauen als etwas Besonderes.

In diesen Tagen sind einzelne Corps verbannter Polen und Belgier mit Unterstützung der Regierung nach ihrer Heimath abgegangen. Man

14*

sucht so viel Menschen als möglich fortzuschaffen; die Belgier aber sind schlecht empfangen und, wie wir hören, in Lille auf die Festung gebracht worden, sobald sie die Absicht zu erkennen gaben, die Republik in ihrem Vaterlande zu proklamiren. Dennoch will in diesen Tagen ein neuer Trupp über die Grenze gehen, und auch die Deutschen werden gewiß noch in dieser Woche aufbrechen. Sie werden an zwei verschiedenen Punkten über den Rhein marschiren, und bleiben fest bei der Behauptung, daß Alles für ihren Empfang vorbereitet, daß die Erklärung der Republik sicher sei. — Jeder Enthusiasmus ist etwas so Göttliches, so Heiliges, daß man ihn überall ehren muß; und so betrachte ich auch Herwegh mit der Achtung, die ich vor jedem Kultus, die ich vor dem katholischen Ritus habe, an den ich selbst nicht glaube. Herwegh und seine Frau sind in einer Ekstase, die Glück im Glauben in sich trägt. Beide sind von einer Opferfreudigkeit, wie ich sie selten gesehen habe. Die Zeit der religiösen Opfer ist vorüber, möchten die Beiden nicht Opfer eines politischen Irrthums werden. Sie sind jedem Zweifel unzugänglich, für jede Vorstellung taub aus Enthusiasmus.

20.

Paris, 26. März.

Gestern angelangte Briefe befestigen unsern Vorsatz; wir werden nach Deutschland zurückkehren und Paris morgen Abend verlassen. Wo die Seele nicht ist, muß man nicht bleiben. Seit ich weiß, daß ich nach Deutschland gehe, daß ich diese Zeit mit erleben werde, seit gestern Mittag bin ich so ruhig geworden, daß ich mich vortrefflich im Theater zu amusiren vermochte.

Wir waren im Gymnase, sahen Bresson und Rose Chéri in »Royal Pendart,« und ein Gelegenheitsstück, »les filles de la liberté.« Royal Pendart nennt sich ein Klub junger Männer am Hofe Ludwigs XVI., die, gelangweilt von der beginnenden sittlichern Richtung des Hofes, zusammengetreten sind, um die »gute alte Art« unter sich aufrecht zu erhalten, und die in galanten Abenteuern, Trinken, Spielen, Jagen, mit einem Worte in den sieben nobeln Passionen ihren Ruhm suchen. Ein galantes Abenteuer ist denn auch der Mittelpunkt des Stücks, eine Entführung, bei welcher der Held — Bresson als Duc de Marsignac — sich ernstlich in die Duchesse de Marvigly — Rose Chéri — verliebt und durch ihre Tugenden von all seinem Leichtsinn geheilt wird.

Bresson und die Chéri sind beide schön, beide äußerst fein, und all die jungen Taugenichtse des Royal Pendart traten auf der Bühne so gewandt und liebenswürdig in ihren prächtigen altfranzösischen Costümen auf, daß man sich wirklich aus dem Ernst unserer Zeit in jenes schäumende, berauschende Leben zurückwünschen konnte, wie der Mann sich von der Mühe der Arbeit nach den kindischen Spielen des Knaben sehnt, nach seinem Uebermuth und seinem Leichtsinn. Wie ein bunter Schmetterling, so frisch, so leicht, flatterte das ganze Stück vorüber, und man gewann die jungen Roués lieb, denn auch noch der Albernste von ihnen, der Leichtfertigste hatte Züge edler Gesinnung.

Das zweite Stück, »les filles de la liberté,« ist eben so anmuthig als locker zusammengeworfen. Die Göttin der Freiheit tritt auf, in antiker Tracht, die phrygische Mütze auf dem Haupte, und sucht klagend ihre verlorenen Töchter. Plötzlich hört sie singen hinter der Scene; der jubelnde Schall des »mourir pour la patrie« schlägt bekannt an ihr Ohr und ein reizender Gamin — Mademoiselle Désirée — steht vor ihr, in grüner Manchesterhose, blauer Blouse, ein kleines Käppchen mit rother Quaste auf dem Kopfe.

Sie sehen sich befremdet an, aber der Pariser Gamin ist nicht leicht stutzig zu machen. »Woher und wohin?« fragt er, erhält pathetische Antwort und wird nun ebenfalls examinirt. »Je suis un enfant de la liberté,je suis l'émeute!« antwortet er.

Die Freiheit erkennt entzückt ihren kecken Enkelsohn und fragt nach dem Schicksal ihrer sieben Töchter: la liberté de la presse, la liberté du culte, la liberté de la parole u. s. w. »Elles toutes ont été violées par Guizot, par Thiers etc.« — Die Freiheit ringt die Hände in Verzweiflung, die Emeute spricht ihr Trost ein und holt allmälig die Töchter herbei. Sie kommen an; die eine in Ketten, eine andere mit dem Rock eines Municipalsoldaten über dem griechischen Gewande, die liberté de la presse mit Zeitungen, die mit schwarzem Flor zusammengebunden sind, an ihrer Standarte; alle gebrochen und gedemüthigt, alle hoffnungslos. Nur die Mutter Liberté und der Enkel Emeute sind ungebeugt; sie schließen ein Bündniß, nehmen les filles de la liberté unter ihren Schutz, befreien sie, und am Ende erscheinen die Sieben strahlend in neuer Jugendfrische ohne Fesseln; die großen Zeitungsblätter fliegen unter dem dreifarbigen Bande der Standarte lustig in die Luft, alle Freiheiten zusammen singen die Marseillaise und mourir pour la patrie; die Emeute schwenkt ihr Mützchen und ruft: »tant que je vivrai la liberté ne mourra pas!« und das Stück ist zu Ende unter dem Beifalljauchzen des Publikums.

Solche Stücke, die wahrhaft reizend sind und von unglaublicher Wirkung, können die Deutschen nun eben so wenig machen, wie ein langsamer, tiefer Denker witzig sein kann. Ein Impromptu, ein Witzwort jagt das andere, es ist ein wahres Raketenwerfen von Einfällen, und das Ganze so flüchtig, so bezaubernd und so glänzend wie ein Feuerwerk. Deutsche Schauspieler können das auch gar nicht spielen, wenigstens die Schauspieler der Hofbühnen nicht, denen der Zopf des gespreizten Beamtenthums immer Nackenschläge giebt, daß sie glauben, ihrer Würde zu nahe zu treten, wenn sie von der conventionellen Bühnenunwahrheit einmal loslassen und sich menschlich frei und wahr bewegen. Wäre irgendwo eine Revolution wohlthätig, so wäre es auf den deutschen Theatern, die eigentlich lauter Invalidenhäuser mit Anciennitätslisten sind. Um in Berlin die ersten Liebhaberinnen zu spielen, muß man, glaube ich, Großmutter sein, und wer nicht die silberne Hochzeit gefeiert hat, darf nicht als Wallenstein auftreten.

Ein anderes Schauspiel, das uns neulich in das Theater lockte, stellt eine Reihe von Vorgängen der ersten Revolution dar. Danton, Marat, der ganze Convent treten darin auf; Kanonenschläge, Freiheitsreden, die Marseillaise, le chant du départ wechseln mit einander ab. Obgleich das Stück schlecht war, boten doch die treuen

Costüme ein Interesse, und die Idee, solche Stoffe für die Volkstheater zu benutzen, dem Volke seine Geschichte in jeder Gestalt vorzuführen, ist beachtenswerth.

In diesem Sinne ist hier auch eine wunderhübsche Statuette von Terra cotta erschienen: ein junger Offizier der ersten Revolution, die Schärpe um die Hüfte geschlungen, die dreifarbige Fahne entfaltend und den rechten Arm mit dem gezogenen Degen zum Schwure erhoben. Es ist sehr viel Schwung in dem Figürchen, wie denn die Franzosen für moderne Porträtstatuen sehr großes Geschick haben.

Dies ist also der letzte Brief aus Paris und ein wichtiges Kapitel der Gegenwart, das uns mitzuleben vergönnt ward, wird morgen Abend für uns abgeschlossen sein. — Gestern, als wir aus dem Theater kamen, hörten wir hier und dort Petardenschüsse. Man pflanzte in den verschiedenen Mairien die Freiheitsbäume, und wo dies geschah, hatte man die Häuser illuminirt.

21.

Aachen, 28. März.

Die Nachtfahrt von Paris nach Brüssel war sehr unruhig. Dreihundert heimkehrende Belgier, die sich im Convoi befanden, sangen unablässig die Marseillaise. Alle Waggons und Bahnhöfe waren voll von Polen, ernste, sorgenvolle, lebengeprüfte Physiognomien, voll schweigender Zurückhaltung, voll Unglauben an die Möglichkeit des Glücks. — Die Festungswälle in Lille starrten von Kanonen; die Visitationen an der Grenze waren strenger als bei der Hinreise. Man forschte nach Waffen und untersuchte die Pässe der Männer sehr genau, was langen Aufenthalt verursachte. — Je näher wir der deutschen Grenze kamen, desto unruhiger schlugen unsere Herzen. Als wir von Verviers abwärts fuhren und Aachen erblickten, sahen wir die erste schwarzrothgoldene Fahne. Sie flatterte stolz auf dem alten deutschen Dome Karls des Großen. — Möge sie Heil bringen für Deutschland!

Erinnerungen

aus

dem Jahre 1848

von

Fanny Lewald.

Zweiter Band.

Braunschweig,
Druck und Verlag von Friedrich Vieweg und Sohn.

1850.

Inhalt.

Berlin im Frühjahr 1848.

Seite

Hamburg.

Helgoland.

Frankfurt am Main.

Berlin im November und Dezember 1848.

Berlin im Frühjahr 1848.

1.

Berlin, 11. April 1848.

Es sind nun fast vierzehn Tage her, daß ich, von Paris zurückgekehrt, hier in Berlin lebe, und noch immer ist mir die veränderte Physiognomie Berlins eine auffallende Erscheinung. Als wir, in der Nacht zum 1. April durch das Potsdamer Thor einfahrend, an dem Kriegsministerium in der Leipziger Straße vorüberkamen, vor dem, statt des militairischen Ehrenpostens, zwei Studenten mit rothen Mützen Wache hielten, die ihre Cigarren rauchten, glaubte ich wirklich zu träumen.

1*

Aber wie stieg erst meine Verwunderung, als ich in den nächsten Tagen die Straßen Berlins ohne Militair sah; als keine Gardeofficiere, bei Kranzler Eis essend, ihre Füße über das Eisengitter des Balkons streckten; als mir alle die Schilder fehlten, welche vor wenig Wochen so stolz mit dem Titel »Hoflieferant« geprangt hatten, und als an allen Ecken uncensirte Zeitungsblätter und Plakate, ja selbst Cigarren verkauft wurden, während sonst das Rauchen auf der Straße bei 2 Thlr. Strafe verboten, und sogar die Inschriften der Leichensteine censurpflichtig waren.

Verwüstungen durch die Revolution bin ich in der Stadt nicht gewahr worden, so weit sie vom Volke ausgegangen sind, denn die Spuren der Kartätschenkugeln an den Häusern sind nur zu sichtbar. Nur in der Nähe des neuen Thores sind die Artillerievorrathshäuser niedergebrannt, und dadurch ist ein sehr beklagenswerther Verlust an Kriegsgeräth herbeigeführt worden. Aber nirgends hat sich das

Volk gegen die Paläste des Königs oder der Prinzen gewendet, nirgends das Eigenthum angetastet; und es ist mir eine Genugthuung, daß sich keine Spur von Rohheit im Volke gezeigt, daß selbst der König in allen Proklamationen den Edelmuth und die Mäßigung der Kämpfenden lobpreisend anerkannt hat.

Was mir aber, im Hinblick auf Paris, schmerzlich auffiel, das ist der Mangel an Freudigkeit über den Sieg, der fehlende Schwung des Enthusiasmus, die mich in Paris so sehr überraschten. Keine begeisternden Lieder, keine jener siegestrunkenen Zurufe, welche dort von Mund zu Mund gingen und so elektrisch wirkten. Weder ein Volksgesang wie das »Mourir pour la patrie!«, noch ein Zuruf wie das jubelnde »Vive la république!«. Wir haben keinen deutschen Volksgesang, und »es lebe der überwundene Absolutismus« (denn weiter halten wir ja noch nicht) kann man eben nicht rufen. Das aber ist noch nicht das Schlimmste. Was mich beängstigt, ist das Gefühl der Unsicherheit, das ich hier an so vielen Menschen wahrnehme, und von dem in Paris keine Spur vorhanden war.

Das Wort des Ouvriers auf der Barrikade, von dem ich Dir geschrieben habe, jenes: »faut-il donc abimer les femmes pour chasser un roi?«; jene Frage: »Hören denn die guten Sitten auf, wenn ein König seines Trones entsetzt werden muß?« hat einen tiefen Sinn. Sie deutet die Selbstständigkeit der Nation an, die in einem von dem Volke als nöthig erkannten Regierungswechsel, eben auch nur einen Wechsel des höchsten Staatsbeamten erkennt, und dabei weder einen Untergang des bestehenden Guten, noch vollkommene Vernichtung der bürgerlichen Verhältnisse, oder gar den Einbruch einer neuen, zerstörungswüthigen Barbarei erwartet. Man hat in Paris einen König entthront, eine Republik proklamirt, und doch sind nur die Staatspapiere gesunken,

aber der Muth und die Zuversicht der Gebildeten sind ungebrochen geblieben. Man war sich dessen bewußt, was geschehen war, was zu thun sei, und ging mit einer Achtung gebietenden Zuversicht an das große Unternehmen, bei der Neugestaltung der Gesetze wo möglich auch den Ansprüchen des vierten Standes, des Proletariates, Genüge zu leisten. Trotz der sorgenvollen Gesichter der Geldaristokratie, hatte die Stimmung der meisten Menschen, welche man sprach, etwas Gehobenes und Erhebendes.

Hier vermisse ich das sehr. Die Einen sind wie ungeübte Ballspieler, die den Ball, welcher ihnen fast von selbst in die Hand flog, vor Freude über das Glück fallen lassen, statt fest die Hände zusammenzuschlagen und zuzugreifen; die Anderen stehen so rathlos, erschrocken und verlegen da, wie Kinder, die zu lange im Gehkorb gehalten worden sind, und die nun mit einem Male allein auf die Erde gestellt werden und laufen sollen. Sie trauen den eigenen Füßen nicht; sie haben Furcht, weil sie nicht mehr bevormundet werden; sie möchten eigentlich gern wissen, ob der König, ob die Glieder des vorigen Ministeriums auch zufrieden sind, mit dem was geschehen ist? Sie möchten gern die Extreme vermitteln, ausgleichen, das Harte weich, das Rauhe glatt machen, und sprechen, um Niemand zu verletzen, um Allen gerecht zu werden, nicht von der Revolution und ihren Folgen, sondern von den »Errungenschaften« der Märztage — von der Nothwendigkeit einer »Vereinbarung«. Mir aber geht es mit solchen neu erfundenen Worten, wie dem Bauer in der Fabel, der nicht essen will, was er nicht kennt; ich fürchte diese unbekannten Worte, in deren hohle Halbheit sich alles Mögliche hineinschieben läßt.

Es ist wahr, die Büreaukratie ist höflich geworden, der alte Minister Kamptz, der vieljährige Verfolger der deutschen Burschenschaft, geht mit der dreifarbigen Kokarde am Hute unter den Einden spazieren. Vor dem Palais des Prinzen von Preußen, das als ein Nationaleigenthum erklärt ist, halten Studenten Wache, im königlichen Schlosse das Künstlercorps, die Bürgerwehr hat die übrigen Posten besetzt, und die Sicherheit der Straßen ist vollkommen, auch ohne die Aufsicht der Gensdarmerie. Wir haben auch Volksversammlungen, Klubs, an denen sich tüchtige Männer betheiligen, in denen vortreffliche Reden gehalten werden sollen. Männer und Frauen der arbeitenden Stände stehen an den Straßenecken, an den Brunnen, um die angehefteten Plakate zu lesen, fordern Erklärungen und verstehen Alles, was man ihnen sagen kann, auf halbem Wege. Die Handwerker, die Gesellen sollen vollkommen in der Zeit, vollkommen auf der Höhe der Ereignisse sein; ein großer und edler Theil der Bevölkerung sieht mit opferfreudiger Begeisterung in die Zukunft — aber der Unterthänigkeitsgeist eines absolutistisch regierten Volkes, die Angst vieler Besitzenden vor möglichen Verlusten, und der weit verzweigte bureaukratische Kastengeist sind damit noch lange nicht überwunden.

Stiefgroßnichten eines königlichen Officianten, Urenkelsöhne eines Hofbedienten haben sich bisher in den Strahlen des bureaukratischen Sonnensystems gesonnt, und entbehren plötzlich den gewohnten Nimbus, der von der Würde des Familienhauptes auf sie zurückstrahlte. Dienstboten, welche bei Hoflakaien im Solde gestanden, rechnen sich mit Selbstgefühl »zum Hofe«. Das Kindermädchen meiner Freundin schreibt sich unter Thränenströmen die Gedichte auf den Prinzen von Preußen ab, die die Vossische Zeitung bringt, weil es einst die Kinder vom Koch des Prinzen Carl gewartet und »Jahre lang zum Hofe gehört hat.«

Man hat bei uns durch das Titel- und Ordenswesen die kleinliche Eitelkeit der Menschen so sehr zu erregen gewußt, daß ein großer Theil, namentlich der wohlhabenderen Klassen, dadurch jedem höheren menschlichen Interesse entfremdet worden ist. Weil sie ihr Auskommen, Ehre und Ansehen hatten nach ihrem Bedürfen, und obenein das Vergnügen, auf Minderbegünstigte mit dem gleichen Stolze herabzusehen, mit welchem die Mehrbegünstigten auf sie selbst herniederblickten — deshalb finden sie, daß der Staat vortrefflich organisirt war. Solche Menschen können das Hinuntersehen auf Unbegünstigte nicht entbehren, ohne eine große Einbuße an Zufriedenheit zu erleiden.

Rechne nun dazu die wirkliche Liebe vieler Preußen für das Haus Hohenzollern, die unter der Regierung des vorigen Königs, bis zum Gefühl der Familienliebe gestiegen, sich ohne Prüfung instinktiv auf alle Glieder des königlichen Hauses erstreckt, so wirst Du zugeben müssen, daß mancherlei Gefahren den jungen Freiheitsbaum in Preußen bedrohen. Findet er nicht sehr starke Stützen in dem neuen Ministerium und in den Volksvertretern, so wird er Noth haben, recht feste Wurzeln zu schlagen. Nach Allem, was ich bis jetzt gesehen habe, werden die deutschen Republikaner, die von Frankreich in das Vaterland zurückkehren, bald bemerken, wie sehr sie sich täuschten, wenn sie das monarchisch gewöhnte Deutschland für die Republik begeistert wähnten.

So lebhaft Paris mich anregte, so sehr ich dort an die Dauer der Zustände zu glauben vermochte, so wenig ist das hier der Fall. Die Menschen kommen mir in der Mehrzahl überzeugungslos, schwunglos vor, und ihnen steht ein aus Ueberzeugung absolutistischer König gegenüber, der sich nun plötzlich zum Diener des Staates in einem constitutionellen System verwandeln soll. Ich höre unglaublich viel sprechen von dem, was durchaus geschehen müsse, von Auflösung der Garden, der Kadettenhäuser, von Volksbewaffnung — aber auch nur sprechen; denn bis jetzt ist Nichts gethan. Ein junger freisinniger Beamter zeigte mir neulich einmal die Gesetzsammlung des Jahres

1807, um mir zu beweisen, welche Gesetze, und in welcher männlichen Sprache man sie damals in wenig Wochen erlassen hat, während man jetzt hier allerdings sehr geschäftig, aber nicht thätig zu sein scheint.

Dennoch ist viel, man möchte sagen Alles gewonnen, denn wir haben das Associationsrecht des Volkes und die freie Presse. Und da wir Deutsche sind, geschult nach dem Grundsatz »Ruhe ist die erste Pflicht des Bürgers« — so wollen wir denn in geduldiger Ruhe abwarten, welche Früchte diese Frühlingsblüthe der Revolution uns bringen wird.

2.

Berlin, 5. Juni.

Es giebt Dinge, welche sehr mit Unrecht aus der Mode gekommen sind, zu diesen gehören die Guckkasten. Wie schön war es, wenn man Abends durch eine Straße ging, und der langweiligen Alltagsgesichter, der bürgerlichen Gleichförmigkeit müde, mit einem Blick in die hellen Fenster des Guckkastens, sich plötzlich in eine andere Welt versetzt sah.

Von Adam und Eva bis zum Kaiser Napoleon und den Feldmarschällen Blücher und Wel-

lington; von Abel's Tod bis zur Ermordung Kotzebue's, führte uns der Zauberkasten. Eine ganze Welt von neuen Anschauungen wurde uns in wenigen Augenblicken geboten. Personen, die uns nur als Begriffe, schattenhaft vorgeschwebt, standen plötzlich in festen Bildern vor unserer Seele, und in dieser Gestalt blieben sie uns eingeprägt.

Was sind dagegen die in Holz geschnittenen Illustrationen der Zeitungen, in denen das eine Gesicht ebenso flach und ebenso schwarz aussieht als das andere! und doch verlangt man eine Vorstellung zu haben von den Menschen und Zuständen, die unsere Theilnahme erregen; denn nur in der Anschauung, in der Verkörperung liegt das Leben.

Diese Anschauung durch bloße Beschreibung zu ersetzen, ist fast unmöglich, dennoch will ich es versuchen, Dir ein Bild der Soireen zu geben, die im Finanzministerium stattfinden.

Der Minister Hansemann hat zu Anfang des Märzmonates das Finanzministerium, zwischen dem Zeughause und der Singakademie gelegen, bezogen. Am fünfundzwanzigsten Mai ward die erste der Soireen dort gegeben, welche während der Dauer der Nationalversammlung jeden Dienstag und Freitag stattfinden sollen.

Die Einladungen waren erst an dem Tage vorher versandt und es hatten sich etwa nur zweihundert Personen eingestellt, während das aus sechs großen Empfangszimmern bestehende Lokal, eine dreifach größere Menschenzahl in sich aufzunehmen vermag. Außer den Frauen der Familie waren nur fünf bis sechs Damen anwesend.

Die Mehrzahl der Gäste bestand an jenem ersten Abend aus Deputirten. Einige Geheimräthe des alten Regimes irrten vereinzelt umher, wie die letzten welken Blätter des Herbstes, welche der Sturm verschont. Sie waren in sich zusammengeschrumpft, sie trugen das Haupt nicht mehr so hoch, sie hatten nicht mehr das absolute Unfehlbarkeitsbewußtsein. Selbst der rothe Adler an dem weiß und orangen Bande schien die Flügel eingezogen zu haben, seit die Sonne der absoluten Monarchie gesunken war und das suum cuique sich in seinem wahren Sinne zu erfüllen begann. Das Volk hatte endlich das Seine, die Freiheit, und die Bureaukratie das Ihre, den verdienten Sturz erhalten.

Aber die sanftgewordenen Blicke der Bureaukraten streiften mit Verwunderung über einige der Gäste, und ihr Auge betrachtete mit schweigendem Entsetzen die großen Thranstiefel, deren eiserne Nägel das kostbare Parket zerrissen.

Ja! es ist wahr! das Wunder ist geschehen im Jahre eintausend achthundert und achtundvierzig. Bauern mit Nägel-beschlagenen Stiefeln sind als Rathgeber der Krone dagewesen, im Saale eines Ministers des unfehlbaren, christlichen Staates.

Da saß gleich im ersten Zimmer der Abgeordnete Mros aus Oberschlesien in grauer Drillichhose, blauer Leinwandweste und blauer Tuchjacke; er balancirte dicht über seinen großen Wasserstiefeln ein Glastellerchen mit Kirschkuchen, von dem die Kirschen ihm an die Erde fielen; und sein College Kiul Bassan, der neben ihm stand, trank Orgeade. Aber Kiul Bassan, der kein Wort deutsch spricht, sondern nur polnisch, sah dabei aus wie Immermann's Riese Schlagadobro, der den Thee stets mit Rum trank und dem er dennach stets wie Spülicht schmeckte.

Und dicht an diesen Bauern stand Nothomb, der feine, geistvolle belgische Diplomat, in lebhaftem Gespräche mit Kamphausen, dem Minister-Präsidenten; und in dem nächsten Zimmer saß der Minister Hansemann auf dem Sopha, und ein Tagelöhner, der auf der blauen Jacke das allgemeine Ehrenzeichen trug, saß neben ihm auf den Sammetpolstern, und der Minister hörte auf-

merksam auf die Reden des abgesandten Tagelöhners.

Ich sprach es aus, daß ich mich darüber freue. »Glauben Sie, daß diese Leute dem Staate nützlich sein können durch ihren Rath?« fragte mich spöttisch ein alter Beamter.

»Nein! sie selbst können nicht angeben, wie ihnen zu helfen ist, aber sie werden angeben, was ihnen fehlt; und sie nützen am meisten durch ihr bloßes Anwesendsein.«

»Wie das?«

»Indem durch ihre Anwesenheit in der Kammer und im Salon, ihre Gleichberechtigung mit den anderen Ständen ausgesprochen, und die Pflicht für sie und ihr Wohl zu sorgen anerkannt wird.«

»Wissen Sie, wie und warum dieser Kiul Bassan gewählt worden ist?«

»Ja! er ist betrunken in die Versammlung der Wähler gekommen, und der Landrath hat ihn grob angefahren, weil er die Mütze aufbehalten.

Darauf ist Kiul Bassan wüthend aufgesprungen gegen den Landrath, und die Bauern haben gesagt: »»das ist unser Mann! Wenn der nur halb so viel Courage gegen den König hat, als gegen unsern Landrath, so werden wir Gehör finden und es wird uns geholfen werden.««

Der Beamte höhnisch lächelnd: »Und was folgern Sie aus dieser Wahl?«

»Daß die Wähler auf dem Lande glaubten, es sei nothwendig, dem Könige die Wahrheit zu sagen, und daß sie noch so ungebildet sind, zu glauben, um die Wahrheit zu sagen, müsse man grob und roh sein.«

»Also billigen Sie es, daß dieser Bauer, der nicht ein Wort deutsch kann, der also den Verhandlungen nicht zu folgen vermag, in der Nationalversammlung Sitz und Stimme hat?«

»Durchaus! denn er sitzt dort als Repräsentant der hunderttausende preußischer Staatsbürger, welche ebenfalls kein Deutsch verstehen. Er erinnert die Deputirten, die durch ihre Bildung zur Gesetzgebung berufen sind, an die Pflicht, auch für die Staatsbürger vom slavischen Stamme so zu sorgen, wie deren Eigenthümlichkeit es erheischt. Indeß ist Kiul Bassan eine Ausnahme in der Versammlung, und Sie werden in den bäuerlichen Deputirten des Eilauer, des Gerdauer, des Rudniker Kreises ganz verständige Leute finden.«

Der Beamte wendete sich von mir, wie der Arzt eine unheilbare Kranke verläßt.

Inzwischen hatten sich die Gruppen verändert. Der Minister Hansemann stand mitten im Salon und empfing den spanischen Gesandten.

Herr Hansemann ist in der Mitte der fünfziger Jahre, groß und von starkem Knochenbau. Er hat blondes, glattanliegendes und mit Grau untermischtes Haar. Seine Züge sind scharf. Die nahe zusammenstehenden, dunkelbraunen Augen haben einen klugen, scharfen und sehr listigen Blick der oft unbehaglich wäre, würde er nicht durch den gutmüthigen Ausdruck des Mundes und durch die Zwangslosigkeit des ganzen Wesens gemildert. Herrn Hansemann's Behaben ist durchaus zutraulich, ja bequem bis zur Nachlässigkeit; wie er denn, trotz seiner prüfenden Klugheit, eine der zutrauensvollsten, sich hingebendsten Naturen sein soll, sobald er eben Vertrauen zu Jemand gefaßt hat. Es liegt in seinem Wesen viel von der Ursprünglichkeit und der unermüdlichen Thatkraft des norddeutschen Landmannes. Sein Durchschauen der Menschen, sein schlaues Diplomatisiren und seine Zutraulichkeit tragen dies Gepräge, wie seine Bewegungen. Er hat eine bestimmte Bewegung der Hände, kurz abweisend, welche er oft wiederholt. Ein Schauspieler, der den schlauen Landmann spielte, würde sie mit Glück benutzen. Seine Widerlegungen, irgend einer Behauptung gegenüber, beginnt er mit den Worten: »das will ich Ihnen mal sagen«, und dann folgt regelmäßig eine Auseinandersetzung, welche von dem Standpunkte des erfahrenen, klugen Praktikers immer ihr Richtiges hat, so wenig sie auch oft den Idealisten zufrieden stellen kann. Und Idealisten müssen wir sein in dieser Zeit, um das Werk der Liebe herzustellen auf Erden. Sorglos und bequem schlendert Hansemann in seinem anspruchlosen schwarzen Anzuge durch die Zimmer. Er denkt nicht daran, daß er kein unbeachteter Privatmann ist, daß man seine Mienen beobachtet, um daraus Folgerungen zu ziehen, und dächte er daran, er hätte Nichts zu fürchten, denn fast niemals verliert sein Gesicht den Ausdruck einer pfiffigen Bonhommie, einer heitern Sicherheit im Gefühl überwiegender Kraft. Dies Kraftbewußtsein mag jetzt unschätzbar an einem Minister sein, aber es ist auch eine Gefahr für Hrn. Hansemann; denn keine einzelne Kraft ist ausreichend für die Arbeit dieser Zeit, und gemeinsame Arbeit nur möglich bei gänzlicher Offenheit. Daß er diese nicht habe, daß er diplomatisire und seine Collegen unmerklich zu lenken, zu bestimmen versuche, das ist der Vorwurf, der ihm gemacht wird, während man sonst ihm eine bedeutende Wirksamkeit zugesteht.

»Dort steht Graf Schwerin, der Minister des Kultus. Es ist der große, kräftige Mann im blauen Frack mit blanken Knöpfen, der den Hut in der umgewendeten Linken hält. Sein Kopf ist sehr stark und sitzt kurz zwischen den beiden Schultern des gewölbten Rückens. Große helle Augen à fleur de tête, eine kurze stumpfe Nase, ein voller Mund, braunes Haar und ein Ausdruck von Derbheit charakterisiren ihn. Seine Bewegungen sind heftig; es liegt etwas Gewaltsames in den großen Schritten, mit denen er durch die Zimmer schreitet. Er tritt fest auf, wie Jemand, der gewohnt ist, auf eigenem Grund und Boden vor seinen Untergebenen zu stehen, ein mittelalterlicher Feudalherr, wie Lukas Kranach und Holbein sie malten. So mögen die

märkischen Ritter der Reformationszeit ausgesehen haben, wenn sie in ihren Burgen bei vollen Humpen am Eichentische saßen, auf die Markgrafen und Pfaffen schimpften, und den Dr. Luther leben ließen, der sie doch wenigstens von der Pfaffenherrschaft zu befreien versprach.

Derbe Ehrlichkeit ist der Hauptausdruck im Aeußern des Grafen Schwerin, und ehrlich ist er auch in seinem gutsherrlichen Liberalismus. Man hat sich gewundert, daß im Jahre vierzig, als ein Geist freierer Bewegung durch Preußen zu wehen begann, ein so großer Theil der Aristokratie, von diesem Geiste durchdrungen, sich der Zeitströmung überließ; und doch war das Wunder leicht zu erklären. Jener aristokratische Liberalismus war ein durchaus persönlicher; er war das Streben nach Freiheit für sich selbst, nach größerer Unabhängigkeit von der Krone. Der Adel fühlt sich zu allen Zeiten und in allen Ländern dem Königshause gleich, also zur Mitherrschaft

2*

berechtigt; und wie die absoluten Monarchien nur durch Aufhebung der Adelsgewalt ihre jetzige Gestalt zu gewinnen vermochten, so mußte zur Auflösung der absoluten Monarchien ein Theil ihrer Gewalt vorläufig in die Hände des Adels zurückgehen, in die Hände der Standesherren und Landbesitzer der früheren Landtage, ehe sie zurückkam an die Allgemeinheit des Volkes. Die Weltgeschichte ist ein in sich bedingtes Gebäude, zu dem die Arbeiter sich die Steine zureichen, auf und nieder, wie die Nothwendigkeit des Werdens es erfordert. Dasselbe Gefühl der Nothwendigkeit, welches den Vogel lehrt sein Nest zu bauen und die Biene ihre Zelle, das lehrt und zwingt uns, die Weltgeschichte zu machen und uns, schaffend für die Zukunft nach uns, auf der Basis der Vergangenheit, an der eigenen Arbeit zu entwickeln.

Als Graf Schwerin sich den Damen des Hauses empfahl und hinausging mit einer gewissen Hast, mit einer Art männlichen Trotzes in jeder

Bewegung, da dachte ich, so könnte er auch trotzig dem Könige den Rücken wenden, und auf sich selbst gestützt, vom Könige fortgehen, wenn dieser gegen des Grafen Ansichten handelte. Graf Schwerin ist sicher kein Höfling, kein Minister, der Concessionen macht, um das Portefeuille zu gewinnen oder zu behalten. Er handelt aus Ueberzeugung, ein Ehrenmann; aber diese Ueberzeugung soll leider noch tief in der Vergangenheit wurzeln, wie der Stammbaum seines alten Geschlechtes, tief in den Zeiten der Reformation.

Graf Schwerin soll strenggläubig und kirchlich sein. Strenggläubigsein schließt das Duldsamsein aus, und Glaubensfreiheit anzuerkennen, sie zum Gesetz zu erheben, ist die Aufgabe eines Kultusministers in dem jetzigen Preußen, das nicht fortgehen kann in den Fußstapfen des Ministeriums Eichhorn, was zu thun Graf Schwerin doch entschlossen scheint.

Dort in der Ecke stehen die Brüder Alfred

und Rudolf von Auerswald, persönliche Freunde des Königs, ihm lieb und werth durch gemeinsame Jugenderinnerungen. Männer, denen das Portefeuille unter allen Umständen gewiß war. Es sind feine, schlanke Gestalten mit scharf ausgeprägten Gesichtszügen. Ihre Kleidung ist gewählt, ihre Bewegungen, ihre Haltung tragen das Gepräge der besten Umgangsformen Wie Hansemann die intelligenten Klassen der Gewerbtreibenden und Graf Schwerin den Landadel repräsentiren, selbst in ihrer äußeren Erscheinung, so repräsentiren die Herren v. Auerswald den Beamtenadel.

Hansemann will die Menschen für seine Ansicht gewinnen; er spricht eindringlich, um zu überzeugen, wo man ihn mit Jemand sich unterhalten sieht. Graf Schwerin scheint die Geister beherrschen zu wollen; die Freundlichkeit, die Anmuth der Herren v. Auerswald will gefallen und gefällt, denn sie ist liebenswürdig. Aber diese

Liebenswürdigkeit, diese Gefälligkeit wird sich hoffentlich nur so nachgiebig beweisen im Kreise der Gesellschaft. Was hier Tugend ist, wird Verbrechen im Staatsleben, wo Unbeugsamkeit und Beharrlichkeit allein den Sieg verleihen.

Die Herren v. Auerswald waren unter den Ersten, welche sich in Ostpreußen zur Zeit der Huldigung für die Bewegung erklärten, deren Schwingung damals noch gleichmäßig und langsam war. Sie ist heftiger, wilder geworden in unseren Tagen und kann nicht nachlassen, darf nicht nachlassen, bis sich aus der Bewegung das rechte Gleichgewicht hergestellt haben wird. Werden sie sich auch dieser starken Bewegung anschließen und in ihrem Sinne wirken bei dem königlichen Freunde? Das Volk mit dem Könige zu vermitteln, wäre ihre Aufgabe. Es kommt darauf an, ob sie sie vollenden.

Dort auf dem rothen Eck-Sopha, dicht vor der schönen Statue der Melpomene, sitzt Camphausen, der Ministerpräsident. Das Lampenlicht fällt auf sein bleiches, ruhiges Gesicht. Er ist ziemlich groß und mager, er sieht wie ein deutscher Glehrter aus, wie ein Mann der geistigen Spekulation. Die äußerste Sauberkeit, jene Sauberkeit, welche von einer reinen Seele ausgeht, umgiebt seine ganze edle Erscheinung, die durchaus wohlthuend wirkt.

Vor wenig Tagen hatte ich Gelegenheit, ihn länger und in Ruhe zu betrachten. Herr Camphausen hatte bei Herrn Hansemann zu Mittag gegessen und man war eben von dem Mahle aufgestanden, als ich hinkam, um zu sehen, ob die Hansemann'sche Familie durch die Aufläufe vor dem Zeughause beunruhigt worden war.

Das Finanzministerium liegt, wie gesagt, zwischen der Singakademie und dem Zeughause. In dem Kastanienwäldchen vor demselben wimmelte es von Arbeitern, welche Waffen verlangten. Das Zeughaus war förmlich umlagert, und die kleine

Gasse zwischen dem Zeug- und dem Gießhause, welche nach der Spree führt, gedrängt voll Menschen. Die Ausfuhr einer Anzahl Gewehre nach den verschiedenen Garnisonen hatte Mißtrauen erregt. Dies Mißtrauen war bis zum Wahnsinn gestiegen.

Man behauptete, es sei auf eine Entwaffnung Berlins, auf einen Angriff gegen die Bürger abgesehen, die Regierung lasse die Brücken vernageln, um dem Volke bei diesem bevorstehenden Kampfe das Aufziehen derselben unmöglich zu machen; ja! man wollte das Aergste, das Unwahrscheinlichste glauben, und die immer rege Volksphantasie, alle Grenzen überschreitend, fing an sich Mährchen zu erschaffen.

Es hieß, der Weg vom Schlosse nach dem Zeughause sei unter der Spree durchgraben, man werde sogar, wenn man die Waffen nicht fortbringen könne, das Zeughaus in die Luft sprengen. Als Beweis dafür zeigte man einen Faden, der von den Gerüsten des Neubaues auf dem Schlosse, hinabreichte zur Erde.

Vergebens betheuerten die Brückenmeister, jene Nägel würden immer eingeschlagen, um das Aufgehen der eisernen Riegel und das Werfen der Planken zu verhüten; vergebens erklärte der Baumeister des Schlosses, der herabgehende Faden sei angebracht, um die Direktion des Blitzableiters zu bestimmen; man glaubte es nicht, man verlangte dringend die Aushändigung von Waffen, um sich gegen die erwarteten Angriffe zu schützen.

Der Transport derselben, d. h. die Verladung in die Kähne, mußte nun unterbleiben; aber da die Auslieferung verweigert ward, dauerte der Auflauf vor dem Zeughause, beständig wachsend, fort. Es war der Himmelfahrtstag, das schönste Wetter, und die Menge der Feiernden, der Müßigen, trug dazu bei, die Menschenzahl nie geringer werden zu lassen, da Jeder aus Neugier sehen wollte, was den Andern hier gefesselt

halte. Vor Allen aber waren es die 4000 Feuerarbeiter der großen Eisenfabriken, welche unter Aufsicht ihrer Fabrikherren als Corps organisirt, in grünen Blousen, mit rothen, gestempelten Karten an den Mützen, Gewehre verlangten und in Masse beisammen blieben.

Während dieses Andrängens hatte sich ein geradezu lustiges Kirmestreiben im Kastanienwäldchen gebildet. Auf schnell hergerichteten, weiß überdeckten Tischen wurden Branntwein, Brot kalte Fleischwaaren und Kuchen verkauft. Auf Möbelwagen waren ambulante Küchen entstanden, und man briet in eisernen Oefen alle Arten Würste, deren Duft die Lüsternen heranlockte.

Studenten mit den rothen oder weißen Corpsmützen, den Degen an der Seite; Scharfschützen der Bürgerwehr in der schmucken grünen Kutka, den grauen Filzhut mit der lustigen weißen Feder auf dem Kopfe, den Hirschfänger am blanken Ledergurt und die Flinte über der Schulter, gingen rauchend, essend, demonstrirend umher zwischen den Zuschauern aus dem Bürgerstande und den Blousenmännern, von denen Viele ihre Frauen in Sonntagskleidern mit sich führten.

Von Zeit zu Zeit erscholl ein gemischtes Geschrei, von der Stimme eines einzelnen Redners übertönt Man rief ihm Beifall, klatschte Bravo, dann ward es still, bis sich das bienenartige Gesumme wieder zu neuen lauten Ausbrüchen steigerte.

Außer den Mitgliedern des Hansemann'schen Hauses mochten noch sechs bis acht Personen in den Sälen des Ministeriums anwesend sein Theils Abgeordnete, theils Beamte des Finanzministeriums, theils Freunde der Familie. Obschon das Ministerium an jenem Tage, dem ersten Juni, einen Sieg erfochten hatte, indem es die Adreßvotirung zu einer Lebensfrage machte und die Adreßbewilligung erhalten hatte, sah die Mehrzahl der hier Anwesenden Alles in sehr schwarzem Lichte.

Freilich war dieser Sieg nur durch Ueberrumpelung erlangt, da man die Frage mitten in die Discussion hineingeworfen hatte, und die Erklärung des rheinischen Deputirten, Kaplan v. Berg, »er stimme zwar für die Adresse, ohne jedoch damit dem Ministerium ein Vertrauensvotum geben zu wollen«, nahm der Siegeskrone viel von ihrem Glanze, aber das Ministerium bestand doch noch, und das war viel in solchen Stürmen, wie diejenigen, deren Toben sich vor dem Zeughause hören ließ.

Oben in den Zimmern des Finanzministeriums ging man plaudernd umher, trank Kaffee, aß Eis und blickte von Zeit zu Zeit durch die herabgelassenen Jalousien, um zu wissen, was auf dem Platze vorgehe. Der Gegensatz war grell.

Herr Hansemann, eine der ruhigsten und gefaßtesten Naturen und furchtlos für sich selbst, schien erregter als ich ihn sonst gesehen hatte, wenn man von der erhöhten Lebhaftigkeit seiner

3*

Sprache und seines Auges auf sein Empfinden schließen sollte. Seine Familie war bei ihm und er mochte, da er der zärtlichste Familienvater ist, besorgt sein um sie. Ein älterer Freund des Ministers, ein geistvoller, lebenerfahrener Mann, von großer Lebhaftigkeit, ging eifrig sprechend von Einem zu dem Andern. Seine energische Natur fühlte sich von der Gewitterschwüle der Zustände bedrückt und ersehnte Befreiung durch Kampf. »Ich wollte, es käme endlich einmal zu einem ordentlichen Zusammenstoß, der Gährungsstoff entwickelte sich in einer tüchtigen Explosion, damit man zur Ruhe käme; so kann's nicht bleiben«, sagte er zu mir, »diese ewigen Emeuten lösen jede gesellige Ordnung, lösen die Gliederung des Staates, und die bürgerliche Gesellschaft geht zu Grunde in der Zügellosigkeit des Unverstandes.«

Jeder hatte einen Rath, eine Meinung. Jeder ging an das Fenster, Alle sahen besorgt aus. Camphausen erschien vollkommen ruhig. Keine

Miene seines Gesichtes verzog sich, er hörte Allen ruhig zu, er trat nicht einmal an das Fenster. Frau und Tochter hatte er zurückgeschickt nach Köln, und für sich selbst schien er eben so wenig zu fürchten als Hansemann; denn als er die Gesellschaft verließ, ging er ohne Begleitung mitten durch das Volksgewühl nach seinem Hotel in der Wilhelmsstraße, obschon kurz vorher der Minister von Arnim, freilich, wie man behauptete, nicht ohne sein Verschulden, angefallen worden war.

Camphausen ist eine ästhetisch idealistische Natur. Als Idealist liebt und vertritt er die Freiheit, aber sein ästhetisches Gefühl wird ihn abhalten, jemals bis zu jenen Consequenzen zu gehen, welche Gewaltschritte erfordern. Er will vermittelnde Uebergänge, er hält sie für möglich, und seine persönliche Anhänglichkeit an einzelne Personen des königlichen Hauses, sein Mitgefühl für die schwere Lage derselben, hindert ihn, mit der Energie aufzutreten, welche man von ihm zu erwarten berechtigt war. Mag dies ein Fehler des Staatsmannes sein, so bleibt es eine Güte, welche dem milden Sinne des Menschen zur Zierde gereicht. Camphausen sieht nicht aus, als ob er das Portefeuille aus Ehrgeiz übernommen habe. Man sieht diesen bleichen Zügen sorgenvoll durchwachte Nächte an und Stunden des Kampfes. Die Stunde, in welcher er sich entschloß, das Amt eines Ministerpräsidenten mit seiner furchtbaren Verantwortlichkeit zu übernehmen, mag eine der schwersten für ihn gewesen sein.

2.

Berlin, 6. Juni.

Meine Furcht vor den fremden, neuen Worten, vor den Errungenschaften und Vereinbarungen, scheint nicht grundlos gewesen zu sein, denn jetzt schon ist das Wort »Revolution« offenbar »mißliebig« geworden, wie man das in der vormärzlichen Zeit zu bezeichnen pflegte. Nennt doch selbst der Ministerpräsident Camphausen in der constituirenden Versammlung den Freiheitskampf des 18. März bereits eine »Begebenheit«, um das Wort »Revolution« zu vermeiden, obschon gerade Herr Camphausen und seine Collegen diese Revolution als ihre Mutter zu achten, und vorzugsweise an das Gebot zu denken hätten: „Du sollst Vater und Mutter ehren, auf daß Dir's wohlgehe und Du lange lebest auf Erden."

Um nun dem Ministerium zu beweisen, wie das Gedächtniß des Volkes treuer sei, wie man die Revolution als ein ruhmwürdiges Ereigniß betrachte und die Freiheitsopfer ehre, welche ihr gefallen sind, hatten die Studenten eine Wallfahrt nach dem Grabe der Gebliebenen im Friedrichshaine vorgeschlagen.

Man sprach in manchen Kreisen nichtachtend davon; man nannte es eine neue, innerlich haltlose Aufregung, eine leere Demonstration des müßigen Pöbels, und fürchtete dennoch diese leere Demonstration so sehr, daß man der Bürgerwehr verbot, sich als Corps dabei zu betheiligen, um sie gegen die Wallfahrer zusammentrommeln zu

können, wie man es in unnöthiger Besorgniß bei den geringsten Anlässen zu thun pflegte.

Auch die constituirende Versammlung, welche gleich der Bürgerwehr von den Studenten zum Anschluß an die Wallfahrt aufgefordert worden war, hatte die Weisung erhalten, es sei den einzelnen Mitgliedern unbenommen, sich als Bürger dem Zuge anzuschließen, als Korporation aber sei es ihnen versagt.

Unselige Halbheit! Hätte das Ministerium das Verständniß der Ereignisse, welche unter seinen Augen vorgehen, bedächte es, daß es sich hier nicht um eine bloße politische Revolution handelt, sondern daß diese nur der Anfang einer socialen Umgestaltung ist, so mußte es, den einzigen Weg des Heils einschlagend, sich an die Spitze dieser Bewegung stellen. Wer einen Kahn retten will, der, vom Strome erfaßt, dem gefährlichsten Strudel entgegenschießt, der muß beherzt hineinspringen und mit entschlossener Hand das Steuer ergreifen, nicht fern stehend über die Strömung tadelnde Bemerkungen machen.

Der Conseilpräsident, die Minister, alle Mitglieder der constituirenden Versammlung, die ganze Bürgerwehr, ja selbst die Prinzen hätten sich dem Zuge anschließen sollen, um symbolisch das Zugeständniß zu machen, das man in dem Symbol dieser Wallfahrt forderte, das Zugeständniß der Souveränität, welche das Volk sich in den Märztagen erkämpft hat. Aber es geht dem souveränen Volke, wie es den souveränen Fürsten ging: es erfährt Undank und seine Günstlinge werden am leichtesten seine Tyrannen; es erntet Geringschätzung für hingebendes Vertrauen.

Man hatte die Wallfahrt auf den Nachmittag des 4. Juni festgesetzt. Es war ein Sonntag, hell und sonnig, ohne so heiß zu sein, daß es belästigen konnte.

Auf dem Gensdarmenmarkte, wo vor zwei Monaten die Särge der Gebliebenen gestanden

hatten, versammelte man sich, um von da aus den Weg durch die Charlottenstraße, die Linden entlang, am Schlosse vorüber, durch die ganze Königsstadt nach dem außerhalb Berlins gelegenen Friedrichshaine zu ziehen.

Die Straßen waren voll von Menschen, keine Polizeibeaufsichtigung, keine Gensdarmerie machte sich geltend. Ein Polizeiinspector, den wir in Civilkleidern auf dem Wege trafen, versicherte mit resignirter Bestimmtheit, es werde Alles in Ruhe abgehen und ein sehr schöner Zug werden — auch ohne Polizei, setzte ich in meinem Innern hinzu. Die Physiognomie des Mannes war umschleiert von dem Gedanken an seine gebrochene Macht, und man sah es, daß sein Selbstbewußtsein vergraben lag unter den Trümmern des gestürzten Polizeistaates.

Von weitem erklangen bereits die ersten Töne des Festmarsches, als wir ein Fenster in einem Hause unter den Linden erreicht hatten. Bei dem

Herannahen des Zuges machten die Leute auf der Straße Platz; eine feierliche Stille herrschte.

Und nun begann ein Aufzug, von dem ich wollte, es hätten ihn die Verächter der Volksbewegung gesehen, welche von den Provinzen aus die demokratische Partei als einen Pöbelhaufen bezeichnen, der, von unreifen Schwärmern und brotlosen Schriftstellern geleitet, die Anarchie herbeiführen wolle, weil diese und jener Nichts zu verlieren und Alles zu gewinnen hätten.

In fester, sicherer Haltung, gehoben durch das Bewußtsein der errungenen Freiheit, traten sie auf, die Bürger Berlins, die Begründer des neuen Preußens. Ein Trupp berittener Bürgerwehr eröffnete den Zug. Dann kamen Frauen und Töchter der Mitglieder des demokratischen Klubs. Sie wurden vom Volke nicht ohne Befremden betrachtet.

Mag man die geistige Berechtigung der Frauen noch so sehr anerkennen, ihr persönliches Auftreten

in der Volksmasse liegt außerhalb des deutschen Charakters. Es sollte deshalb nicht absichtlich hervorgerufen werden weil damit weder für die wirkliche Erhebung der Frauen, noch für die des Volkes ein Wesentliches gewonnen, wohl aber verloren werden kann.

Den Frauen folgten die verschiedenen Klubs; jedem zog klingendes Spiel voraus, jedem ward seine Fahne vorgetragen. Auf schwarz-roth-goldenem Grunde, dem Farbenbilde deutscher Einheit, trugen die Banner die Inschrift der verschiedenen Gruppen; in dieser Weise ein Symbol gebend für die Gestaltung des Menschheitverbandes in der Zukunft, für die freie Berechtigung der Individualität in der einigen Gesammtheit. Dem constitutionellen Klub, dem Reformklub, schloß sich der demokratische Klub an, dessen Führer und Bannerträger sich etwas theatralisch, und wohl mit unnöthigem Pathos, mit blutrothen Federn und blutrothen Leibbinden geschmückt hatten.

Es wäre schlimm, wenn die Saat des Friedens nicht keimen könnte unter uns, ohne mit dem Thau des Bürgerblutes getränkt zu werden; es wäre schlimm, wenn wir in unserer Zeit noch kein anderes Argument für die Wahrheit besäßen, als die Donner der Kanonen und das Beil der Guillotine. Diese Beweismittel trennen die Menschheit durch Haß, und wir bedürfen der Vereinigung durch Liebe.

Zwischen den wohlhabenden Bürgern, den ansässigen Handwerkern, deren alte Gewerksfahnen und Banner in dem mittelaltrigen Innungszwange geschaffen, nun sonnenbeleuchtet im Lichte der jungen Freiheit flatterten, zogen Schaaren von Arbeitern einher, fröhliche grüne Eichenzweige an den Hüten. Und welche Worte standen auf ihrem Banner, das ebenfalls von Eichenzweigen umflochten war?

»Die brotlosen Arbeiter!«

Sie haben kein Brot, nicht Haus, nicht Hof, aber sie haben die Natur, die ihnen fröhlichen Schmuck leiht; sie haben nicht Brot, nicht Haus, nicht Hof, aber sie haben den festen Glauben, daß die Besitzenden sie als Brüder erkennen gelernt haben, daß die Verständigen einen Weg ermitteln werden, dem Brotlosen nicht nur Arbeit und Brot, sondern soviel Arbeit und soviel Brot zuzuweisen, daß er den Anspruch jedes Erschaffenen, jedes Existirenden auf Genuß, nach seiner Weise zu befriedigen vermöge. Die Brotlosen haben nicht geraubt, sie haben dem Besitzenden Nichts genommen, aber angefangen dringend zu fordern, und das ist ihre Pflicht, weil es ihr Recht ist. Sie werden berechtigt sein, sich einen Platz in der Gesellschaft und Genuß des Lebens zu erkämpfen, wenn man nicht friedliche Mittel findet, ihnen genug zu thun.

Wer ein Herz hatte, dem mußte es erzittern in der Brust, wenn er sie sah, die brotlosen

Arbeiter, in ruhiger Haltung einherschreitend, geschmückt mit der blühenden Farbe der Hoffnung, mit dem grünen Laub des Frühlings. Betrügt diese Hoffnung nicht! verwandelt das Vertrauen nicht in Haß! gewährt aus Klugheit um Eurer Ruhe willen, wenn Ihr nicht gut genug seid, aus Liebe zu gewähren.

Gar stattlich nahm sich der Verein der Landwehrmänner aus. Sie, die einst gekämpft in unterthäniger Abhängigkeit für Gott, für König und für Vaterland, zogen einher in dem tönenden Einklang des Paradeschrittes, als frei und selbstständig handelnde Männer, ordengeschmückt, die Helden zu ehren, welche den Tod für die Freiheit gefunden im Kampfe gegen das absolute Königthum — denn der Orden dieser Todten ist einzig die dankbare Erinnerung der Ueberlebenden.

Die Schützengilden, die Scharfschützen der Bürgerwehr, mit lustig flatternden Federn auf den Kremphüten; an hundert Mitglieder der

constituirenden Versammlung, von lautem, anerkennendem Zuruf des Volkes begrüßt; Stadtverordnete und Bürgerwehrmänner, Kaufleute und Gelehrte, Künstler und Fabrikarbeiter gingen in Gruppen vereint und gesondert, von gleichen Gedanken bewegt, denselben Wallfahrtsgang. Die Studenten mit ihren weißen und rothen Corpskappen schlossen den Zug, zu dem sie, mit die Jüngsten von Allen, die Anregung gegeben hatten. Die Begeisterung unserer Jugend verkündet und verbürgt die Freiheit der Zukunft, die einstige brüderliche Eintracht der Menschheit. Und als Zeichen dieser Eintracht ist auch diese Wallfahrt anzusehen. Sie wird Dir heilig und erhebend sein wie mir.

4.

Berlin, 8. März 1849. Charfreitag*).

Gestern, am Charfreitage, als der Gottesdienst in den Kirchen beendet und abermals die Erinnerungsfeier gehalten worden war, an den Tod des Mannes, der die Welt vor achtzehnhundert Jahren erlöst hat aus den Fesseln der Knechtschaft zur Freiheit der Liebe, traten wir, unter den letzten Tönen der Kirchenglocken, unsern weiten Weg nach der Königsstadt an, um den Friedrichshain

*) Obschon in späterer Zeit geschrieben, ist dieser Brief, als hieher gehörend, mit aufgenommen worden.

zu besuchen, in dem die Opfer des Berliner Freiheitskampfes beerdigt worden sind. Es mag zwei oder drei Jahre her sein, daß man diesen Hain anlegte, um den Bewohnern der jenseits der Spree gelegenen Königsstadt dereinst einen Spazierort zu verschaffen, wie die Friedrichsstadt Berlins ihn an dem Thiergarten besitzt. Das Unternehmen war ein sehr verdienstliches, denn Berlin ist von einer strauch- und baumlosen Sandwüste umgeben, so weit das Auge reicht.

Jenseits des Alexanderplatzes, auf dem das Königsstädter Theater liegt und wohin die italienische Oper die reiche, vornehme Gesellschaft lockt, hört für diese das eigentliche Berlin auf. Es beginnt die Terra incognita, von deren Dasein, von deren Bewohnern die schöne Welt der Linden und der Behrenstraße so viel erfährt und weiß als von den Feuerländern, obgleich in der Königsstadt und in all diesen jenseits der Spree gelege-

4*

nen Stadttheilen die gewerbtreibende, producirende Berliner Bevölkerung wohnt, welche die Stadt reich und bedeutend macht.

Wir gingen die Landsberger Straße entlang, sie sah sonntäglich still aus. Mädchen und Frauen saßen an den Fenstern, der Strickstrumpf, das Lesebuch selbst, diese Erholung nach der sechstägigen Arbeit der Woche, waren den Händen entglitten, die Ruhe wurde vollständig genossen. Den Kopf auf den Arm gestützt, guckte hier ein blondes Mädchen träumend auf die Straße hinaus, dort tändelten auf dem Fensterbrett ein paar Kinder, denen Vater und Mutter zusahen. Die Dienstboten standen plaudernd vor den Thüren, Knaben spielten mit Murmelsteinen, und Männer und Weiber der handarbeitenden Klassen gingen mit ihren Kindern spazieren. So gelangten wir vor das Landsberger Thor. Der Boden erhebt sich hier um einige Fuß und dies gewährt in der vollkommenen Ebene schon einen Ueberblick der Gegend. Einige Droschken und Miethwagen hielten am Fuße des Hügels, viele Menschen gingen mit uns zugleich hinauf, und mit einem Male befanden wir uns auf der Ruhestätte der im März des vorigen Jahres Gefallenen.

Sie liegen in einem Cirkel begraben. Man glaubte damals offenbar, daß sie die ersten und letzten Opfer sein würden, welche die Freiheit von Preußen forderte, und hat den Cirkel geschlossen, ohne Raum zu lassen für eine spätere Zeit. Um einen runden Rasenplatz ziehen sich die Gräber in doppelter Reihe hin, es mögen ihrer über zweihundert sein. Die Mitte des Rasens ziert ein junger Baum, der sobald als möglich durch ein Denkmal ersetzt werden soll. Eine Windmühle liegt dicht neben der Grabstätte und dreht langsam ihre Flügel nach dem jedesmaligen Hauch der Luft.

Schweigend und doch so beredt, ein in sich

abgeschlossenes Factum, blickten diese Gräber uns an. Zu unsern Füßen lag das große, prächtige Berlin — Berlin, überragt von den Thürmen seiner Kirchen, von der neuerbauten stolzen Kuppel des Königsschlosses, welche, als der ursprünglich von den Gründern desselben beabsichtigte Schlußstein des Gebäudes, von Friedrich Wilhelm IV. in dem Augenblicke beendet ward, als die Revolution ihre ersten Hammerschläge gegen die Grundfesten dieses Königshauses richtete. Die Natur und die Weltgeschichte haben dieselben Grundbedingungen, dieselben unabweislichen Gesetze. Der Zeit der vollen Blüthe folgt das Zerstäuben derselben, damit die Frucht sich entwickle und reife. — Rings um den Todtenhügel streckten viele tausend junge, noch blätterlose Bäume aus dem weißgelben Sandboden ihre kahlen Aeste empor, von der Luft Nahrung und Wärme erflehend, welche dieser dürre Boden ihnen nur spärlich zu bieten vermag; aber der Himmel war

kalt und grau bewölkt, kein Sonnenstrahl für die jungen Bäume zu entdecken. Man müßte verzagen an ihrem einstigen Gedeihen, könnte man nicht auf die innere fortzeugende Triebkraft rechnen.

Aus dieser Pflanzschule des künftigen Friedrichshains erhebt sich seit einigen Monaten auf grauer Marmorsäule die Erzbüste des alten Fritz, nach dem die Anlage genannt wurde. Ein Berliner Bürger hat sie hierher geschenkt, den Friedrichshain und die Todten zu ehren, als habe der historische Instinkt ihn getrieben, das Denkmal eines der genialsten absoluten Herrscher neben das Denkmal der Männer zu setzen, welche im Kampfe gegen den Absolutismus gefallen sind. Die Revolution und der Absolutismus, Gewaltherrschaft und Empörung berühren sich hier als die Extreme, welche sich immer zusammenfinden.

Von der Betrachtung des Terrains wendete sich unser Auge bald den Gräbern zu. Welch' ein Unterschied zwischen der Wahrheit dieser

Todtenfeier, und der zur Sitte gewordenen Form der Grabverzierungen und Inschriften auf andern Kirchhöfen! Große Erschütterungen geben den Menschen sich selbst wieder, helfen ihm zum Bewußtsein seines wahren Werthes, im Gegensatz zu der herkömmlichen, von den Bevorzugten bestimmten Taxe desselben. Weil das Volk sich der Gewalt gegenüber als eine Macht hatte empfinden lernen, ist ihm der Muth gekommen, seine eigene Sprache zu sprechen. Jede Persönlichkeit überläßt sich hier im Gefühle der Berechtigung voll und ganz ihrem Schmerze, und einer jeden wird Theilnahme und Achtung, eben weil sie sich für berechtigt erklärt.

Neben dem Marmordenkmal des Studenten Gustav v. Lenski, das seine Mitstudirenden ihm errichtet, ruht ein Dienstmädchen. Das Comité für die Gefallenen hat ihr das Kreuz gesetzt. „Sie ward im Zimmer erschossen", heißt es nach der Angabe ihres Namens und Alters. — Wir

gingen von Grab zu Grab, und ich will Dir die Inschriften mittheilen, die ich abgeschrieben habe. „Hier ruht in Gott mein unvergeßlicher zweiter Sohn Karl August Theodor Deichmann (Zimmerpolier), geboren den 24. September 1823, gestorben den 18. März 1848 in dem Freiheitskampfe durch zwei Schüsse in den Leib. Er folgte seiner vor sechs Wochen vorangegangenen Mutter im Grabe nach. Mein dritter Sohn wurde durch fünf Kopfwunden an demselben Ort, Friedrichs- und Dorotheenstraßen-Ecke, verwundet, ist aber wieder hergestellt. Gewidmet von ihrem betrübten Vater.“ — „Das sind die beiden Deichmanns“, sagte ein neben uns stehender Handwerker zu einem Gefährten, „die sie aus dem Vaterhause wehrlos herausgeholt haben. Der Jüngste sagte zu dem Lieutenant, der dabei war: Herr Lieutenant, Sie sehen, daß ich keine Waffen habe, beschützen Sie mich; der aber war der Erste, der ihm mit dem Degenknopf vor den Kopf stieß, und dann fielen die Andern über ihn her. Und da soll man Frieden halten mit den Soldaten, die auf unbewaffnete Landsleute schießen und hauen, als ob es Feinde und nicht Brüder wären!«

Sie gingen weiter sprechend von dannen. Wir traten an eines der nächsten Gräber. »Hier ruht der Schlosser Julius Frankenberg, 29 Jahre alt. Im Kampfe für des Volkes Freiheit sterben — So heißt das Testament, nach dem wir erben.« Eine andere Inschrift lautet: »Hier ruht in Gott mein heißgeliebter Gatte, der Konditor Gustav Ripprecht. Im friedlichen Beisammensein an meiner Seite erschossen den 18. März. Gewidmet von seiner Gattin.« — »Hier ruhet in Gott Wilhelm Brüggemann, Tapezier, gestorben im Kampfe für die Freiheit den 18. März. Dies Denkmal setzt ihm seine hinterlassene verlobte Braut.« Die Redeweise, selbst die Sprachfehler

des Volkes sind in diese Inschriften übergegangen und erscheinen rührend und heilig.

Wo die Mittel zur Aufstellung auch des kleinsten Holzkreuzes fehlten, hat die Liebe neue Grabzeichen erfunden, kleine hölzerne Kasten mit gläsernem Deckel, der ein beschriebenes Blatt Papier bedeckt und zeigt. In einem dieser Kasten lag folgendes Gedicht, das den Stempel der Volksdichtung deutlich an sich trägt:

Ein heil'ger Schauer andachtsvoller Rührung
Ergreift mich stets, wenn ich der Stätte nah.
Hier ruht die Hülle edler, guter Menschen,
Die hier vollendet haben ihre Bahn.

Begeistrung flammt jedoch in meine Seele,
Daß viele sich vor'm Tode nicht gescheut;
Von einem Lichtblitz himmlisch hoher Tugend
Entzündet, selbst ihr Leben hier geweiht.

Die Stelle, wo so Viele schlummern,
Sie wird geheiligt sein für alle Zeit.
Prangt auch kein Denkmal auf das Grab gestellt,
Wahr ist die That, die wahren Werth verleiht!

»Diese Zeilen schrieb dem Schlosserlehrling Karl Lamprecht sein lieber Freund« — Am 18. März 1849 war auf dieses Grab ein zweiter Zettel hingelegt worden, mit den deutschen Farben um den Rand geziert, und mit der Inschrift: »Für diese Farben hast du gefochten im Leben, du sollst sie auch tragen im Tode!«

Andere Kästchen tragen, aus farbigem Papier sauber geschnitten, wie spielende Kinder es zu machen pflegen, die Namenschiffer der Gestorbenen. Niemand hat sich gescheut das Liebesopfer darzubringen, das seinem Herzen ein Bedürfniß, seinen Mitteln möglich war. Die Armen haben sich auf den Barrikaden diesen Kirchhof erobert, das Recht erobert, frei von aller Convenienz ihre Todten zu ehren auf ihre Weise, nach ihrem eignen Empfinden. Wer bisher nicht das herkömmliche Kreuz zu errichten vermochte, begnügte sich fast immer, wortlos Kränze und Blumen auf die Gräber zu legen, da diese von den Reichen eben-

falls verwendet wurden. In schlechter Schrift auf grobem Papier zu sagen: »so habe ich geliebt, das habe ich verloren,« das wagte die Armuth selten, aus falscher, ihr aufgedrungener Scham. Auch hätte die Polizei es kaum geduldet; denn selbst die Leichensteine und Grabinschriften unterlagen vor dem 18. März ihrer Aufsicht. Wer hätte von Freiheit schreiben dürfen, wäre es auch auf einem Leichensteine gewesen!

Und wie viel rührender klingen diese geschriebenen Worte auf den Gräbern der ersten Freiheitsopfer des Vaterlandes, wie viel empfundener, als das kalte: »Hier ruht Herr N. N., tief betrauert von den Seinen,« oder irgend eine andere der stereotypen, mit Bibelversen aufgestutzten Floskeln, welche die Mehrzahl unserer prächtigen Monumente bezeichnen. Es ist ein Unterschied wie zwischen der bezahlten Leichenrede des Pastors und dem Schmerzensschrei aus wundem Herzen vor der geliebten Leiche.

Viele der Gräber waren am Jahrestage mit schwarzem Flor, mit neuen Kränzen geschmückt worden, andere hatten, wie schon gesagt, eine zweite Widmung erhalten. Ein Grab zeigt nur eine kleine herzförmige Papierplatte an grob geschnitztem Tannenholz. Auch sie war mit den deutschen Farben bemalt, und ein Grobschmiedelehrling hatte sie dem gefallenen fünfzehnjährigen Kameraden hergerichtet. Regen und Wind hatten das Papier bereits zusammengerollt, aber die Hand der treuen Liebe wird es sicher immer neu ersetzen, bis die Dankbarkeit der Mitbürger für jeden der Gefallenen das Grabzeichen gestiftet haben wird.

Zwischen diesen Gräbern gingen und kamen die Leute, als ob man Allerseelen feierte in einem katholischen Lande, und ein Allerseelentag war auch der furchtbare 18. März. Soldaten in Uniform standen neben uns, in ernster Trauer, der Erzählung einer Bürgerfrau lauschend, welche uns be-

richtete, wie man den Mann, an dessen Grabe wir uns befanden, in seiner Wohnung vor den Augen seiner kleinen Kinder ermordet habe, obgleich er keinen Antheil genommen am Kampfe. Die erzählende Frau hatte in demselben Hause gewohnt; sie war Zeuge gewesen, wie der Mann sich vor den eindringenden Soldaten hinter eine Feuerkufe auf dem Hofe geflüchtet, von den Soldaten hervorgeholt und erschlagen worden war. — »Hier ruhet in Gott der Bürger und Schneidermeister Löffler, geboren den 15. März 1795. Am 19. März 1848 aus dem Schooße seiner Familie vom Militair gefangen genommen, wehrlos, mit fünfzehn Wunden bedeckt, woran er am 23. März seine irdische Laufbahn vollendete«, so sagte das Grabkreuz.

Daneben las man: »Hier ruhet der Bürger und Meister F. W. Schwarz. Wehrlos von der Leipziger bis zur französischen Straße geschleppt und mit neunzehn Wunden bedeckt, wodurch er am 22. März seine irdische Laufbahn vollendete.« — Zwei Frauen, die im Zimmer erschossen wurden, ruhen zunächst. Wohin das Auge blickt, Jammer der Ueberlebenden, Klage gegen die brutale Rohheit der Truppen, welche der Wehrlosen nicht schonten. Und daneben standen Soldaten derselben Regimenter und weinten über die Todten, jetzt, wo sie als Menschen menschlich empfanden, wo das bannende Wort der Disciplin nicht mehr die selbstbewußten Menschen zu Executionsmaschinen entwürdigte.

Erhebend war es zu sehen, wie freudig, wie muthig die Epitaphien auf den Gräbern klangen, welche die Jugend der Jugend geweiht hatte. Junge Maschinenbauer schrieben auf das Denkmal ihres Kameraden: »Sein letzter Will' war auch sein letztes Handeln, Er ruft uns zu, den gleichen Weg zu wandeln.« — Von einem Studiosus Weiß heißt es: »Gefallen für die Freiheit seiner Brüder am 18. März. Stark war dein Geist,

rein dein Leben; frei bist du immer gewesen, stets in Liebe!« — Das klingt so freiheitssicher, so zuversichtlich in die Ferne, wie Trompetengeschmetter im Siegesjubel des Tedeums. Bei den leise geflüsterten Erzählungen der Umhergehenden, bei der ehrerbietigen Scheu vor der Ruhe der Todten, hätte man laut seine Freude ausdrücken mögen über diese Heiterkeit, über diese frohe Erhebung an der Gruft der Geschiedenen.

Ueberall wurden die Gewaltthaten besprochen, welche von den Soldaten vor dem Ausbruch der Revolution acht Tage lang gegen die Bürger verübt worden waren, um durch Einschüchterung jenen Muth in ihnen zu brechen, der in Paris und Wien den Dynastien so gefährlich geworden war. Lebhafter noch wurden die Tage des Kampfes geschildert, besonders jene Nacht, welche die Flammenstrahlen der Kartätschen erleuchtet hatten.

Das Leben der arbeitenden Klassen, der gewerbtreibenden Bürger ist nur arm an zerstreuenden Ereignissen gegenüber dem der Reichen; darum ist aber auch das Gedächtniß des Volks treuer und zuverlässiger. Die Bewohner der Paläste und Prachtgebäude, welche bald in diesem, bald in jenem lebensvollen Badeorte die Sommermonate verleben, welche im Winter an Hoffeste, Bälle und Carnevall zu denken haben, werden leicht des 18. März und der Todten im Friedrichshain vergessen. Das Volk aber, das keine andere Sommerfreude hat, als den Spaziergang vor die Thore seiner Vaterstadt am Tage der Ruhe, und kein Wintervergnügen außer der Plauderstunde am Abend, das Volk wird immer nach dem Friedrichshaine zurückkehren, und weder die Gefallenen, noch die Revolution des Jahres achtzehnhundert achtundvierzig vergessen, oder die Ereignisse, durch welche diese Revolution hervorgerufen worden ist.

5.

Berlin, 12. Juni.

Uns endlich einmal dem Geräusche und dem Lärme der Stadt zu entziehen, haben wir gestern eine Lustfahrt nach Tegel unternommen.

Die Verehrung des Ortes, an dem ein bedeutender Mensch sein Leben zubrachte, entsteht großentheils aus unserer eigenen Sehnsucht nach Fortdauer über die enge Grenze des Lebens hinaus, und ist ein durch alle Zeiten und durch alle Völker gehender, tief in unserer Natur begründeter Zug. Liebende, die ihre verschlungenen Namenszüge der

Rinde eines jungen Baumes eingraben, werden dazu von derselben Sehnsucht getrieben, welche die alten Indier und Egypter zum Erbauen ihrer riesigen Grabmonumente veranlaßte. Und so mächtig ist diese Sehnsucht, daß man behaupten könnte, die Natur habe dem Menschen das Bewußtsein seiner Vergänglichkeit als eine Triebkraft gegeben, um ihn zu rastlosem Schaffen für eine Zukunft nach seinem Tode anzuspornen. Die Kunst, welche das Bild des vergänglichen Menschen in Farben, im Marmor oder in der Verklärung der Sprache festzuhalten bestrebt ist, die Kunst möchte, wenn nicht ihre Entstehung, so doch ihre Fortbildung zum großen Theil von unserer Sehnsucht nach Unvergänglichkeit herzuleiten haben.

So sehr wir uns zur Abstraktion zu zwingen versuchen oder vermögen, unser Wesen verlangt unabweislich nach dem Sichtbaren. Wir wollen die Stelle durch ein Denkmal bezeichnet sehen, an der ein wichtiges Ereigniß geschehen, wir wollen die Handschrift eines großen Menschen betrachten, den Ort besuchen, an dem er weilte. Dieses Verlangen, das in seiner Uebertreibung zum Reliquien- und Wallfahrtsdienst führte, hat eine wahre Berechtigung, so lange es in gewissen Schranken bleibt. Denn wie unsere äußere Umgebung unablässig auf uns einwirkt, so gestalten wir sie auch nach unserem Bedürfen, nach unserer Eigenthümlichkeit, und das Haus, in dem wir lange gewohnt, nimmt so sicher das Gepräge unseres Wesens an, als das Gewand die Form des Körpers, den es lang umhüllt hat.

In diesem Sinne war in uns bei der Lektüre von Wilhelm v. Humboldt's Briefen an seine Freundin Charlotte Diede der Wunsch rege geworden, seinen Landsitz, Schloß Tegel, zu besuchen, auf dem der größte Theil jener Briefe geschrieben worden ist. Die weltabgeschiedene Ruhe, die in denselben herrscht, mußte unwillkührlich die Frage hervorrufen, welche äußere Bedingungen haben hier mitgewirkt: welche Umgebungen können so umfrieden, daß Humboldt, zurückgezogen in ein Bereich ganz objektiver Betrachtung, durch keine äußern Eindrücke mehr in dem innern Gleichgewicht gestört zu werden vermochte?

Er selbst schrieb am 10. Juli 1822 an seine Freundin: »Ich liebe Tegel sehr. Hier brachte ich meine Kindheit und einen Theil meiner Jugend zu. Die Gegend ist wenigstens die hübscheste um Berlin; auf der einen Seite ein großer Wald, auf der andern von Hügeln, die schön bepflanzt sind, eine Aussicht auf einen ausgedehnten, von mehreren Inseln durchschnittenen See. Um das Haus und fast überall sind hohe Bäume, die ich in meiner Kindheit erst in mäßiger Stärke sah und die nun mit mir emporgewachsen sind. Ich baue jetzt ein neues Haus hier, das schon halb fertig ist, und bringe auch hieher die Gemälde und Marmorsachen, die wir haben; so wird es ein anmuthiger Wohnplatz, von dem ich selten in die Stadt kommen werde.« — Und im Jahre 1825, am Weihnachtstage: »Es hat mich sehr gefreut, daß die Kupferstiche von Tegel Ihnen Freude gemacht haben; ich hatte das gewünscht und erwartet, aber nicht, daß Ihnen das Haus ein so stattliches Schloß scheint. Das alte Gebäude, kleiner als das jetzige, wie Sie sehen, war ein Jagdschloß des großen Kurfürsten, das nachher an meine Familie kam. Wegen dieses Besitzes, seiner Kleinheit, und da es noch ein mir nicht gehörendes Dorf Tegel giebt, heißt es in der Gegend das Schlößchen Tegel. Jetzt fangen die Leute an es Schloß zu nennen. Ich habe das nicht gern. In Schlesien habe ich ein mehr als noch einmal so großes altes Schloß mit Thurm und Gräben, ich nenne es aber das Wohnhaus. Das Tegel'sche Haus aber ist bequem und eigenthümlich. Das dankt es dem Baumeister, dem ich freie Hand gelassen. Mein größtes

Verdienst bei dem Hause ist, daß ich nicht meine eigenen Ideen in den Bau gemischt habe.«

Beide Schilderungen sind vollkommen bezeichnend, denn in der sandigen Ebene, welche Berlin von allen Seiten meilenweit umgiebt, erscheint die Humboldt'sche Besitzung so lieblich, daß man kaum glaubt, sich noch in der Mark zu befinden, und das Gebäude verdient den Namen eines Schlosses nicht, wogegen es für das Muster eines behaglichen Wohnhauses gelten kann.

Zweistockig, ohne Auffahrt oder Rampe, an den Ecken mit vier thurmartig vorspringenden Flügeln versehen, liegt es an einem mit Fliederbüschen und Blumen gezierten Rasenplatze, von großen Linden und Kastanienbäumen beschattet, friedlich und anmuthig da. Zur rechten Seite des Hauses erhebt sich der Hügelzug: Der Fuß desselben ist zu Treibhausanlagen und Weinpflanzungen verwendet, der Gipfel bewaldet und mittelst Durchhauungen zu angenehmen Spazier-

gängen und schönen Fernsichten benutzt. Links vom Hause führen lange schattige Alleen, an Kornfeldern und Wiesen vorüber, bis an das Ende der Hügelkette, und so weit man das Terrain von der Höhe zu übersehen vermag, wohl auch bis zu dem Gestade des Sees, der hell und freundlich aus den grünen Ufern hervorsieht und in seinem klaren blauen Wasser die schönen Baumgruppen der kleinen Inseln wiederspiegelt. So sind durch glückliche Benutzung der gebotenen Verhältnisse hier auf einem engen Raume alle jene Elemente vereinigt, die man sonst bei Parkanlagen künstlich zusammenzubringen strebt. Dadurch ist bei aller Behaglichkeit eines Spazierganges in wohlgeordneten Gartenwegen, hier dem Besitzer die Möglichkeit gegeben, die ganze Skala wohlthuender Empfindungen zu genießen, welche der Anblick des Landbaus, des Säens, Pflanzens, Keimens, Gedeihens und Erntens in der Seele des Menschen hervorruft.

5*

Die Hauptfronte des Hauses liegt nach dem Garten hin, auf den sich die Thüre zu ebener Erde öffnet. Zu beiden Seiten derselben befinden sich zwei Nischen. Sie enthalten treffliche, in Marmor ausgeführte Kopien der Minerva Medica, des capitolinischen Fauns, der Amazone aus dem Braccio nuovo des Vatikans, und einer weiblichen antiken Gewandstatue. — Das mäßig hohe Vorhaus, weiß getüncht, wird durch zwei gemauerte Säulen, in deren Mitte altarartig ein antiker, mit Basreliefs gezierter Brunnen aufgestellt ist, gleichsam in ein Atrium verwandelt, wie sie uns in den Pompejanischen Gebäuden erhalten worden sind.

Ein paar hölzerne Bänke von antiker Form, ebenfalls weiß angestrichen, einige Gypsabgüsse nach Marmorreliefs, deren Originale sich in der Sammlung der obern Zimmer befinden, machen den ganzen Schmuck des Raumes aus, und bilden doch in ihrer einfachen, aber richtigen Zu-

sammenstellung ein vollkommen antikes Ganze. Alle unsere italienischen Erinnerungen, alle jene Stunden voll erhebender Andacht, die wir im Betrachten der Antike genossen, tauchten in unsern Seelen auf, und unwillkürlich mußte man an Goethe's Worte denken: »Und es umfängt uns eine andere Welt.« — Was der sanfte Eindruck der lieblichen Gegend begonnen, den Sinn abzuziehen von dem Alltäglichen, von der Verwirrung des Kleinlichen und Gemeinen, das vollendete diese Vorhalle, um vorzubereiten für die Aufnahme und Betrachtung des Kunstschönen, welches dieses Haus in seinen Mauern umschließt.

Die Aufseherin führte uns eine behagliche Treppe hinan, öffnete einen ziemlich großen länglichen Saal, und mit wahrer Ueberraschung befanden wir uns den vorzüglichsten Kunstschätzen der Villa Ludovisi gegenüber.

Die schöne Gruppe der Elektra und des Orest, in welcher Elektra den Orest wiederfindet und in seinem Antlitz die Züge des Frühverlorenen zu entdecken strebt; der ruhende Mars, mit dem Amor zu seinen Füßen; der Gallier, welcher sein in's Knie gesunkenes Weib ersticht, um es dem Feinde zu entziehen, und der unvergleichlich edle Kopf jenes, unter dem Namen der Juno Ludovisi bekannten Junoideals, stehen in vollendeten Abgüssen hier beisammen. Der Kopf des Jupiter von Otricoli, dieses würdige Seitenstück der Juno Ludovisi, der Kopf des Apoll von Belvedere und der Diana, nebst einigen trefflichen Reliefs und Abgüssen antiker Thierbildnerei, füllen den übrigen Raum an den Wänden. Dazwischen sind zwei Säulen von Rosso antico, eine andere von Giallo antico und ein Medusenhaupt aus Porphyr aufgestellt, welche das päpstliche Wappen tragen und Geschenke von Pius VII. sind. — Bequeme, aber nichts weniger als prächtige Sophas und Sessel laden zum Verweilen und gewähren, da obenein die größeren Statuen zum Drehen einge-

richtet sind, die Möglichkeit, sie von verschiedenen Standpunkten in angenehmer Ruhe betrachten zu können

In einem kleinen Salon zunächst dieser Antikensammlung, zeigte man uns die Statue einer Wasserschöpferin und das liebliche Marmorstandbild einer als Kind modellirten Humboldt'schen Tochter. Kleinere, weniger bedeutende Skulpturwerke finden sich durch die ganze Reihe der gemächlichen Wohnzimmer vertheilt, in denen uns noch vorzugsweise zwei lebensgroße Bilder von Alexander v. Humboldt fesselten. Sie sind, mit Ausnahme einiger andern Porträts, die einzigen Gemälde in Tegel. — Beide Porträts A. v. Humboldt's sind sehr ähnlich. Das eine mag vor etwa zwanzig Jahren gemalt worden sein und ist von Gerard. Das andere, von Steuben, stellt Humboldt in jugendlichem Mannesalter dar. In einer wilden Berggegend, deren Hintergrund von hohen, schneebedeckten Felswänden geschlossen ist, sitzt er auf einem Steinblock, über den sein Mantel gebreitet ist. Er trägt die Kleidung jener Zeit, ein stahlfarbenes Beinkleid, Kappenstiefeln, gelbe Weste, braunen Rock mit gelben Knöpfen und ein starkes weißes Halstuch, aus dem der hohe Hemdkragen hervorsieht. Das hellbraune, kurz geschnittene Haar ist reich gelockt, der runde Hut, in den helle Handschuhe geworfen sind, liegt neben dem Sitzenden, der mit der linken Hand ein rothes Portefeuille auf den übereinander geschlagenen Knien hält, während in der Rechten der Stift ruht, mit dem er eben geschrieben hat. Ruhigen Blicks sieht er betrachtend in die fremde, großartige Ferne hinaus, und das ernste Auge scheint die Welt schon jetzt als ein großes Ganze mit jener Klarheit zu erfassen, aus der später der gewaltige Gedanke des Kosmos hervorgehen sollte.

Nachdem wir den ersten Stock durchwandert hatten, führte man uns in das Erdgeschoß zu-

rück, in ein unter dem Antikensal gelegenes Gemach, das unter dem Namen der Bibliothek, Humboldt's eigentliches Arbeitszimmer war. Fast noch einmal so lang als breit, hat es der Thür gegenüber zwei Fenster, und an der langen Wand zur rechten Seite der Thüre unten ebenfalls ein Fenster, oben den Eingang in ein Schlafkabinet. Diese Vertheilung der Fenster giebt gleichmäßiges Licht durch das ganze Zimmer, welches außerdem durch die langen Wände und durch eine glatte graue Tapete von sehr milder Farbe einen ungemein ruhigen Charakter erhält. — Zwischen dem Seitenfenster und der Thüre des Schlafkabinets stehen die Abgüsse der capitolinischen Venus und der prächtigen Venus von Milos. Ein großes Sopha nimmt den Raum ein, der sie trennt. Ihm gegenüber, mitten im Zimmer, steht der große Schreibtisch mit einem bequemen Sessel davor. Ein paar kleine Marmorbüsten, nebst einem kleinen, zierlichen weiblichen Torso auf dem Schreibtisch mögen als Schmuck oder als Papierhalter und Briefbeschwerer gedient haben.

Ein Stehpult und eine Bibliothek füllen die Wände. Neben den Werken der beiden Brüder und einer Auswahl gelehrter Bücher aus lebenden und todten Sprachen, finden sich hier alle bedeutenderen Erzeugnisse der neuesten deutschen Literatur in ihren verschiedensten Richtungen. Man konnte aus dieser Sammlung auf die allumfassende Theilnahme, auf das allumfassende Wissen ihres Besitzers schließen.

Kein moderner Zierrath, keine jener nutzlosen Spielereien, die der Luxus erfunden hat und die dem wahren Schönheitssinn eben so entgegen sind als der wirklichen Bequemlichkeit, stören die Harmonie dieses Gemaches. Ruhte Humboldt von der Arbeit aus, sah sein Blick von den Büchern empor, so fiel er auf die beruhigende klassische Schönheit dieser Venusgestalten, oder erquickte und erfrischte sich an der milden Landschaft, die

sich nach allen beiden Seiten vor den Fenstern ausbreitete.

Das Schlafzimmer ist klein, Bett und Möbeln sind sehr einfach, aber es enthält das Schönste der Humboldt'schen Antikensammlung, einen weiblichen Torso aus kararischem Marmor, der an Zartheit und zugleich an jugendlicher Kraft in den Formen fast Alles übertrifft, was uns aus dem Alterthum erhalten worden ist. Auch die Behandlung des Materials ist meisterhaft, und die Schönheit des Torso wird noch erhöht durch die eigenthümliche bräunliche Farbe, welche der griechische Marmor, und nur er, durch die Länge der Zeit als neue Verschönerung gewinnt.

Diesen Torso rühmt Humboldt selbst in dem Brief vom 8. November 1825 als das Beste seines derartigen Besitzes. Er sagt davon: »Ich besitze ihn schon lange und hatte ihn auch in Rom immer bei mir. Es ist eine der vollendetsten antiken Figuren, die sich erhalten haben, und es giebt nicht leicht eine andere Bildsäule einen so reinen Begriff streng weiblicher Schönheit.« — Bei dieser Veranlassung heißt es: »An Tegel hänge ich aus vielen Gründen, unter denen doch aber der hauptsächlichste die Bildsäulen sind, theils Antiken in Marmor, theils Gypse von Antiken, die in den Zimmern stehen und die ich also immer um mich habe. Wenn man Sinn für die Schönheit einer Bildsäule hat, so gehört das zu den reinsten edelsten und schönsten Genüssen, und man entbehrt die Gestalten sehr ungern, an denen sich das Vergnügen, wie unzähligemale man sie sieht, immer erneuert, ja steigert. So reizend auch Schönheit und Gesichtsausdruck an lebenden Menschen sind, so sind beide doch an einer vollendeten Statue, wie die Antiken sind, so viel mehr und so viel höher, daß es gar keine Vergleichung aushält. Man braucht, um das zu finden, gar keine besonderen Kenntnisse zu besitzen, sondern nur einen natürlich richtigen Sinn für das Schöne zu haben

und sich diesem Gefühl zu überlassen. Die Schönheit, welche ein Kunstwerk besitzt, ist natürlich, weil es ein Kunstwerk ist, viel freier von Beschränkung als die Natur; sie entfernt alle Begierde, alle auch noch so leise und entfernterweise eigennützige oder sinnliche Regung. Man will sie nur ansehen, nur sich mehr und mehr in sie vertiefen, man macht keine Ansprüche an sie; es gilt von dieser Schönheit ganz, was Goethe so schön von den Sternen sagt: »Die Sterne, die begehrt man nicht, man freut sich ihres Lichts.«

Wir verweilten lange in dem Gemache und vermochten uns kaum davon zu trennen. So scheidet man ungern von einer Gegend, die in mildem Lichte uns unerwartet ihre ganze Schönheit enthüllte, ohne daß wir wissen, ob unser Fuß sie je wieder betreten, unser Auge sie jemals wieder erblicken werde, und deren friedliches Bild wir festzuhalten wünschen, weil es uns wohlthuend und süß berührte. — In Zeiten wie die unsere,

6*

in denen Bürgerkrieg das Vaterland zerreißt, in denen alle Leidenschaften, nach langer Unterdrückung, plötzlich entfesselt, gewaltsam losbrechen, und wie das Meer, wenn es in wildem Sturm die schützenden Deiche durchbricht, verheerend toben, in solchen Zeiten hat ein Seelenzustand, wie er uns in Humboldt's Briefen dargelegt wird, etwas Wunderbares. Wir staunen die Ruhe an, welche heiter, mit dem unwandelbaren Lächeln der alten leichtlebenden Götter über der Erde schwebt; sie rührt uns, flößt uns Achtung ein, und Alles dieses um so mehr, wenn wir selbst, von der Parteileidenschaft unserer Tage menschlich tief ergriffen, nicht einmal den Willen haben können, diese leidenschaftlose Ruhe schon jetzt für uns zu erstreben.

Aber es ist tröstlich, daß ein solcher Seelenfrieden möglich ist, man freut sich, daß man ihn nach gethaner Lebensarbeit erreichen kann, daß ein Mensch, an die Bedingungen des irdischen Daseins gebunden, sich über diese Bedingungen zu erheben und darauf hinabzusehen vermag, wie Humboldt, in sternenklarer, braminenhafter Ruhe. Man wird still in den Räumen, welche dieser hohe, künstlerisch veredelte Geist bewohnte, man wird friedlich gestimmt durch den Gedanken an ihn.

Es war Pfingsten. Der Tag war sonnig und warm gewesen. Als wir aus Humboldt's Arbeitszimmer in die Vorhalle traten, deren Thüre geöffnet war, strömte der süße Duft des vollblühenden Flieders uns entgegen, der in den letzten warmen Strahlen der untergehenden Sonne in reichem violettem Roth erglänzte. Wir sahen empor und unser Auge fiel auf eine graue Marmorsäule, welche dem Hause gegenüber, am Ende des Gartens errichtet, ein Standbild der Hoffnung auf ihrer Spitze trägt. Es soll von Canova sein, ist aber nichts weniger als schön. — Diese Säule erhebt sich über dem Grabe, in dem jetzt auch Humboldt an der Seite seiner vor ihm gestorbenen Gattin ruht. Ihr hatte er dieses von blühenden Sträuchern umgebene Denkmal errichtet, um den Tod, diese Vollendung des Lebens, noch in demselben Sinne zu verschönen, in dem er das Leben zu verschönen und zu genießen für eine Aufgabe und für die Pflicht des Menschen hielt.

Daß Therese dieses Tegel nie gesehen hat, der man die Herausgabe von Humboldt's Briefwechsel mit seiner Freundin verdankt, thut mir leid. Sie vor vielen Andern würde Freude daran gefunden haben, da ihr Humboldt's Persönlichkeit durch die, freilich nur einseitigen Auffassungen und Schilderungen, dieser Frau Diede nahegetreten ist. Es wäre eigentlich zu wünschen, daß die Verehrer dieser Humboldt'schen Briefe, welche im Grunde Monologe und als Ausdruck der Neigung sehr kühl und abstrakt sind, auch Etwas von dem Leben und Wesen der Frau Diede erführen, die nicht unbedeutend gewesen sein kann, da Humboldt ihr solch lang dauerndes Interesse zugewendet hat.

6.

Berlin, 8. Juni.

Ich hatte in Paris so viele, durch die Revolution hervorgerufene künstlerische Leistungen gesehen, Büsten und Bilder der Freiheitsgöttin, Gedichte, Hymnen, Concertaufführungen, Schauspiele, Vaudevilles, Statuetten, die sich Alle mehr oder weniger der Zeit, der bewegenden Idee des Augenblickes dienstbar gemacht hatten, oder deren Schöpfer vielmehr von dieser Idee ergriffen worden waren, daß es mir auffiel, hier fast Nichts der Art gewahr worden zu sein. Ich veranlaßte also in diesen Tagen S., mit mir einige Maler- und Bildhauer-Atteliers zu besuchen, um zu wissen, wie es in diesen aussähe nach der Revolution.

Alles aber war regungslos geblieben in den Werkstätten der Künstler, regungslos als wäre kein achtzehnter März gewesen; und wo man die Frage aufwarf: »weshalb malt Ihr nicht, was Ihr erlebt habt?« erscholl fast immer die Antwort: »Es sind doch im Grunde keine rechten Motive vorhanden, das Kostüm unserer Tage setzt dem Maler und besonders dem Bildhauer die entschiedensten Schwierigkeiten entgegen, es ist unmöglich ein historisches Bild damit zu malen. Jeder Versuch, den schwarzen Frack, den engen Ueberrock, den runden Hut in Scene zu setzen, giebt die traurigsten, gradlinigen Gestalten und spalierartige Gruppen.«

Ich habe das immer ruhig angehört, und habe es nicht geglaubt. Es ist wahr, die Kleidung ist

unschön, aber die Schuld, daß hier keine Kunstwerke geschaffen worden sind, liegt nicht an den Trachten, sondern vielmehr an den Künstlern selbst. Sie haben die Kunst bisher, ich will nicht sagen als ein Ueberirdisches behandelt, denn sie schilderte oft genug die kleinlichsten Ereignisse des Alltagslebens, aber sie haben sie als einen Luxus für die Reichen, nicht als das Bedürfniß jedes Menschen betrachtet. Die Kunst ist in Deutschland nie in das Leben übergegangen, nie dem Volke nahe getreten wie in Italien, sie hat das Volk nicht zum Schönheitssinne erzogen, und also auch nicht anregende Schönheit aus dem Volke als Rückgabe erhalten können, wie dort. Darum wissen die meisten Künstler auch nichts anzufangen, da es jetzt gilt, die Kunst mit den Ereignissen des Augenblicks zu vermitteln.

Vor zwei Jahren mochte die Klage gerecht sein: »die Zeit ist ohne Motive«, aber jetzt hat es doch sicher daran nicht gefehlt, und ich habe sehr oft an den komischen Zorn des Malers Karl Rahl denken müssen, der sich einmal in Rom so heftig gegen „die schulgerechte Civilisation“ aussprach, durch die das Leben thatenlos geworden sei.

„Die Schuld, daß wir Nichts malen können,“ sagte er damals, als er eben die prächtige Christenverfolgung in den Katakomben beendet hatte, welche der Senator Abendroth in Hamburg besitzt, „die Schuld, daß wir Nichts malen können aus der Jetztzeit, liegt allein an der schulgerechten Civilisation, an der gottverdammten guten Erziehung. Die Männer, die wir malen sollen, die Weiber, die wir vor uns wandeln sehen, sind ja Alle keine Individuen, sie sind Theile einer Masse, Alle gleich dressirt, Alle gleich stumpf und träge; denn im Polizeistaat braucht man weder Charakter noch Energie, weil nichts Unvorhergesehenes geschehen kann. Ist das Leben reich, wild bewegt, gestattet es dem Einzelnen freie Selbstständigkeit, freie That, so wird es gleich plastisch, bietet

gleich Motive für den Künstler dar. Ist aber nicht nur die That gehemmt, sondern auch sogar die Laune unmöglich gemacht, ist der Mensch, wie bei uns in Deutschland, so weit unter der Zuchtruthe der Polizeigesetze, daß man einen längern Bart, eine rothe Mütze, einen fremdartigen Mantel, als Gegenstände der polizeilichen Aufmerksamkeit betrachtet und unterdrückt, so entsteht eine starre Regelmäßigkeit, das ganze Leben wirft sich in das Innere, das Aeußere wird leblos. Es bilden sich regelrechte, heuchlerische Formen, die dem Künstler, dem Historienmaler so trostlos sind, als die holländischen und altfranzösischen Hecken und Lauben für den Landschafter. Wollen Sie gleich ein Beispiel haben, so betrachten Sie Shakespeare's Tragödien und die Dramen der Jetztzeit einmal mit dem Auge des Künstlers, der nach Motiven sucht. Wo man den Shakespeare aufschlägt, findet man eine That, eine malerische Scene. Man kann jeden Moment des Stückes malen, von den großen Scenen im König Johann bis zur Balkonscene in Romeo und Julie. Aber nun nehmen Sie die Arbeiten der neuern Dichter, die selbst Motive aus unserer Zeit behandelt haben. Wo Sie das Buch öffnen, Gemüthsmiseren, Phrasen über geistige Zustände, Herzens- und Seelenqualen jeder Art, daß man ganz schwach vom Zusehen wird. Die Menschen leiden innerlich wie die Verdammten, aber äußerlich rühren sie kein Glied. Wer läßt denn noch seinen Liebhaber zum Balkonfenster hinaufklettern, wenn unten der Nachtwächter steht, der die Wache gegen den Geliebten zu Hülfe holen würde? — oder wer versetzt seinem Nebenbuhler eine brave coltellata, einen ehrlichen Stiletstoß, in Deutschland, wo man auf der Polizei zehn Thaler für eine gegebene Ohrfeige zahlt? Nur der Untergang der Polizei, nur der Beginn eines ordentlichen Faustkampfes, eines gesunden, individuellen Lebens, kann uns retten!«

Ich erinnerte ihn in Paris an diese Lobrede auf den Faustkampf, als er mir so entzückt die phantastischen Trachten schilderte, welche gleich die erste Barrikadennacht des Februar hervorgerufen hatte. Jetzt, als ich ihn hier vor einigen Tagen wiedersah und ihm erzählte, wie ich in Berlin gar keinen Zusammenhang zwischen der Kunst und der äußern Welt gefunden hätte, lud er mich ein, das Attelier des Bildhauers Heidel zu besuchen, in dem er, ein Freund Heidel's, sich für die Zeit seines hiesigen Aufenthalts eingerichtet habe.

Gestern bin ich nun dort gewesen, und habe die Farbenskizze gesehen, die er zu einem großen Bilde entworfen hat. Es stellt den Augenblick der Leichenparade im Schlosse dar. Auf dem Balkon des innern Schloßhofes stehen der König und die Königin, von allen Seiten drängt das Volk heran; eine Bahre, auf der eine Jünglingsleiche ruht, ist hingesetzt vor den Augen des

Herrscherpaares. Männer in Arbeiterkleidung umringen sie; ein junges Weib wirft sich verzweifelnd über den Körper des Todten, während ein älterer starker Mann, in Schurzfell und aufgeschlagenen Hemdeärmeln, die blutbefleckten Arme drohend gegen den König erhebt, als verlange er Rache zu nehmen für das Opfer seines Kindes, als werfe er den Schmerz und die Verwünschungen des jungen Weibes auf die Seele dessen, der diese Blutnacht entstehen machte. Schon in der oberflächlichen, skizzenhaften Behandlung ist das Bild von einer erschütternden Wirkung. Rahl meinte, in Paris würde das Gouvernement provisoir oder die Stadt ein solches Bild augenblicklich bestellen; hier wo die Behörden Alles daran setzen, jene Erinnerungen in dem Bewußtsein des Volkes zu verlöschen, wird es im besten Falle nur von einem Privatmanne gekauft werden, wenn Rahl es ausführt, was sehr zu wünschen wäre.

Der Bildhauer Heidel seiner Seits hatte denn auch vortreffliche Reliefs komponirt, nach Erlebnissen der Kampfestage; kugelngießende Barrikadenkämpfer; Väter, die den Knaben den Gebrauch der Flinte zeigen; Jünglinge, die sich losreißen von den sie zurückhaltenden Armen der Geliebten, mit der Fahne die Barrikaden zu erstürmen; und so noch eine Masse vortrefflich ausgeführter Scenen.

Rahl war ganz strahlend vor Zufriedenheit über unsere Freude an diesen Arbeiten. »Hatte ich nun Recht?« fragte er, »wenn ich sagte, die Ordnung ist der Feind, der Faustkampf der beste Freund des Künstlers? Die Kunst hat nie die Revolutionen zu fürchten, aber sie verweichlicht sich, sie geht unter an der Krankenpflege, welche ihr der Frieden angedeihen läßt.«

In der Freude seines Herzens hatte er eine Tracht erfunden und ausführen lassen, die man fortan statt des Fracks zu tragen anfangen sollte.

Es ist ein Wamms von Tuch oder Sammet, das fest am Halse schließt, die Taille mit einem ledernen Gürtel einhält, und etwa eine Viertelelle auf die Hüften herabfällt. Du mußt es Dir wie eine Kurtka denken, nur viel kürzer. Dazu kommt dann ein Mantel, der nach Art der persischen Achaluks geschnitten, los umgenommen, wie ein Rittermantel kurz, nur Brust und Schultern bis an die Hüften bedeckt; der aber angezogen und mit dem ledernen Gürtel um den Leib befestigt, länger herabfällt, und von schwerem Tuche, oder gar pelzverbrämt, ein schönes Kleidungsstück sein dürfte. Rahl und Heidel sahen in den Anzügen, die sie uns zu Liebe anlegten, mit ihren schwarzen Kalabreser Hüten, so vortrefflich aus, daß es jedem künstlerisch gebildeten Auge eine wahre Erquickung sein mußte. Sie sind neulich damit ausgegangen, vielfach angestaunt, aber unangefochten. Dennoch werden sie natürlich keine Nachahmer finden; der Norddeutsche vergißt nie seine

Umgebung, lebt eigentlich nur für das Urtheil der Andern, nicht für seine Neigung und nach seinem Geschmack. Der römische Bürgerssohn nennt seinen Filzhut, den er so launenhaft keck trägt, mit hübschem Trotz »come ci pare!« — »wie es uns gefällt.« Der Nordländer aber behält seinen häßlichen runden Hut, der eigentlich weder ihm selbst noch irgend einem Menschen gefallen kann, gewiß noch lange Jahre, aus jenem schüchternen Respekt vor dem treuen Gefährten der Polizei, dem geheimnißvollen »qu'en dira-t-on.« Ohnehin hat der Norddeutsche nichts »Unwillkürliches«. Er läßt sich nicht leicht hinreißen, denn er bleibt immer urtheilsfähig, kritisch. In Süddeutschland, in Wien namentlich, wo nach der Revolution Männer und Frauen der gebildeten Stände, wie auf einen Schlag, mit grauen Kalabresern, mit Kokarden und Federschmuck erschienen sind, muß es schon anders, schon warmblütiger, enthusiastischer hergeben. Und wie schwungvoll mögen die schönen Italiener erst sein in ihrer Revolution!

Nur nach einer Richtung hin scheint hier das Volk sich jeder Kritik begeben zu haben, denn in Bezug auf das Schauspiel läßt es sich das Unglaublichste gefallen.

Von dem königlichen Schauspiel, in dem sie nach wie vor die alten Bauernfeld'schen Sachen, und fast wöchentlich das Schauspiel »Vor hundert Jahren« geben, spreche ich gar nicht, denn das Institut steht schon so lange außer allem Zusammenhange mit dem Leben, mit der Gegenwart, daß man alles Interesse daran verloren hat, und nur mit Bedauern an die großen Mittel denkt, welche dort für die jämmerlichsten Zwecke verwendet werden. Das Theater, welches einst so stolz als ein wahrhaftes Nationalinstitut dastand, als eine Bildungsschule für das Volk, wagt es heute noch nicht, Gutzkow's »Zopf und Schwert« zu geben, welches im Sommertheater zu Schöneberg, einem Lustort vor dem Thore, fast alltäglich wiederholt, immer neue Zuschauer herbeizieht.

Aber außer diesem schon längere Zeit bestehenden Sommertheater haben sich in den andern Vergnügungsorten, welche das Volk vorzugsweise besucht, Schauspieler gefunden, die in schnell errichteten Bretterbuden Gelegenheitsstücke spielen. Ein solches haben wir neulich in Moabit in größerer Gesellschaft besucht, und sind erschrocken vor der gänzlichen Sinnlosigkeit, vor der rohen Abgeschmacktheit der Stücke, die man dort dem Volke vorführt.

Man gab drei Lustspiele, von denen uns das Eine, welches »der Bürgerwehrgeneral« hieß, herbeigelockt hatte. Die Abdankung des General Aschhoff, die Wahl eines neuen Kommandanten für die Bürgerwehr, hatten die Entstehung dieser wüsten Komödie hervorgerufen, die wirklich so unsinnig, so zusammenhanglos war, daß kein

7*

anderes Volk als das unsere sich dergleichen geduldig gefallen lassen würde. Drei Kandidaten für die Stelle melden sich nach und nach bei einem Schankwirthe, machen Schulden mit dem Versprechen zu bezahlen, wenn sie im Amte sind, liebeln mit der Tochter, kommen, gehen, verschwinden endlich, ohne daß nur irgend Etwas geschehen, ein Faden geschürzt und gelöst wäre, der die einzelnen unzusammenhängenden, auf bloßes Reden basirten Scenen verbinden könnte. Dabei eine gemeine Sprache, witzlose Plattheiten, keine Lust, keine Freudigkeit, kein verständiger Gedanke irgend einer Art, kein Enthusiasmus für die eben erlebte Revolution. Es schnürte mir das Herz zusammen, und nie empfand ich tiefer und beschämender, wie weit unser Volk in seiner eigentlichen Kultur noch hinter den romanischen Völkerschaften zurücksteht, als in diesem unglückseligen Theater.

Eine so verwahrloste, unedle Sprache wäre

auf italienischen oder französischen Theatern unmöglich, denn sie existirt dort eigentlich nicht mehr. Der Kohlenträger in Paris, der Bettler in Italien sprechen edler als diese Schauspieler; und doch war es nicht das Proletariat, welches die Zuhörer bildete, denn der geringste Platz kostete noch zwei oder drei Groschen, während die ersten Plätze mit sieben und einem halben Groschen, also fast einem Frank bezahlt wurden, und von wohlgekleideten Bürgern ganz und gar besetzt waren. Für solche Preise, vor solchem Publikum spielt man in Genua im Tagtheater die Tragödien Alfieri's, die Lustspiele Goldoni's, und neuere Stücke, die an innerm Werthe, an Gesinnung und Sprache, den Leistungen unserer Hoftheater gleichkommen, wenn sie sie nicht übertreffen. Zu solchen Preisen sieht das Volk im Theater San Carlino in Neapel die besten Vorstellungen, und die Puppenspiele auf dem Molo am Golfe sind noch viel edler, maaßvoller und geistreicher, als diese Darstellungen

In Paris würden die letzten Bänke des Amphitheaters in jedem Schauspielsaale der entlegensten Boulevards ihr »à bas!« rufen, und die Marseillaise oder sonst ein Volkslied verlangen, um sich die Seele zu erfrischen, wenn man gewagt hätte, ihnen solch ein Machwerk, wie diese drei Lustspiele, vorzuführen, oder solche rohe Subjecte als Schauspieler auftreten zu lassen.

Hier lachte man und schien das Unedle, Niedrige noch gar nicht einmal zu empfinden; und hätte man es empfunden, an welchem Volksliede sollte man sich erholen? — Wir haben Keines! Auch die Dichter feiern, auch die Dichter haben noch jetzt nicht den Ton gefunden, der wiederklingt aus dieser Zeit, ein Echo in den Herzen des Volkes.

Sie singen zuweilen hier in den Straßen »Was ist des Deutschen Vaterland?« und bilden

sich ein, das sei ein Nationallied, ein erhebender Gesang. Es ist aber nichts als der jammervolle Klaggesang eines zerspaltenen, in Knechtschaft zertretenen Volkes, das nach einem Vaterlande sucht, weil die Heimath ihm kein Vaterland gewesen, bis zu dieser Stunde. Es ist der Wehschrei einer Nation über ihre zerstörte Nationalität, ein Lied, das in sich allein die Antwort enthält für Alle diejenigen, welche die deutsche Revolution gern als die Uebelthat einzelner Unruhestifter ansehen und darstellen möchten.

Und weil dies Lied noch das einzige, allen Deutschen gemeinsame ist, weil es bis heute für einen erhebenden Volksgesang gelten konnte, darum halten Deutsche noch diese Jammerkomödien in Moabit aus, darum fühlen sie noch nicht, daß eine edle Sprache mit das höchste Besitzthum eines Volkes ist, und daß es ein Verbrechen ist, dieses Besitzthum durch Verwahrlosung so zu entehren, wie es bei uns geschehen. Daß fast hundert Jahre nach Göthe's Geburt noch solche Lustspiele dem Volke erträglich scheinen, spricht ein strenges Urtheil aus gegen die bisherigen Regierungen und Fürsten.

7.

Berlin, 30. Juni 1848.

Seit dem verbrecherischen Angriff auf das Zeughaus ist Berlin in einer wahrhaft sieberhaften Erregung. Die Volksversammlungen, die Plakate mehren sich, der Ton der Parteien, die sich immer schroffer gegenübertreten, wird von beiden Seiten heftiger, und selbst der Hinblick auf den furchtbaren Straßenkampf in Paris scheint die Parteiwuth aufzustacheln, statt sie zu besänftigen und zum Frieden zu ermahnen.

Dieser Kampf der Nichtbesitzenden gegen die

Besitzenden war es, der mir als eine unausbleibliche Gewißheit vor der Seele schwebte, lange ehe diese jetzige Revolutionszeit in unsern Gesichtskreis getreten war. Nun ist er hereingebrochen, und man weiß ihm nicht anders zu begegnen, als mit der Macht der Bajonette, mit den Kugeln der Kanonen. Kann man denn die Hälfte der Menschheit todtschießen? Kann man die Menschen zwingen wollen, schweigend die Noth zu ertragen, die ihnen unerträglich geworden ist? Und wäre dies Unmögliche möglich, wer könnte elend genug sein, es zu wollen?

Wenn man an den Volkshaufen vorübergeht, die sich bald an dieser, bald an jener Stelle sammeln, um irgend einem Redner zuzuhören, vernimmt man von diesen oft tief aufregende, leidenschaftliche Worte; aber die Männer meiner Bekanntschaft, welche sich dieser Menschenmenge näherten, versichern, daß es immer nur eines Wortes, eines einfachen Vernunftgrundes bedarf,

um das Volk von dem Verderblichen zu überzeugen, das in planlosen, leidenschaftlichen Gewaltthaten liegt. Das Volk ist verständig und besonnen, und man thut ihm großes Unrecht, wenn man es mit den zehn oder zwölf exaltirten Rednern verwechselt, deren Rodomontaden lange nicht die tiefe Einsicht verrathen, welche der ganze Handwerkerstand von der Lage unserer Zustände besitzt.

Der Ministerwechsel der vorigen Woche hat unter den Handwerkern einen großen Eindruck gemacht. Ich habe zufällig mehrere in diesen Tagen gesprochen und fast Alle niedergeschlagen gefunden. Sie hatten an den Namen Camphausen's ihre Hoffnungen geknüpft, sie hatten Zutrauen zu ihm gefaßt, auf ihn gerechnet, daß er Abhülfe für viele Uebel bringen werde; nun erfahren sie, daß auch er nicht zu helfen wisse, und ein älterer, sehr ruhiger Bürger, der emsig arbeitet seine große Familie zu ernähren, sagte mir kopfschüttelnd:

»Glauben Sie mir, vom grünen Tisch aus ist uns nicht zu helfen!«

Alle aber sind gut auf die Bürgerwehr zu sprechen, und stimmen keineswegs in die Behauptung der Leute ein, welche die Bürgerwehr als ein den Handwerker in seinem Geschäfte zurückbringendes, demoralisirendes Institut darstellen möchten. Ein Schuhmacher äußerte in diesen Tagen gegen mich: »Wer kein Trinker und kein Geldverbringer ist, der wird's auch in der Wachstube nicht werden, und wenn sie davor so große Furcht haben, so sollen sie die Trinker ausstoßen aus der Bürgerwehr. Wenn wir nicht um jede Kleinigkeit unnöthig herausgetutet würden, wäre der Dienst gar nicht so schwer, und das Exerciren und Wachestehen im Freien bekommt uns ganz gut. Viele von uns sind seit der Bürgerwehrzeit gesünder, als sie in Jahr und Tag gewesen sind.«

In der sogenannten guten Gesellschaft hat der

Rücktritt des Ministeriums auch große Besorgnisse hervorgerufen, und Aufregung und Abspannung, Erbitterung und muthloses Verzagen kommen mehr und mehr über die Besitzenden. Sie sind der Unruhe, der Erregung müde, bei der sie Nichts zu gewinnen haben, sie möchten das absolute System »bis auf den letzten Gensdarm« wieder haben, wie neulich Jemand in meiner Gegenwart sagte, damit sie wieder unter den Linden spazieren gehen können, unbehindert durch den Lindenklub an der Friedrichsstraßenecke, und durch die zahllosen Plakate an den Bäumen selbst.

Ich habe die neuen Minister an einem der Hansemann'schen Empfangsabende gesehen. Diese Soireen gleichen wirklich einem Guckkasten, und dies Bild, das ich neulich gegen Dich brauchte, als ich Dir den ersten Empfang beschrieb, trifft wunderbar zu. Die Personen verschwinden vom Schauplatz, schnell, wie die Bilder des Guckkastens fortgezogen werden. Die Männer, welche man am Dienstage als Minister erblickte, haben am Freitage schon aufgehört, das Ruder des Staatsschiffes in Händen zu haben, und sind am nächsten Dienstage oft schon durch Andere ersetzt.

Das ganze neue Ministerium war am Dienstage dort beisammen, die Herren v. Auerswald, Milde, Rodbertus, Märker, Gierke, Kühlwetter und Schreckenstein — den Wirth des Hauses, Hansemann, nicht zu vergessen.

Von dem Ministerpräsidenten Rudolf v. Auerswald sprach ich Dir schon neulich. Er war früher Oberbürgermeister in Königsberg, und als solcher sehr beliebt, dann Chefpräsident in Trier.

Der Kriegsminister Herr Roth v. Schreckenstein ist ein hoher Mann, mit etwas gebückter, aber doch fester, soldatischer Haltung, dessen Generalsepauletts hell hervorleuchteten aus dem eintönigen Schwarz der bürgerlichen Fracks. Sein starkes, starr emporstehendes Haar ist ganz weiß;

aber unter diesem Greisenhaar, unter den buschigen grauen Brauen, sehen ein Paar kluge Augen fest und entschlossen in die Welt. Dieser Mann weiß, was er will, und wird das, was er für Recht hält, durchzuführen vermögen, um so dringender aber wird der Wunsch, um so nothwendiger die Hoffnung, daß er auch wirklich das Rechte erkenne und mit Verständniß der Gegenwart handeln möge.

Jener Andere, welcher so schnell durch die Säle schreitet, in der modernsten Kleidung, schlank und doch kräftig von Gestalt, nach allen Seiten grüßend, hierher ein Wort, dorthin ein Lächeln sendend, Diesem einen guten Tag, Jenem ein Witzwort zurufend, über die Dazwischenstehenden hinweg, das ist der Handelsminister Herr Milde aus Breslau.

Willst Du Dir den Handelsminister in einem schon vorhandenen Bilde denken, so stelle Dir den Pelham, den Helden Bulwer's vor, zur Zeit seiner Parlamentskandidatur, in seiner gunstgewährenden, gunstfordernden Freundlichkeit.

Herr Milde ist der Sohn eines Breslauer Kattunfabrikanten, der sich aus den untersten Volksklassen zu großem Reichthum und zu ehrenvoller Achtung emporgeschwungen hat. Der Sohn ist im Reichthum erzogen, hat nie Abhängigkeit gekannt, eine vielseitige Bildung erhalten, sich mit den verschiedenen Literaturen vertraut gemacht, und bei langem Aufenthalte in Frankreich und England früh die Verhältnisse constitutioneller Länder kennen und schätzen lernen. Reich, müßig, lebenslustig, galt er in seiner Jugend, wie Pelham, für einen Dandy; aber Jeder, der ihn näher kannte, sah unter dieser leichtfertigen Hülle einen starken Ehrgeiz hervorblicken, der sich auch zeigte, sobald sich in den preußischen Staatsverhältnissen Gelegenheit zu seiner Entwicklung darbot. Jetzt hat der anglomanisirende Dandy sich in einen tüchtigen Geschäftsmann verwandelt, der in Breslau vielfach thätig, schon auf dem vorigen Landtage als Deputirter erschien, und in der Nationalversammlung zum Präsidenten erwählt, endlich das Portefeuille des Handels erhalten hat. Er scheint die Last des Amtes leicht zu finden, wenn man nach seiner Heiterkeit urtheilen dürfte, und es wäre höchlich zu wünschen, wenn er dem Handel Preußens so viel Aufschwung zu geben vermöchte, als sein Vater einst den eigenen Fabriken.

Die Minister der Justiz und der Agrikultur, die Herren Märker und Gierke, saßen fast den ganzen Abend in einsamem, ruhigem Gespräch in einer Fensterbrüstung. Sie mögen Beide in der Mitte der vierziger Jahre sein. Der Erstere ist derb gebaut, mit starkem Kopfe, festknochigem Gesicht und einer jener tüchtigen Physiognomien, die Zutrauen einflößen, weil sie klug und gut aussehen; der Andere, Herr Gierke, sehr blond, mit scharfen Zügen und ruhiger Haltung, ist ein durchgebildeter Mann, der diese Zeit nicht als ein einzeln dastehendes schlimmes Phänomen, sondern in ihrem Zusammenhange mit der Vergangenheit als eine Nothwendigkeit erkennt, was, so einfach und natürlich diese Erkenntniß scheint, eben nicht von Vielen gesagt werden kann. Mit beiden Wahlen ist man zufrieden, alle Parteien sprechen mit Zutrauen von Märker's und Gierke's Charakter und erwarten von ihrer Amtsführung das Beste.

Der Kultusminister Rodbertus ist eine durchaus edle Erscheinung. Ein schöner, stattlicher Mann, dessen leicht mit Grau gemischtes braunes Haar sich schlicht um eine hohe, reine Stirn legt. Ein offnes Auge, ein angenehmer Ausdruck des Mundes beim Sprechen, edle Handbewegungen und eine sichere, weltmännische Haltung zeichnen ihn aus. Auf welchem Platze dieser Mann erscheint, wird er sich gut zu halten wissen; denn Bildung und ruhiges Selbstbewußtsein sprechen aus jedem Zuge dieser Persönlichkeit, die unfraglich der Aristokratie der Intelligenz angehört.

Zwei andere Personen fielen mir noch auf. Der Eine ein hochgewachsener Mann, mit grauem, kurz geschorenem Haar und einer an Wallenstein's Portraits erinnernden Kopfbildung, der sich sehr militairisch und männlich hielt, war Herr v. Holzendorf-Vietmannsdorf, bekannt durch seine langen Kämpfe mit dem Ministerium Bodelschwingh; der Andere, ein katholischer Geistlicher, der tapfere dialektisch gewandte Tirailleur des linken Centrums, Kaplan von Berg. Er war Lehrer in einem Kadettenhause, ehe er in den Klerus trat. Trotz seiner Jugend und seiner offenbar blühenden Gesundheit, die sich in einem Hinneigen zum embonpoint verräth, ist sein Schädel kahl, aber die lebhaften Augen sprechen diesem Anschein des Alters Hohn und blicken ebenso sicher im Salon umher, als sie herausfordernd auf der Rednerbühne um sich schauen. Dieser Lebensmuth, diese Entschiedenheit bilden einen grellen Gegensatz gegen die behutsame Weise der protestantischen Geistlichen, welche sich als Deputirte in diesen Sälen befinden, und wohl mit dem Abscheu monarchischer Entrüstung auf den Republikaner Arago blicken, der sich jetzt als Gesandter der französischen Republik hier auf den Parkets des christlich-monarchischen Staates par excellence bewegt. Ich sah ihn neben dem greisen Botschafter ihrer Allerkatholischsten Majestät von Spanien, mit dem Alexander von Humboldt, in seiner eigenthümlich verbindlichen Haltung und in der immer gleichen lächelnden, gefälligen Weise einige Worte sprach.

Was nun dieses neue Ministerium leisten wird, ruht auf den Knien der Götter. Ich werde es hoffentlich noch am Ruder finden, wenn ich zum Herbste wiederkehre; denn in den nächsten Tagen verlasse ich Berlin und zwar mit schwerem Herzen, wenn ich bedenke, wie wenig bis jetzt von alle dem erfüllt ist, was man vor wenig Monaten so zuversichtlich erwartete und so nahe glaubte.

Hamburg.

8.

Hamburg, 10 Juli 1848.

Hamburg gefällt mir wieder ungemein; es ist im Sommer, besonders wenn man es mit Berlin vergleicht, ein anmuthiger Aufenthalt. Das große, klare Alsterbassin in der Stadt, die Landhäuser an der Außenalster, die Wallanlagen, welche gleich vor allen Thoren beginnen, geben Hamburg einen so heitern Anstrich, daß man hier die Annehmlichkeiten der großen Stadt und den Genuß einer für Norddeutschland reichen Natur auf das Glücklichste verbunden findet. Auch die ganze

Lebensweise in Hamburg ist zweckmäßiger als die unsere in Berlin; vor Allem die Tageseintheilung, nach der man um fünf Uhr die Hauptmahlzeit macht. Das giebt einen langen, der ruhigen Arbeit förderlichen Vormittag, erlaubt im Winter einen Spaziergang von drei bis fünf Uhr, ehe es dunkel wird, läßt im Sommer gerade die frischen Abendstunden für den Genuß übrig, und verhindert, daß man wie bei uns nach dem Mittagsessen abermals zu arbeiten anfangen muß, was Niemand auf die Länge ohne Gefahr für die Gesundheit erträgt.

Dazu kommt nun die ganz comfortable Einrichtung der Häuser, die Reinlichkeit der Straßen, die Billigkeit aller Produkte und Waaren, welche von den überseeischen Kolonien kommen, die Vortrefflichkeit der inländischen Lebensmittel, die man freilich theuer bezahlt; der große Wohlstand, den man überall gewahr wird — kurz Hamburg gewinnt in meinen Augen mehr und mehr, je öfter

ich es sehe. Denkt man, wie schwer die Stadt noch vor wenigen Jahren durch das Brandunglück heimgesucht wurde, und in wie großartigem Sinn man die öffentlichen Neubauten unternommen hat, so sieht man, wie es doch um das self governement eine prächtige Sache sein kann..

Bei uns sind seit dem Regierungsantritte Friedrich Wilhelms IV., in Berlin die bedeutendsten Summen für Neubauten verwendet, man hat den Dom, das neue Museum zu bauen angefangen, es werden Fresken komponirt für das Compo santo, in dem die Gebeine der Hohenzollern ruhen sollen, und vielerlei ist unternommen worden, das den persönlichen Neigungen des Königs schmeichelt; für das Bedürfniß des Volkes, der Bewohner Berlins, ist aber eigentlich Nichts geschehen, außer der neuen Anlage des Spree-Kanales vor den Thoren.

Die Abzugskanäle in den Straßen sind noch ganz so mangelhaft als vor acht Jahren, so daß

8*

neulich ein Platzregen wieder einmal die halbe Friedrichsstadt überschwemmte, daß die Droschken wegen der vom Wasser aufgehobenen umherschwimmenden Dämme nicht fahren konnten, während die Pferde bis zum Leibe in dem Wasser wateten. Die Kommunikation war für einige Stunden gehemmt, und solch ein Zustand, der in einer neugegründeten Stadt erklärlich wäre, ist doch ganz unverantwortlich in einer alten Residenz, in der man den unnöthigen Dom und ein Campo santo gründet. Selbst Markthallen, wie Hamburg deren zwei vortrefflich eingerichtete besitzt, fehlen bei uns noch ganz. Kurz für Alles dasjenige, was das tägliche Wohlleben des Einzelnen betrifft, ist, bis hinab zu den vortrefflichen Droschken, in der freien Stadt Hamburg durchweg besser gesorgt, als in unserer königlichen Residenz.

Nur die alte Sünde der Thorsperre hat man auch nach dem Brande nicht abgeschafft, und ein Thorsperrkrawall erst in dieser Zeit die Verbren-

nung des Zollhauses am Steinthor veranlaßt. Sonst aber ist Hamburg sehr ruhig, und wenn auch manche Klagen über die Unbequemlichkeit der Truppendurchzüge, über den Schaden, welchen der Handel durch den dänischen Krieg erleidet, hier in Hamburg laut werden, so ist dafür der Enthusiasmus in Altona um so größer.

Die Landesfahne weht dort neben der deutschen Fahne vom Rathhause hernieder, in allen Häusern werden die Verwundeten, welche nicht Platz finden, in dem zum Lazarethe umgewandelten Waisenhause sorglichst gepflegt; die jungen, reichen Frauen bieten sich zu Hülfsleistungen in dem Hospitale an; man liefert Wäsche für Soldaten und Verwundete, man theilt Lebensmittel aus, und als in diesen Tagen die Weimaraner mit den Harburger Dampfschiffen im Hafen von Altona landeten, wurden sie mit Musik und lautem Jubelrufe empfangen. Die Truppen hatten nicht gerastet, schienen hungrig zu sein. Da war es schön zu sehen, wie man von allen Seiten sich beeilte, den Officieren Brot und Wein zu verabreichen, die es dann augenblicklich mit den Soldaten theilten. Ich sah einen jungen Officier, der zwei nicht große Weißbrote in vier Stücke brach und redlich den Zunächststehenden drei Stücke davon abgab, obgleich er selbst das letzte Viertel so eilig verzehrte, daß man ahnen konnte, auch er habe das Bedürfniß danach lebhaft empfunden.

Diese Landung der Truppen in Altona wird mir unvergeßlich sein Wie ein warmer belebender Strom zog das Gefühl der Begeisterung durch alle Herzen Ich war mit dem Konsul A . . . und seiner trefflichen Frau an das Ufer gegangen. Sie haben sich von der ersten Stunde des Freiheitskampfes mit ganzer Seele daran betheiligt und sind unverzagt geblieben, obschon die Ereignisse ihnen ihr ganzes Vermögen geraubt haben, so daß sie sorgenbelastet in die Zukunft sehen, die ihnen bisher eine gesicherte Ruhe im Kreise ihrer Kinder zu versprechen geschienen. Frau A..., welche erst kürzlich von dem Besuche der Hospitäler in Rendsburg zurückgekehrt war, und schwer verwundete Oldenburger Officiere im eigenen Hause verpflegte, dachte tief erschüttert all' der Todten und Verwundeten, welche sie seit den letzten Wochen gesehen hatte, und der Anblick dieser jungen, lebensvollen Truppen preßte ihr Thränen in die Augen. Wie mancher von ihnen wird die Heimath nicht wiedersehen, wie mancher leiden und bluten für die Befreiung dieses Brudervolkes!

Die Begeisterung für die Erhaltung der Nationalität soll auf dem Lande, unter den Bauern und in den kleinen Städten aber fast noch größer sein, als in Altona selbst; so erzählte mir G..., der, wie Du weißt, sonst eben kein Verehrer der Revolutionen und Volksbewegungen ist. Es muß eine Erhebung sein, wie die preußische im Jahre dreizehn. Die fürstliche Familie von Holstein-Augustenburg, welche in Nyenstädten, eine halbe

Stunde von Altona, in einem gemietheten Landhause in bürgerlicher Beschränkung lebt, ist ein Gegenstand theilnehmender Verehrung. Sie kommen selten nach Altona, seltener nach Hamburg.

Die Hamburger Bankfürsten scheinen zum großen Theile der Schleswig-Holsteinischen Sache abgeneigt. Die Menschen sind eben nicht alle Idealisten, und man darf es zuletzt dem in ruhigem Besitze Ergrauten nicht verargen, wenn er in sich nicht mehr den Muth fühlt, das Erworbene zu verlieren, eben weil ihm die Kraft fehlt, es auf's Neue zu erwerben. Der Egoismus des Alters verdient fast immer unser Bedauern, nur die Selbstsucht der Jugend ist tadelnswerth und strafbar.

Weil ich vom Alter spreche, erzähle ich Dir zugleich, daß ich denn auch in diesen Tagen den alten vortrefflichen Hartwig Hesse besucht habe, dessen Schwester wir schon früher kannten, und von dem Therese uns so viele Züge der Güte und

Menschenliebe erzählt hat Schon im vorigen Jahre ward ich von ihm aufgefordert, seine Gemäldesammlung anzusehen, ohne es damals annehmen zu können, weil mein Aufenthalt so kurz war. Jetzt endlich bin ich mit A. bei ihm gewesen, und habe ein paar gute Stunden in seinem Hause verlebt.

Es liegt auf der Sonnenseite der Esplanade, in stiller, friedensvoller Stattlichkeit da. Ein Paar Stufen führen zur Thüre hinan. Mein Begleiter klingelte, ein Diener öffnete und führte uns in eine zu ebener Erde gelegene Hinterstube, in der Herr Hartwig Hesse uns empfing, indem er uns mit gutmüthiger Zutraulichkeit die Hand bot.

Hartwig Hesse ist nun nahe an siebzig Jahre alt. Er ist mittlerer Größe, hat ein volles rothes, scharf geschnittenes Gesicht, aus dem unter ungewöhnlich starken Augenbrauen ein paar schwarze Augen eben so klug als freundlich hervorsehen. Sein weißes Haar ist sauber geordnet, so auch die ganze Kleidung. Der braune, festzugeknöpfte Ueberrock, welcher die Brustnadel in der feinen Wäsche sehen läßt, die Art, wie Hesse sich trägt, verrathen den an gute Sitten gewöhnten, formvollen Mann, während doch zugleich die höchste Einfachheit und Anspruchslosigkeit seinem ganzen Wesen aufgeprägt ist. Was Hesse für seine äußere Erscheinung thut, geschieht nicht mit Rücksicht auf Andere, er ist eine saubere Natur und hat Gefühl für das Schöne. — Aus dieser Persönlichkeit geht auch die Art seiner Kunstliebe, die ganze Einrichtung seines Hauses hervor, wie ich sie an diesem Tage und bei spätern Besuchen kennen lernte.

Hartwig Hesse ist der Sohn wohlhabender jüdischer Eltern und hat später selbst ein so großes Vermögen erworben, daß er in dem reichen Hamburg zu den reichen Leuten gezählt wurde. Dennoch, und obschon er das Familienleben liebt, es als beneidenswerth schildert, hat er sich nicht ver-

heirathet, sondern ist ein Hagestolz geworden. Früh empfänglich für geistige Bildung, die er in dem Kreise, in welchem er geboren, nicht überall gleich vorherrschend finden mochte, hat er bedeutende Reisen durch Deutschland, England, Italien und Frankreich gemacht, auf denen ihn zum Theil eine seiner Schwestern begleitete, welche er vorzugsweise liebte. Die Geschwister haben längere Zeit in Berlin, Wien und Paris gelebt und vielfache Bekanntschaften mit den bedeutendsten ihrer Zeitgenossen anzuknüpfen Gelegenheit gehabt. Später wurden diese Reisen zwar alljährlich wiederholt, doch auf einige Sommermonate beschränkt, da Herr Hesse sich mehr und mehr an die fesselnde Bequemlichkeit seines Hauses gewöhnt hatte.

Und in der That ist dieses ganz dazu geschaffen, die Trennung davon zu erschweren. Im Erdgeschoß, welches sich auf einen am Walle gelegenen zierlichen Garten öffnet, und ebenso in dem ersten Stock, befinden sich je vier Zimmer, ohne pomphafte Pracht, aber mit geschmackvollster Behaglichkeit eingerichtet. In diesen Zimmern, von denen die untern mehr im Sommer, die obern im Winter bewohnt werden, sind gegen hundert Oelgemälde lebender Maler vertheilt; nicht als Aufstappelung für kalte Prunksucht oder als Aushängeschild für die todten Millionen im eisenbeschlagenen Kasten, sondern zum Genuß eines gebildeten Geistes und Herzens. Eben so gewählt und auf persönliche Befriedigung berechnet ist eine Bibliothek, aus den besten deutschen, englischen, französischen und italienischen Werken bestehend. Kein Buch, welches der Besitzer nicht kennt und werth hält. Ein alter Diener, den Hesse jung in seine Dienste genommen und in den Sprachen hat unterrichten lassen, macht den Bibliothekar. Er war auf allen Reisen seines Herrn sein Begleiter, und ist so sehr in dessen Wünsche und Neigungen eingelebt, daß er wie eine nothwendige Naturergänzung neben ihm erscheint.

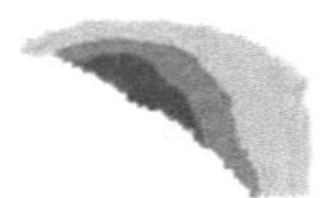

Mit Liebe führte Herr Hesse uns zu seinen Bildern. Es waren lauter Werke lebender Maler; er kaufte grundsätzlich nur solche, und manchem jungen Künstler mochte durch die Kunstliebe des reichen Mannes erwünschte Hülfe geworden sein. „Das ist meine Welt!“ sagte Hesse, „die verstehe ich noch; die Welt ist ruhig und beruhigt mich, wenn ich gequält von dem Treiben da draußen, die Zeitungen aus der Hand lege.“

Die letzten Pariser Ereignisse haben auch ihn furchtbar erschüttert. Er hat die Lust am Leben verloren und sieht sich im Geiste, wie viele friedfertige Bürger, beständig von Flinten und Dolchen bedroht. Ich versuchte den alten Herrn zu beruhigen, auch A. stimmte mir bei, eine segensvolle Zukunft aus den Kämpfen des Tages verheißend; aber Hesse schüttelte den Kopf. — „Ja, ja! Sie sind jung“, sagte er freundlich, „Sie können es abwarten. Gestehen Sie indessen, daß wenn man alt ist, sein Leben hindurch gearbeitet

9*

hat und nun ausruhen möchte und still sterben, daß dann der Spektakel der Revolutionen mit Kommunismus und Socialismus ganz anders klingt als in der Jugend.« — »Und doch«, meinte A. »ist Niemand kommunistischer, Niemand zum Geben an Nothleidende von jeher bereitwilliger gewesen als Sie. Bricht einmal die kommunistische Revolution in Hamburg aus, so flüchten Sie nur getrost zu Ihren vierundzwanzig Frauen, die werden ihren Mann schon schützen.«

Wir waren während des Sprechens und Bilderbetrachtens in das Gartenzimmer gelangt, in dem sich unter den modernen, praktisch schönen Möbeln eine gewaltige alte Nußbaumkommode mit blanken Messingschlössern und Griffen so aufdringlich hervorthat, daß mein Auge davon gefesselt wurde, weil das ganze Licht der Herbstsonne sich darin zu sammeln und davon zurückzustrahlen schien. — »Das ist wohl ein altes Familienstück?« fragte ich. — »Nein,« antwortete Hesse

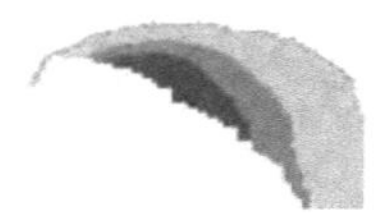

lachend, »es gehört einer Wittwe, die in's Stift will, sobald eine Vakanz eintritt; und damit ich sie nicht vergesse, hat sie mir die Kommode hieher setzen lassen.«

Ich fragte, von welchem Stifte die Rede sei »Da ich selbst keine Frau habe,« sagte Hesse, »habe ich für fremde Wittwen, und zwar für die Wittwen von Schiffskapitänen und Maklern ein Stift eingerichtet, um doch Etwas für Andere zu thun.« Dann schnell davon abbrechend meinte er: »Das Beste bleibt es doch immer, das Verarmen zu verhüten und arbeitsfähigen Menschen Arbeit zu geben, mit der sie selbst wohlhabend werden können. Ich bin deshalb sehr für Auswanderungen. Wir schicken eben heute wieder ein ganzes Schiff voll arbeitsfähiger Menschen, versehen mit allen Mitteln zur Kolonisirung, nach Australien.« — Er gab uns die Vorkehrungen an, welche zum Besten dieser Auswanderer und für das Gedeihen der Kolonie getroffen worden, kam dann auf die

Verwaltung von Armengeldern, und durch eine naheliegende Ideenverknüpfung auf seine Stiftung zurück. Ich bat ihn, mich dahin zu führen, und wir nahmen Abrede für den nächsten Tag.

Es war ein klarer Morgen, als wir durch die prächtigen Straßen Hamburgs nach der Vorstadt fuhren, in der, auf dem Wege nach Wandsbeck, jene Stiftung gelegen ist. — Eine Reihe von sieben bis acht Häusern, alle gleichmäßig aus rothem Backstein gebaut, fiel mir auf. Ich fragte, ob diese das Stift wären? „Nein," antwortete Herr Hesse, „sie sind das Kapital des Stifts; aus dem Ertrage dieser Häuser wird zum Theil die Stiftung erhalten." Das Mittelste derselben hatte einen thorartigen Eingang. Vor diesem hielt unser Wagen, und kaum hatte Hesse den Fuß auf die Erde gesetzt, als eine ganze Schaar von Kindern sich um ihn drängte, ihm die Hand zu geben und guten Tag zu wünschen. Er kannte ein Jedes, und sein gutes Gesicht verlor bei dem

Eintritt in dieses Asyl alle Wolken der Sorge und des Mißbehagens, welche die Vorgänge der neuesten Zeitgeschichte darüber gebreitet hatten.

Innerhalb des Portals zogen sich zu beiden Seiten einer Straße zwölf einstockige Häuser hin, deren jedes eine Thüre und zwei Fenster hatte. In der Mitte der Gebäude unterbrach ein größerer Hof die Reihen derselben. Eine große Laterne, schattige Bäume, bequeme Bänke gaben dem Ort ein behagliches Ansehen und machten ihn zu einem Ruheplatze für diejenigen Bewohnerinnen, denen ihr Alter weitere Ausgänge verbot. Jenseit dieses Hofes lagen die übrigen Häuser, und am obern Ende war die Straße wieder durch ein großes Gebäude geschlossen, in dem sich eine Schule befand.

Eine musterhafte Sauberkeit, eine wohlthuende Stille herrschten an diesem Orte. Alle Fenster der kleinen Wohnungen hatten spiegelhelle Scheiben, weiße Vorhänge, Blumen, Vögel, und all' jene Dinge, an denen sich Menschen zu erfreuen pflegen, welche ein zurückgezogenes Leben führen. Ich sprach den Wunsch aus, das Innere dieser Wohnungen kennen zu lernen. Hesse trat in das nächste Haus, die Erlaubniß dazu zu fordern.

Jedes derselben hatte eine zweifenstrige Stube nach der Straße, dahinter eine einfenstrige nach einem kleinen Gärtchen. Hausflur, Küche, Keller, ein Boden und ein Erkerstübchen waren durchweg gleichmäßig und auf das zweckdienlichste eingerichtet. Jedes Gärtchen hatte ein Paar schöne Bäume, kleine Blumenstücke, einen kleinen Bleichplatz; eine Waschkammer und große Regenfässer zum Ansammeln des Wassers für die Gartenpflege und für die Wäsche vervollständigten den Haushalt. Das Ganze zielte darauf ab, die Bewohnerinnen ganz unabhängig von einander zu erhalten. »Man hat einmal den Glauben,« meinte Hesse, »daß die Weiber nicht recht Frieden zu halten verstehen. Da habe ich ihnen wenigstens

jede Gelegenheit zum Streiten abschneiden wollen, und bis jetzt ist es auch friedlich hergegangen, sie haben gute Nachbarschaft gehalten.«

Während Hesse von der Inhaberin des Hauses, in das wir getreten waren, eine lange Erzählung über die Hochzeit ihrer ältesten Tochter anhörte, die vor wenigen Tagen der Schullehrer der Anstalt geheirathet hatte, führte mich eine jüngere Tochter auf den Boden, wo Holz und Torf sauber aufgestapelt und mancherlei Vorräthe für den Winter bewahrt standen. »Dieses Feuerungsmaterial und ein bestimmtes Quantum Seife und Lichter werden uns auch geliefert, und zu Weihnachten bekommt jedes Haus eine Bescheerung an Kuchen und Obst,« so berichtete das junge Mädchen, lebhafte Dankäußerungen für Hesse daran knüpfend.

Nun aber, als wir das erste Haus verlassen hatten, entstand eine ehrgeizige Beeiferung unter den vierundzwanzig Wittwen des Stiftes, ihre

Thüren zu öffnen und uns zum Eintritt aufzufordern, um mit dem Comfort und der Zierlichkeit ihrer Wohnungen Herrn Hesse Ehre zu machen. Wir besuchten noch ein paar dieser kleinen Häuslichkeiten; alle waren reinlich, friedlich und still. Es lag etwas ungemein Erbauliches in der Ruhe dieser abgeschlossenen Existenzen, und das Wohlbefinden aller derer, denen Hesse hier eine Zuflucht angewiesen, schien als eigene Glücksempfindung aus seinen Augen wiederzustrahlen. Er machte den schönen Eindruck eines Künstlers vor seinem mit Liebe vollendeten Werke.

»Der erste Gedanke dazu,« sagte er, »ist mir in einer solchen Stiftung in Augsburg gekommen. Nach dem Plane derselben richtete ich Anfangs zwölf Wohnungen ein, um zu sehen, ob die Sache glücken würde. Als sich die zwölf Mütterchen hier behaglich fühlten, ließ ich noch zwölf Wohnungen erbauen und gründete die Schule, die sich (und dies schien eine Hauptfreude des alten Herrn

zu sein) nun schon ganz aus eigenen Mitteln erhält. Ursprünglich nur auf die Kinder der Wittwen berechnet, ist sie, weil ich auf tüchtige Lehrer gehalten habe, sehr in Aufnahme gekommen und zählt nun fast hundert Schüler. Aus der ganzen Nachbarschaft schicken sie die Kinder hieher, ich habe bereits das Schullokal bedeutend vergrößern müssen. Sterbe ich, so bleibt eben Alles wie es ist. Die Kapitalien sind festgestellt, für mögliche Ausfälle bei den Zinsen ist durch anderweitige Zuschüsse gesorgt, und ich weiß, daß hier immer eine Zahl von Menschen die Frucht meiner Arbeit genießen wird. Darin liegt etwas, was mir wohl thut. Man hat doch nicht vergebens gelebt.«

Von schwatzenden Kindern, die sich an seine Hände, an seinen Rock hingen, gefolgt, schritten wir dem entgegengesetzten Portale zu und verließen das Stift. Aber die Erinnerung an den freundlichen Greis, dessen Leben so schön zwischen Kunst-

und Menschenliebe getheilt ist, wird mir nicht erlöschen.

Solche milde, stille Naturen findet man nicht häufig in unserer aufgeregten, vom Kampf der Leidenschaften bewegten Zeit. Sie erscheinen freundlich wie Sternenlicht an sturmgepeitschtem, wolkenvollem Himmel, und unwillkürlich steigt die Frage auf, warum sind nicht alle Menschen gut, da es so glücklich macht, gut und hülfreich zu sein?

9.

Hamburg, 15. August.

Ehe ich Dir ein Wort von dem Wiedersehen unseres Freundes S. sage, muß ich Dir vor allen Dingen eine komische Scene schildern, die ich vor einigen Wochen auf der Reise hieher erlebte, und an die ich heute durch ein Frühstück in dem Austernkeller von Wilken erinnert wurde.

Es saßen außer mir drei Männer in dem Koupé des Wagons. Sie mußten Alle viel gereist sein und sprachen von den vorzüglichsten Restaurants, von den besten Hotels der europäischen Hauptstädte, von den Vorzügen der französischen, englischen und deutschen Küche.

Alle Drei schienen Kenner in ihrem Fache, der Eine aber ein enthusiastischer Liebhaber, ein genießender Dilettant der edlen Kochkunst zu sein. Es war offenbar ein junger Kavalier. Keiner jener schottischen Kavaliere, die mit dem schönen alten Liede:

Young Charley is my darling! my darling!
The young cavalier! —,

einst todesfreudig auf den Ebenen des Hochlandes in den Tod gingen, sondern ein junger, blonder, mit den edelsten Speisen, nach allen Regeln der Kochkunst, dick gefütterter Kavalier aus Mecklenburg.

»Bah!« sagte er, »man kann sich ernähren von den Fritturen Italiens, von den Entremets in Paris; man kann satt werden in England; aber essen, was ich eigentlich mit Bewußtsein, mit Genuß essen nenne, das kann man nur in

Hamburg — und essen wie ein Mann, wie es einem männlichen Manne zukommt, nur bei Wilken.«

»Im Austernkeller auf dem Neuen Wall?« fragte Einer der Anderen.

»Eben da! Sehen Sie, das ist eine Kost voll Kraft und Saft; eine Kost, die nicht nervenschwach macht, sondern in's Blut geht. Aber die Bewirthung seiner Gäste ist auch Gewissenssache für Wilken. Wilken ist kein Gastwirth, welcher nur Geld machen will; Wilken ist ein Ehrenmann, der es weiß, was es ihm für Pflichten auferlegt, wenn Leute von Stande sich von ihm beköstigen lassen. Er würde sich schämen, einem Kavalier Etwas vorzusetzen, das nicht in seiner Art vollkommen wäre; er hält darauf, wie ein Edelmann auf sein Wappen. Wilken hat Ehrgeiz, er ist stolz auf seinen Ruf, er ist der Napoleon der Restaurants.«

Ich horchte ernsthaft zu; der Ehrenmann

Wilken, dem die standesgemäße Fütterung junger Mecklenburger Kavaliere Gewissenssache war, fing an mir eben so viel Achtung einzuflößen, als der Redner selbst, welcher fremdes Verdienst so eifrig zu erheben, so würdig zu schätzen wußte. Es beruhigte mich, daß auch in unserer Zeit jeder Mäcen seinen Horaz finde; ich mußte mir sagen, der Ehrgeiz eines Restaurants sei eben so berechtigt als irgend ein anderer; es liege in jedem Streben Genuß, in jedem Gelingen Glück. Sah ich doch in Genua einen Marchese Grimaldi, der seit zwei Jahren die Welt durchreiste, um zu erforschen, wo das beste Eis gemacht werde, und der nach zwei Jahren ernster Prüfung noch immer zwischen De Angelis im Toledo zu Neapel und Tortoni in Paris schwankte, ohne der Arbeit und der Forschung müde geworden zu sein.

Warum sollte man sich nicht ebenso gut für das Gelingen einer Matelotte mit Austernsauce,

für einen Punch à la Romaine, als für den Tonfall eines Liedes und den Rhythmus eines Gedichtes begeistern können? Jede Wissenschaft ist anziehend! dachte ich, als der junge Gastronom also fortfuhr:

»Daß Wilken noch ächt plattdeutsch spricht, daß er all' seine Vorräthe liebt, sie selbst bewundert, sie im Hamburger Dialekte dem Kenner, den er schätzen gelernt hat, aber auch nur diesem, selbst vorführt, wie ein Kunstliebhaber die Prachtstücke seiner Sammlung, das ist der Haut gout von Wilken's Austernkeller.«

Plötzlich raffte der Redner sich empor, zog Kravatte und Hemdeärmel, Böffchen und Weste zurecht und rüstete sich zu einer großen That. Ich betrachtete ihn staunend, der Dinge harrend, die nun kommen sollten.

Es war auf eine dramatische Vorstellung abgesehen, er wollte seinen Hörern Wilken wenigstens im Bilde vorführen, ihnen die Zauberformel mittheilen, mit welcher Wilken den Eingang in sein Reich dem Geweihten erschließt.

»Sehen Sie diese Rebhühner!« rief er mit einem Male in plattdeutscher Sprache, »sie sind gerade zwei Tage alt, in fünfzehn Minuten können sie just recht sein. Betrachten Sie die großen Holsteiner Austern. Ich halte sie nur als Rarität, denn essen kann das plumpe, großschalige Zeug kein honetter Magen. Wie ungeschickt, wie unförmlich schon diese Holsteiner Austernschalen aussehen gegen die Zierlichkeit der Austern von Colchester! Ja! die Engländer! Das ist ein Volk! Alles, was von dort kommt, hat Geschick! Auch dieser Käse! es ist Alles dauerhaft und solid, was von England kommt! Der Stiltonkäse, der Chesterkäse, die halten durch das ganze Jahr! — Schmecken Sie den Chester, ich habe ihn nie besser gehabt! — Aber der französische Kram, der taugt zu Nichts! wie lange hält sich der Roquefort oder der Frommage de Brie? nur

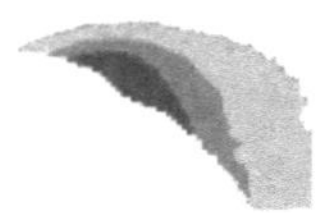

die Trüffeln sind gut! Wollen Sie Trüffeln in der Sauce? Sie sind frisch angekommen, ächte Perigords, ich halte sie noch zurück vor gewöhnlichen Leuten; aber Sie sollen von den frischen haben, Sie verstehen's, Ihnen gebe ich davon.« —

Der feinschmeckende, von Wilken geehrte Kavalier lachte laut in seliger Erinnerungsfreude; seine Zuhörer stimmten mit ein. Aber der Höhenpunkt seines Entzückens war mit dieser Erinnerung erreicht; er versank in Schweigen und aus diesem in Schlummer, im Traume lächelnd, als werde er von lauter gebratenen Rebhühnern umflogen, als stiegen Perigordtrüffeln vor seinem innern Auge aus der Erde, sich frisch hineinbiegend in die Madeirasaucen; und als schäumten ganze Ströme von Champagner, Ale und Porter durch das Paradies seiner Phantasien. Seine Lippen bewegten sich kostend, seine Kinnbacken rührten sich leise, und immer lächelnd schlummerte er fort, bis in Bergedorf die Vierländer

10*

Frauen ihm ihre Sträuße und Früchte in den Wagon hineinreichten.

Trotz dieser Apotheose von Wilken hatte ich an den Namen, den Mann und die Sache nicht mehr gedacht, nachdem ich in Hamburg angelangt war. Da hörte ich eines Abends von Freischärlern, die im Mondschein vor mir auf dem Jungfernstiege einherschritten, die Worte: »Wilken ist eine verdammt fixe Kneipe!« und gestern sagte mir der gute Minister von S...: »Wilken müssen Sie doch besuchen! Die Austernzeit beginnt nun wieder und Wilken ist unser Rocher de Cancale. Die Damen der Hamburger Aristokratie — denn die freie Hansestadt hat noch stärkere aristokratische Vorurtheile, als die unerträglich aristokratischen Städte der freien Schweiz — die Damen unserer Aristokratie gehen nicht zu Wilken, aber alle Fremden besuchen ihn. Wollen Sie meine Begleitung annehmen?« —

Ich that es mit Freuden, und gestern machten

wir uns um ein Uhr auf den Weg, unser Frühstück bei Wilken zu genießen.

Auf dem Jungfernstiege vor den zahlreichen Hotels, welche das Alsterbassin einschließen, war es, wie immer, von Menschen und Equipagen belebt. Hamburg hat anscheinend weniger als irgend ein anderer Ort Norddeutschlands sich über die Störungen durch die Revolution zu beklagen. Es hatte keine Fürsten zu verlieren, die nicht aus ihrer Traumruhe gestört sein wollten; keinen auswandernden Dienstadel, welcher nur in der Hofluft athmen kann und fliehen muß, wenn diese Atmosphäre ihm entzogen wird. Mögen die Senatoren und Doktoren des hohen Rathes noch so unzufrieden mit den beabsichtigten Reformen in der Verwaltung sein, sie gehen nicht davon, denn der Besitz bindet sie an die Heimath. Die hochweisen Herren fahren nur mit etwas weniger Selbstzufriedenheit nach den schönen Landhäusern an der Elbe, und genießen mit etwas geringerem

Appetit die Lukullischen Mahle, welche dort bereitet werden. Dabei aber können sie selbst und Handel und Gewerbe dennoch gar wohl bestehen.

Unter den zahlreich umhergehenden Fremden in Civil sah man Truppen von allen Waffengattungen, welche nach Holstein marschirten, und hörte eine Musterkarte von deutschen Dialekten. Staunend blickte eine Vierländerin in ihrer fast schweizerischen Tracht zu einem stämmigen Schwaben empor, der mit den »Würtembergern« gekommen war und ihr in seinem Dialekt Zärtlichkeiten »vorplauschte«, welche sie erst verstand, wenn er sie in Umarmungen übersetzte. Frankfurter, Nassauer, Weimarer Officiere saßen vor den verschiedenen Pavillons, ihr Frühstück verzehrend, mitten unter den Kaufleuten, welche auf den Glockenschlag der zweiten Nachmittagsstunde warteten, um zur Börse zu eilen und nicht die vier Schillinge, die Strafe der Verspätenden zu zahlen. Vor dem Hotel de l'Europe waren besonders zahlreiche Menschenmassen beisammen. Dort wohnte Major v. Tann, der Chef des ersten, tapfern Freikorps. Mehrmals an jedem Tage zwang ihn das laute Rufen des Volks sich am Fenster zu zeigen, und die angesehensten Bürger und Handelsherren der Stadt — obschon der Mehrzahl nach sehr gegen den holsteinischen Freiheitskampf eingenommen, der ihre Handelspläne kreuzte und ihre Schiffe an den Hafen bannte — fuhren mit ihm in vierspännigem Wagen einher, ihm Hamburg und die Sehenswürdigkeiten der Umgegend zu zeigen.

Das war denn ein wunderlicher Anblick! Im Fond des Wagens der stattliche, kräftige, in sich gefestete Major v. Tann, in knapper, grüner Uniform; neben und gegenüber ihm drei Hamburger Bürger, in saubersten Civilkleidung. Bei dem Kutscher und hinten auf dem Dienersitz saßen zwei, drei Freischärler, der Eine in grüner Leinwandblouse mit einer Militairmütze, der Andere in der

Tann'schen Uniform mit einer Feder an dem Strohhut, der Dritte in einer Kleidung, von der jeder Bestandtheil einst einem andern Besitzer gehört hatte, und die nie Zusammenhang gehabt, bis sie sich auf dem Körper dieses Mannes plötzlich zu einem Anzuge vereinigt fanden. Und nun rings um den Wagen her Vivat rufende Freischärler und Soldaten, gaffende Bürger, lorgnirende Fremde; und die grüßenden Kellner vor den Hotels und die Vierländer Blumenmädchen mit ihren Nelkenbouquets sich herandrängend, schäkernd und kokettirend! — Es waren phantastische Zusammenstellungen voll südlicher Lebhaftigkeit, welche so eigenthümlich erschienen unter der grauen deutschen Nebelluft, daß man sich kaum noch in dem alten Hamburg zu glauben vermochte.

An den großen Bleichen vorüber, den alten Jungfernstieg entlang, begaben wir uns nach dem neuen Wall, der breiten, schönen Straße, in

welcher sich die reichsten Magazine durch die Erdgeschosse aller Häuser ziehen. Wir gingen die rechte Seite der Straße hinunter bis fast gegen das Ende.

Alle Häuser des neuen Walls haben Souterrains; die Treppen, welche zu diesen hinabführen, sind mit kleinen, eisernen Gittern versehen. Vor einem dieser Gitter machte mein Begleiter Halt.

»Wilken's Austernkeller« stand auf einem kleinen Schilde über der Thüre geschrieben. Ein Haufen großer und kleiner Austernschalen lag vielversprechend oben auf dem Trottoir.

Zehn bis zwölf Stufen führten uns hinab und wir waren bei Wilken! — bei Wilken, der in weißer Weste und weißer Jacke hinter seinem Ladentische stehend, meinen Begleiter höflich begrüßte.

Das Entree war klein und eng, der Tisch klein und eng, auf dem die kulinarischen Herrlichkeiten aufgestapelt waren. Ich dachte an den Mecklenburger Kavalier, welcher Wilken den Napoleon der Restaurants genannt hatte, und Wilken's bescheidene Umgebung, seine weiße Weste und weiße Jacke erhoben sich für mich zu der rührenden Einfachheit des »grauen Ueberrockes und des kleinen Hutes.«

Auf zierlichen Sockeln von wohlgeschnitztem Weißbrot ruhten zarte Rebhühner in gelblichweißer Schönheit; das dunkle Roth der rohen, speckdurchspickten Rinderfilets bildete den Hintergrund für die blaßrosa Koteletts; in langen Streifen zogen sich geräucherte Aale um Lachs- und Aalpasteten, deren Gallert in der Sonne glitzerte; Pickels und Saucen schimmerten aus ihren grünen Gläsern hervor; silberweiße Sardellen lagen sanft hingestreckt im Schatten dunkler Trüffelberge, und während sich auf der rechten Seite der kleinen, weiß überdeckten Tafel, Käse aller Arten zu einer großen Pyramide erhoben, lachten

Früchte in gläserner Schale aus der Mitte des Tisches hervor.

»Was haben Sie?« fragte mein Begleiter.

»Colchester-Austern und ächte Schildkrötensuppe!« antwortete Wilken, wie ein Kaiser, dem geehrten Gaste nur die Elite seiner Garden vorführend.

»So bringen Sie Austern, roh und gebraten.«

Wir gingen in die Speisezimmer; da saß der »junge Mecklenburger Kavalier« beschäftigt, sich bei Wilken standesmäßig mit nahrhafter Kost zu ernähren. Er blickte nicht empor bei unserem Eintreten, er sah ernsthaft hernieder zu dem Rinderfilet auf seinem Teller, männlich und in sich gesammelt nur mit seiner Arbeit beschäftigt.

Wilken's Keller besteht aus einem großen und mehreren kleinen Zimmern, niedrig wie Schiffskajüten und schmuckloser als diese. Keine Wölbungen, in denen sich die Geister der Erinnerungen verbergen, wie in den Hallen des Bremer

Rathskellers, keine düstern Hintergründe, mit der tiefschwarzen, stillen Ruhestätte der zwölf Apostel.

Durch die Fenster über dem Trottoir scheint altklug der Tag herein, und Stiefel und Füße der Vorübergehenden passiren vor uns die Revue.

Ich hörte der freundlichen Rede meines Begleiters zu, ich betrachtete das Lokal, den Kellner, welcher vor uns die Tafel deckte, die verschiedenen Stiefel, Pantalonsenden und Rocksäume über unserem Horizonte, aber immer und immer wendeten sich meine Blicke dem jungen Kavaliere zu. Ich hatte noch nie einen solchen Priester an dem Opferaltar seines Gottes gesehen.

Und das Rinderfilet verschwand und der Kellner kam, und der Kellner ging und Wilken erschien in Person. Sie sprachen nicht laut, sie sprachen leise, und ich konnte nicht die Worte verstehen; aber der Ernst in ihren Zügen, das tiefe Nachdenken auf der Stirn des Kavaliers ließen mich die Wichtigkeit dieser Berathung ahnen.

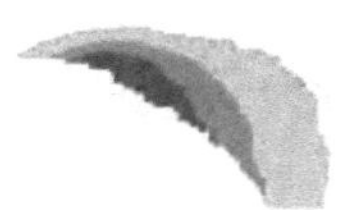

Endlich entfernte sich Wilken, der Kavalier blieb allein. Er griff nach einem Zeitungsblatte und legte es mit Schaudern von sich. Es war die Hamburger Reform, ein ultrarepublikanisches Blatt, ein Störenfried des Genusses. Zwei, drei andere Blätter wurden zur Hand genommen und fortgelegt; die Zeitungen sind jetzt alle aufregend, alle appetitverderbend! — Endlich fand er die täglichen Nachrichten und hatte sich liebevoll und beruhigt in das Studium der Fremdenlisten und Theateranzeigen versenkt, als der Kellner zurückkehrte. Er trug eine verdeckte Schüssel, Wilken folgte ihm auf dem Fuße.

Der Kavalier nahm den Deckel herab, hob die Schüssel zur Nase und athmete ihr Arom, ich blickte unablässig hin — ich hatte noch nie einen Priester an dem Altar seines Gottes gesehen!

Und der priesterliche Kavalier setzte die Schüssel nieder, blickte mit festem Auge hinein, sich spiegelnd in dem Glanze der Sauce. Was sie enthielt? Wie sollte ich das wissen? Was ahnt der Laie von den Wundern, welche sich in der Tiefe der Mysterien verbergen.

Langsam schlug der Kavalier den Aermel der rechten Hand zurück, behutsam hob er einen Theil des Inhaltes aus der Schüssel empor und legte ihn vor sich nieder. Wilken blickte ihn fragend an — der Kavalier zog die Augenbrauen in die Höhe, schaute Wilken in's Auge, nickte billigend mit dem Haupte, ein Lächeln der Befriedigung flog über sein Antlitz, ein Lächeln der Befriedigung flog über das Antlitz von Wilken — und Wilken verschwand und der Kavalier arbeitete fort, eifrig zu Ehren seines Gottes.

Und die Schüssel war geleert und das Porterglas war geleert, noch ein Augenblick des Nachgenusses, noch ein Augenblick stiller Feier und der Kavalier erhob sich von seinem Sitze. Er schlug den Aermel zurück, er rückte die Weste zurecht, er putzte und kämmte den blonden Bart, den goldenen Schmuck seines sattlächelnden Mundes. Schweigend reichte ihm der Kellner den Rock, schweigend den Hut, schweigend das spanische Rohr; der Kellner wußte, daß man diesen Gast nicht durch Sprechen von seinem Gegenstande abziehen dürfe. Zwei Worte flüsterte der Kavalier im Hinausschreiten dem sich verneigenden Wilken zu; noch ein Lächeln der Befriedigung, des Verständnisses, auf den Lippen des Gastes, auf den Lippen des Wirthes, und der Kavalier verließ die Stätte seiner Arbeit, die Quelle seiner Freude.

Und als ich hinaufstieg aus dem Austernkeller von Wilken's in Hamburg, da hatte ich einen Priester gesehen an dem Opferaltar seines Gottes, ihm dienend in seliger Freude.

10.

Hamburg, 15. August.

Daß die beiden Brüder, Heinrich und Rudolph Lehmann, nach den letzten Pariser Kampfestagen hieher gekommen sind, wirst Du schon wissen. Wandert man durch die schattigen Alleen, welche gleich vor dem Dammthore beginnen, bis hin an das Ufer der Alster, so gelangt man an ein freundliches, blumenumblühtes Landhaus, das im Innern reich geschmückt ist mit Kunstschätzen, welche die Pietät der Söhne auf dem Altar der Elternliebe niedergelegt hat. In diesem Hause wohnen die

Eltern der beiden Maler und hier haben diese einstweilen ihre Atteliers errichtet.

Heinrich, der in Paris so bedeutende kirchliche Malereien ausgeführt, hat, da er nur kurze Zeit in Hamburg zu verweilen denkt, keine größere Arbeit begonnen. Er zeigte uns nur einen sehr poetisch gedachten Carton zu einem Bilde, das die Träume der Liebe darstellt. Schwebende Gestalten, in denen er vorzugsweise glücklich ist, tragen eine schlummernde Jungfrau. Amoretten streuen Rosen über sie hin, aber auch die Dämonen der Eifersucht schwingen ihre Fackeln, und wenn der Traum sich erfüllt, wird das Erwachen ein schmerzliches sein.

Rudolph hingegen, der für's Erste in Hamburg zu bleiben entschlossen ist, hat alle Hände voll zu thun, da die ganze schöne und reiche Welt von ihm gemalt sein will. Eine Menge Bildnisse von Männern und Frauen waren bereits untermalt, und alle eben so ähnlich als künstlerisch schön. Am meisten aber fesselte mich ein großes Bild, daß zwei Italienerinnen darstellt, die sich in einem Kahne ruhig auf dem stillen Meere hingleiten lassen. Wie und wann der Gedanke zu diesem traumstillen Bilde entstanden ist, wirst Du am Besten aus der Skizze sehen, zu der mich einzelne Motive seiner Erzählung veranlaßten. Ich lege sie Dir bei, sie soll den Titel führen:

Aus dem Leben eines Malers.

Eine schwüle Junihitze lag über Paris gebreitet; man vermochte kaum zu athmen. Seit vierundzwanzig Stunden läuteten die Sturmglocken ohne Unterlaß; Blut floß über die Steine hin, die Räder der Pulverwagen und Kanonen färbend, welche in donnernder Eile zu den Kampfplätzen rasselten. In den verschiedenen Stadttheilen wechselten Todtenstille und furchtbares Geschrei mit einander ab. Während ein dumpfes Schweigen im prächtigen von seinen aristokratischen Bewohnern verlassenen Faubourg St. Germain herrschte, nur unterbrochen durch die weit-

der schallenden Donnerschläge der Kanonen und das Geknatter des Gewehrfeuers, stürzten lärmende Volksmassen die Boulevards entlang zu der Porte St. Martin und dem Faubourg St. Denis, wo noch einmal siegreich der Kampf der Besitzenden gegen die Nichtbesitzenden zu Gunsten der Erstern entschieden werden sollte.

Im engen Clos St. Lazare war jedes Haus zu einer Festung geworden. Immer neue Kämpfer drängten sich auf die Barrikaden, Männer und Weiber jeden Alters, von Nachtwachen und Mangel an Nahrung bis zur wildesten Wuth gestachelt, schlecht bekleidet, Zorn und Haß in jedem Zuge des Gesichts. Achtlos schleuderten Weiber einzelne Stücke des Hausrathes, werthgehaltene Gegenstände des geringen Besitzes aus den Fenstern herab auf die anrückenden Linientruppen und Nationalgarden; nichts hatte mehr Werth in ihren Augen, kein Wunsch schien in ihnen zu leben, als die Sehnsucht, den lang verhaltenen Groll in blutiger Rache zu kühlen. — Aber auch die Nationalgarden und die Linie kämpften ohne Erbarmen. Zeigten die Proletarier die Raserei des Hasses, so offenbarte sich in jenen die kalte Ruhe von Menschen, welche mit dem Naturtrieb der Selbsterhaltung zu dem Aeußersten bereit sind. Nicht mehr als Bürger standen sie sich gegenüber, sondern als feindliche Racen. Die Geister der Vernichtung schwebten über ihnen.

Schon neigte sich der Tag zu Ende. Ein kühler Windhauch fing an die brennenden Wunden zu fächeln, während er das noch strömende Blut der Sterbenden erstarren machte. Leises Wimmern, angstvolles Röcheln der Verwundeten erklang unter den Vorsprüngen und Portalen der Häuser, wohin man sie geflüchtet hatte, als ein neuer Trupp Nationalgarde gegen die Barrikade anrückte, welche die Straße St. Lazare versperrte. Alle ihre Vertheidiger sprangen von der kurzen Rast empor; in einem Augenblick standen sie auf

der Verschanzung, die blutrothe Fahne wehte in ihrer Mitte; ein junges Weib hielt sie hoch in der kraftvollen Rechten. Ihr schwarzes Haar flatterte aufgelöst um das bleiche, zornentstellte Antlitz, aus dem die dunkeln Augen mächtig hervorglühten. Das Gewand war zerrissen, die nackten Arme von Pulver geschwärzt.

Ein Jüngling wollte die Vordringende zurückhalten. „Denke an unsere Mutter, Marie!“ — „Sie haben mir den Mann erschossen und die Trümmer unseres Hauses haben mein Kind erschlagen,“ antwortete sie und warf sich, die Fahne schwingend, den Kämpfern voran, bis an den äußersten Rand der Barrikade. Schüsse krachten um sie her, vernichtend flog ein Hagel von Steinen nieder auf die Angreifenden. Da erscholl noch einmal das Commandowort in den Reihen der Truppen. — „Feuer!“ rief der Officier; grelle Blitze zuckten auf, ein furchtbarer Donner krachte durch die Luft, Rauchwolken verhüllten die Scene.

Als sie verflogen waren, stand die Barrikade verlassen; die Truppen räumten sie weg und auf den zertrümmerten Balken derselben legten zwei Nationalgardisten die Leiche eines erschossenen Weibes nieder, dessen Hand noch im Tode die Fahne der rothen Republik umklammert hielt. Schaudernd verließ ein Deutscher die Stätte dieses Kampfes, dessen Zeuge er zufällig geworden war. — Sich einen Weg bahnend durch die immer wachsende Verwirrung, gelangte er über die Boulevards und den Platz de la Concorde in seine weit entlegene Wohnung.

Es war das Atelier eines Malers. Die letzten Tagesstrahlen fielen, gebrochen durch die Pulver- und Staubwolken, welche über der Stadt schwebten, matt durch die Scheiben des halbverhängten Fensters. Ihr gelbliches Licht erhellte ein großes Oelgemälde auf einer Staffelei. Es stellte den heiligen Sebastian dar.

In stiller grüner Waldeskühle war der Heilige,

von Pfeilen durchbohrt, an einen Baum gebunden; dem Tode nahe sank die schöne bleiche Gestalt mehr und mehr in sich zusammen. Mit der schwindenden Aussicht auf rettende Hülfe schien die Kraft des Widerstandes gegen den Tod in ihm gebrochen zu sein. Er hoffte nicht mehr, er ließ sich sterben, und doch nahte die Hülfe. Aus der Ferne, aus dem tiefsten Schatten der Bäume. trat sie hervor, eine Römerin in dunklem Gewande, mit der emporgehobenen Rechten den Korb auf ihrem Kopfe stützend, in dem Früchte und Brot Labung und Erhaltung versprachen.

Müde und bleich sank der Künstler vor seiner Staffelei auf einen Stuhl nieder, das Haupt sinnend auf die Hand gestützt, während sein Auge träumend auf dem Bilde vor ihm ruhte Die Stille in seinem Gemache hatte etwas Furchtbares nach dem Lärm des Kampfes, den er eben verlassen. Dumpf klangen die Glockenschläge von Notre Dame herüber, wie Grabgeläut der untergehenden Generation — „Die Menschheit ist todeswund, wie dieser Heilige!“ rief der Künstler, „sie ist dem Untergange geweiht, wie er, wenn ihr nicht bald der rechte Befreier naht!

Thränen der Erschütterung entströmten seinen Augen. „Wo ist die Zeit des Friedens hin?“ seufzte er, „wo sind die stillen Stunden hin, die ich in reinem Genuß heiliger Schönheit verlebt?“ Er versank in Gedanken. Immer matter ward das Licht des Tages, graue Dämmerung herrschte in dem Gemach und legte ihre Schleier über die Gemälde; aber je mehr dieselben seinem Auge entzogen wurden, um so heller stiegen die Erinnerungen vergangener Zeiten in ihm empor.

Ein Jahr war es her, daß er an gleichem Tag einsam in einem Boote die blaue Fluth des Mittelmeers durchstrich, die sich sanft plätschernd um Procida schmiegte. Mit sicherer Hand hatte er die leichte Barke vom Lande gestoßen und war hinausgefahren in das Meer, gegrüßt von den schönen Weibern am Ufer, welche in ihrer reichen Sonntagstracht dem stattlichen Fremden freundliche Worte und freundlichere Blicke nachsendeten.

Der ganze Zauber des Südens erblühte wieder vor seinem geistigen Auge bei dieser Erinnerung. Er fühlte den Duft der Orangen und des Jasmins über den salzigen, frischen Wassern schweben. Das tiefe Blau des Meeres, unmerklich in den Horizont verschwimmend, war, wie dieser selbst, vom letzten Gold der Sonne überströmt und durchfluthet. Aus der Ferne tauchte in bläulichem Lichte die Felseninsel Capri hervor; eine süße Wärme strömte durch die Natur. Zahlreich wiegten sich nah und fern die weißen Segel der Kähne und Barken auf dem friedlichen Elemente, als plötzlich sein Auge wie von einem milden Zauber gefesselt ward.

Ohne Ruderschlag, nur durch den leisen Druck des Steuers im Gleichgewicht gehalten, schwebte eine Barke heran, deren muschelförmige Wölbung

11*

zwei jungfräuliche Gestalten über die Wellen trug, Töchter Italiens, Töchter einer glückseligen Natur. Hoch aufgerichtet stand die Eine in der Mitte des Bootes. Ihr schwarzes, von dem mit Gold und Purpur durchwirkten Bande gehaltenes Haar legte sich in sanften Biegungen um die Schläfe. Heißes, dunkelrothes Blut strömte durch die Adern der bräunlichen Haut. Die Sonne ruhte liebend, gleichsam verweilend auf ihrer Schönheit, als wollte die Natur vollends alle Gefühle des Herzens reifen, das in jugendlich bangen Schlägen unter dem rothen Mieder den weiß verhüllten Busen hob. In bunter Farbenpracht flossen die Gewänder am schlanken Leib hernieder. Eine Zither stand, von dem Arme des Mädchens umschlungen, auf der Bank des Schiffchens; das Haupt der Jungfrau lehnte sich an den Hals des Instruments, mit dessen Klängen ihre Stimme sich eben erst vermählt hatte, holde Liebesgrüße den ziehenden Wolken anzuvertrauen. Süßer Wehmuth voll

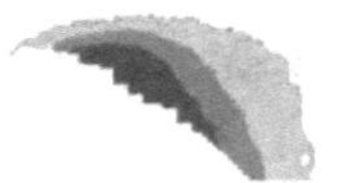

blickte ihr dunkles Auge in die Weite, den fernen Geliebten suchend, in sehnsüchtiger Klage, in frohem Hoffen baldigen Wiederfindens.

Aber keine irdische Hoffnung lebte in der Gefährtin, welche zur rechten Seite der stehenden Jungfrau im Kahne saß. Ihr bleiches Haupt, von lichtem Gelock umflossen, war mit einem grünen Kranze geziert — mit jenem Kranze, den man ihr in's Haar geflochten, den Hochzeittag zu feiern, als man ihr den Bräutigam, getroffen von dem bezahlten Dolchstoß des reichen, verschmähten Gouverneurs, sterbend in die festlich geschmückte Halle des Vaterhauses brachte. Keine Thräne war ihrem Auge entströmt, kein Klagelaut ihren Lippen. Schweigend und auf Trost verzichtend hatte sie den Blick zum Himmel erhoben, in frommer Ergebung, in gläubiger Sehnsucht nach einem Wiedersehen über den Sternen. Und mit diesem glaubensvollen Blicke schaute auch jetzt ihr Antlitz, leise auf den Arm gestützt, zu den Wolken empor, so abgewendet allem Irdischen, daß die weiße Wasserlilie unbeachtet der Hand entglitt, welche, über den Rand der Barke hinabgesunken, fast von den spielenden Fluthen geküßt ward.

Ob er in Italien einst diese Scene wirklich gesehen, ob man ihm die Geschichte der schönen Trauernden erzählt, er wußte es sich nicht mehr zu sagen, als er in seiner einsamen Zelle diese Bilder im Geist erschaute.. Sie standen vor seinem Auge lebendig da, fortdauerndes Leben fordernd von seiner Künstlerhand.

Es war Nacht geworden, die Finsterniß hatte ihre unheimlichen Schleier über Paris gebreitet. Noch immer tönte wilder Lärm aus der Ferne herüber, immer noch dröhnten Kanonenschüsse und Gewehrsalven durch die Luft. Und die Nacht entschwand und ein neuer Tag stieg empor und der Kampf wüthete fort. Als er endlich schwieg, lagerte sich die Grabesstille der Erschöpfung über Paris, noch grauenvoller in ihrem Schweigen als das wildeste Toben der Schlacht. — Wohin das Auge blickte, Scenen der Trauer und des Entsetzens! aber wie ein milder Sonnenstrahl aus tiefem Dunkel tauchte immer und immer wieder die Erinnerung an jene Jungfrauen in der Seele des Malers empor, sein Herz erlabend durch ihre milde Schönheit, durch die Heiligkeit ihrer sanften Trauer, wenn um ihn her die harten Worte des unerbittlichsten Parteikampfes eine schwere Zukunft voll Blut und Jammer verkündeten. Sie wurden sein Trost, als er zu Pinsel und Palette griff, sich zu retten aus der Verwirrung des Augenblicks.

Ruhe und Frieden kehrten ein in seine Brust bei der Arbeit in einsamer Zelle. Mit liebender Hingebung ward das Bild vollendet, eine Befreiung des Künstlers von schmerzvoller Erregung, eine Blüthe der Poesie, gekeimt auf den Gefilden des Todes.

Helgoland im September 1848.

11.

Helgoland, den 3. September 1848.

Es giebt einen persönlichen Gott, und die Seekrankheit ist das Mittel, dessen er sich bedient, die Atheisten zu bekehren!

Stundenlang hatte mir einst der gelehrte Naturforscher K. bewiesen, daß die Existenz eines persönlichen Gottes allen Regeln der gesunden Vernunft widerspräche, daß sie durchaus unmöglich sei. Heute, als er mir, gegenüber in der Kajüte des Dampfbootes auf dem Divan liegend, mit allen Qualen der Seekrankheit kämpfte, stieg mal auf mal ein Hülferuf, ein stöhnendes, kindlich bittendes »o Gott!« zu dem unmöglichen Gotte empor, und ein tiefes »Gott sei Dank!« entwand sich seiner Brust, als endlich das Anker ausgeworfen ward, und das furchtbare Heben und Sinken des Schiffes sein Ende fand, das uns während der vierzehnstündigen Sturmfahrt gemartert hatte.

Es war zehn Uhr Abends und ganz finstere Nacht. Schwindelnd, unsicheren Schrittes, stiegen wir die Schiffstreppe hinunter in eines der wartenden Lootsenböte. Ein feiner Regen, untermischt mit dem aufspritzenden Schaum der Wellen, netzte die Mäntel und die blassen Gesichter der Passagiere, welche von der Laterne des Lootsen beleuchtet wurden, der das Ueberfahrgeld einforderte.

Vor uns lag der Felsen Helgoland. Zahlreiche Lichte glänzten unten am Ufer und oben auf der Höhe, man hätte es schön finden müssen,

wäre man eines Gedankens der Art fähig gewesen; aber kein Laut der Bewunderung erscholl von irgend einem Munde Die Seekrankheit ist ein gutes Mittel auch gegen den Enthusiasmus der Touristen.

»Welch entsetzliche Fahrt!« — »Ich verwünsche das Meer und Helgoland!« — »Zwölf Schillinge Madame!« — »Mama! Mama! das Boot fällt um!« — Ein lauter Ausruf der Angst von einer Frauenstimme; ein neues, furchtbares Heben und Sinken des Bootes; neue Ausbrüche der Seekrankheit; ein allgemeiner Chor von Gott Lob! als Begleitung zu dem im tiefen Baß gesprochenen Gott Lob! des bekehrten Naturforschers, und das Boot ward an den Strand gezogen.

Roth ist das Land!
Grün ist die Kant!
Weiß ist der Strand!
Das sind die Farben von Helgoland;

12*

So lautet ein alter Helgolander Wahlspruch, aber von diesen Farben war an jenem Abende Nichts zu erkennen. Beim Scheine einzelner Laternen drängten sich Kofferträger, Abgesandte der verschiedenen Gasthöfe und Badegäste in der Finsterniß durch einander. Man rief den erwarteten Bekannten zu, die Gasthofsboten griffen sich nach Belieben verschiedene Passagiere aus der Zahl der Ankommenden heraus, und diese ließen sich ruhig fangen, denn nicht nur gläubig und still macht die Seekrankheit, sie macht auch sanft und fügsam. Sie ist ein Universalkurmittel, das von philantropischen Menschheitsverbessern lange nicht genug beobachtet wird.

D.'s Stimme rief mir den Willkomm zu, und an seinem Arm gelangte ich über das Steingeröll des Strandes endlich auf festen Boden. Nicht funfzig Schritte vom Landungsplatze beginnen die Häuser des Unterlandes. Durch ein kurzes, sehr enges Gäßchen, führt der Weg zu der Treppe von hundert sechs und achtzig Stufen, der alleinigen Straße in das Oberland. Mir schien sie der Pfad zu dem einzigen Glück, das auf Erden der Mühe des Strebens verlohnte, zu einem bequemen, ruhigen Lager, auf dem ich die Leiden dieses Tages zu vergessen hoffte.

Als ich am Morgen erwachte, und an das Fenster unserer, auf der äußersten Nordspitze der Insel gelegenen Wohnung trat, lag das Meer vor meinen Augen. Der Sturm des vorigen Tages hatte es wild aufgeregt. Brausend brach sich Welle um Welle an dem Fuße des Felsens. Gelblich weiß breitete sich eine Viertelstunde vom Felsen, nach Osten hin, die Düne aus; ein Stück Sandland, aus dem Meere auftauchend, das es in jedem Augenblicke zu verschlingen droht. Drei schwarze Holzbaaken, Zeichen für den Schiffer, sahen auf der Düne wie Todtenkreuze auf einem Leichenhügel aus.

In dicke, graue Wolken gehüllt, schien die

Sonne bleich und todt auf das Meer hernieder. Ein feuchter Wind bewegte die Zweige der kümmerlichen Gesträuche, die sich in dem Gärtchen vor unserm Hause befanden. Traurig streute eine blasse Monatsrose ihre Blätter auf die Erde, und ein Myrthentopf, den man zu kurzer Sommerfreude in das Freie gepflanzt hatte, war in der Nacht vom Sturme geknickt worden. Zwischen Kohlköpfen verschiedener Art, blühte hier eine violette Malve, dort eine kümmerliche Stockrose oder eine Dahlia. Bäume, die man gepflanzt, waren nicht angewachsen, die dürren Stämme, noch sorgfältig an Stöcke gebunden, standen da, als traurige Zeichen der Unfruchtbarkeit.

Die Wirthin unseres Hauses und ein Paar Kinder traten vor die Hausthüre, die Erstere um Wäsche aufzuhängen, die Kinder um auf dem gelben Rasen zu spielen. Ein Dienstmädchen hielt das jüngste Kind, in einem Mantel einge-

wickelt, auf dem Arme. Das geschah Alles so still, sah so kalt aus, daß die fröhlichen Farben an den schönen rothen Röcken der Frauen, daß die hellgrünen Borten mir wie ein greller Spott erschienen in dieser Natur. Ich mochte gar nicht aufblicken, das Land, das Meer nicht sehen, und starrte in die Wolken. Da flogen mit schwerem Flügelschlag einige silberweiße Möven aus dem Meere empor, schossen dann pfeilschnell durch die Luft, und mir stürzten die Thränen aus den Augen.

Fort! das war der einzige Gedanke, den ich klar empfand, mitten in der plötzlichen Erinnerung an jede Sehnsucht, die ich gefühlt mein Leben lang. Jeder Todte, den ich beweint seit meiner frühsten Jugend, jede Trennung, mit ihren langen, schleichenden, einsamen Stunden, unter deren Wucht ich gelitten, standen vor meiner Seele. Tod, Trennung, Sehnsucht, Gefangenschaft, das waren meine Empfindungen, und sie schienen mir um so schwärzer, als ich im Gegensatze zu ihnen das volle Bewußtsein der Schönheit des Mittelländischen Meeres hatte. Ich sah das Meer zum Erstenmale wieder, seit ich Ischia und Neapel verlassen. Es war auch hier das Meer, es war auch hier ein einsamer Fels im Meere wie dort, aber welch ein Unterschied zwischen der wonneathmenden, feuerdurchströmten Natur von Ischia und dieser öden Insel. Dort war ich angelangt von Schmerz gebeugt, und die Natur hatte mir aus ihrer Fülle Kraft gegeben, den Schmerz zu bestehen und das Leben zu lieben; während sich mir jetzt die Traurigkeit des Nordens bedrückend auf die Seele wälzte.

Seit jenem Morgen sind mehrere Tage vergangen, es hat Sonnenschein gegeben, das Meer ist in ruhiger, sanfter Göttlichkeit erschienen, und hat im Sturme seine wilde Allmacht entfaltet, ohne daß ich deshalb besser begreife, wie Helgoland den Ruf der Schönheit erlangen konnte,

den es besitzt, wie irgend ein Mensch in dieser Oede mit Genuß ausdauern mag.

Helgoland mag das Paradies der Zugvögel sein, welche sich bei ihren Frühlings- und Herbstwanderungen in großen Schaaren hier zur Rast niederlassen, für Menschen aber ist es ein trauriger Aufenthalt. So lange man von der Erde aus den Himmel und die Sterne sehen kann, braucht man nicht im Luftballon zu leben, um sich an ihnen zu erfreuen; und so lange es noch Meeresufer mit Bäumen und Sträuchen giebt, wird die Macht der Mode zu bewundern bleiben, welche gesunde Menschen, denn von Kranken kann die Rede nicht sein, zu freiwilliger Gefangenschaft auf Helgoland zu bewegen vermag. Das Beste, was man davon sagen kann, ist, daß man hier ein Leben führt, wie auf einem, mitten im Meere vor Anker liegenden Schiffe; aber vier Wochen der Windstille, des Vorankerliegens, sind ein seelenbeklemmender Gedanke. Selbst die Wohnungen in Helgoland dienen dazu, die Idee des Schiffslebens zu vervollständigen, denn sie sind klein und glänzend sauber wie Kajüten, und manche Straßen, vornehmlich im Oberlande, kaum so breit, als die Räume, welche zum Umhergehen unter Deck freigelassen zu werden pflegen. Der Sturm, welcher auf diesem hohen Felsen wüthet, daß man oft Noth hat, sich auf den Füßen zu erhalten, mag wohl die Ursache sein, daß man die Gäßchen so enge gebaut hat, obschon sie pathetisch Nelsonstraße, Trafalgarstraße, Blücherstraße u. s. w. heißen. Wir aber wohnen nicht in diesen innern Straßen, sondern auf dem äußern Rande des Oberlandes, am Falm, und sehen, wenn wir im Zimmer sitzen und das schmale Stückchen Land dadurch unsern Augen entzogen ist, genau wie von einem Schiffe in das Meer.

12.

Den 10. September.

Als unsere Vorfahren sich zu ihrem eigenen Entsetzen den Begriff der Hölle und der ewigen Qualen im Fegefeuer schufen, hatten sie offenbar ohne Kenntniß der Menschennatur gehandelt, und nicht berechnet, daß diese, in ihrem Bedürfniß nach Freude, sich in jede lange währende Lage schickt, und sich selbst umwandelt, um in den gegebenen Zuständen Glück zu finden. Ich bin vollkommen überzeugt, daß man nur in den ersten Wochen das Fegefeuer beschwerlich findet, sich dann aber allmälig daran gewöhnt, und in seiner Gluth und seiner Flamme endlich Reize entdeckt, für die uns vorher der Sinn abgegangen ist.

Dies Urtheil wird Dir beweisen, daß ich die Oede Helgolands in so weit überwunden habe, als ich mir fest einbilde, ich lebte auf einem Schiffe, und daher gar nicht mehr fordere, daß Etwas darauf wachsen und gedeihen solle. Seit ich zu diesem Punkte gekommen bin, befinde ich mich hier viel besser, und schaudre nur bisweilen, wenn mir die Geschichte von dem großen Kraaken einfällt, von dem riesigen Seethiere, das alle tausend Jahre aus der Tiefe auftaucht, sich für die nächsten tausend Jahre in der Sonne zu erwärmen, und dann, nachdem sich betrogene Menschen darauf angesiedelt haben, weil sie es für eine Insel halten, plötzlich wieder auf den Grund geht. Wer kann den eigentlich wissen, ob Helgoland nicht ein solcher Kraaken ist? Alle Morgen empfinde ich mit großer Genugthuung, daß

der Felsen noch nicht untergesunken, daß die Düne mit ihren Badekarren und Holzbaaken noch da ist, daß die Badegäste in ihren Böten wieder zum Bade herüberfahren, und deklamire dann seufzend: »das ist eine Welt, das ist meine Welt!« fange aber an sie zu lieben.

Als nächsten Augenpunkt haben wir aus unsern Fenstern die vier dänischen Fregatten, welche hier als Kaper und Blockadeschiffe kreuzen. Stattliche Fahrzeuge, deren Segel hell im Sonnenscheine glänzen. Bald liegen sie ferner, bald näher an der Insel. Wenn dies Letztere der Fall ist, gehört es zu den Belustigungen der hiesigen deutschen Badegesellschaft, zu den Fregatten zu fahren, und sich von den dänischen Offizieren die Honneurs ihrer Schiffe machen zu lassen. Langeweile entschuldigt viel, aber auffallend bleibt es doch, und charakteristisch für die Deutschen, daß sie die Unschicklichkeit dieser Besuche nicht empfinden, daß sie nicht das leiseste Widerstreben dabei haben, und es nicht begreifen, wie man sich dagegen aussprechen könne.

Bisweilen kommen die Offiziere auch an das Land, um bei dem englischen Gouverneur der Insel zu speisen. Dann gehen sie in den Conversationssaal, wo man ein paar Mal in der Woche Abends tanzt, und wo dänische Offiziere und deutsche Damen trotz des Krieges und der Blockade in bester Eintracht mit einander umherspringen.

Im Uebrigen ist das Leben so einförmig als möglich. Morgens die Fahrt zum Bade und ein Frühstück mit andern Badegästen auf der Düne, wobei es recht heiter und gesellig herzugehen pflegte; Mittags ein vortrefflicher Tisch mit Austern, Hummern, Seefischen; Nachmittags der Kaffee in einem der beiden Pavillons am Ufer, oder eine zweite Seefahrt; dann Betrachtung des Sonnenunterganges von der Westspitze, und endlich in den Wochentagen eine Kartenpartie oder eine

Plauderstunde im Konversationshause. Sonntags aber ein Ball, an dem auch einige hübsche Helgolanderinnen, leider ganz nach der Mode gekleidet, Theil zu nehmen pflegen.

Hat man dann eine Reihe von Tagen gleichmäßig hingebracht und sehnt sich nach Abwechslung, so werden der Besuch des Tanzhauses, des Leuchtthurmes und der Ginkneipe in Vorschlag gebracht. Die Letztere habe ich gestern gesehen und dort den Anblick eines ächt Tenier'schen Bildes genossen.

Für einen Schilling, neun preußische Pfennige, verabfolgt man hier ein Glas Bier, ein kleines Glas Wachholderbranntwein (Gin), zwei Prätzeln und eine Cigarre. Diese, in dem sonst ziemlich theuren Helgoland, große Billigkeit, macht die Ginkneipe zum Aufenthalte der Matrosen, und an den langen, blankgeputzten Tischen saßen, von dem Scheine einiger Talglichte beleuchtet, zwei verschiedene Gruppen trinkend und rauchend beisammen, welche, als wir eintraten, abwechselnd Matrosenlieder zu singen begannen. Es waren alte, wehmüthige Melodien, Lieder von Scheiden und Meiden, vom Tod des Geliebten, wie die Lebensweise des Seefahrers sie häufig erzeugt. Die Matrosen alle waren sauber gekleidet, das Lokal reinlich; die wettergebräunten Gesichter sahen ruhig vor sich hin, während sie den Kopf auf die Hand gestützt, die Cigarre zwischen den Lippen, ihre Lieder sangen, ob sich, ob uns zur Freude, weiß ich nicht zu sagen. Aber es lag etwas Rührendes in dieser Ruhe und ein Ton von Resignation in dem Klang der Gesänge, der mich zu den Leuten hinzog, und sie mir befreundet erscheinen ließ, so daß es mir leid that, als ich mir im Hinausgehen sagen mußte, ich würde vielleicht Keinem von ihnen jemals mehr im Leben begegnen, wenn ich nun bald die Insel verlassen haben werde.

Nicht zu vergessen, wenn man der Helgolander

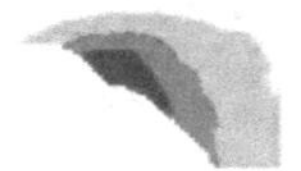

Freuden gedenkt, ist die große Treppe, der Corso, der Rialto der Insel, auf der sich ein Theil des Lebens koncentrirt, und auf der man die schönsten Studien über die Gewerbthätigkeit der Einwohner zu machen vermag. Vier, fünf Mal täglich steigt man sie auf und ab, und gewinnt dabei die nöthige Bewegung, welche sonst auf dem kleinen Raume nicht leicht zu erlangen wäre. Die Helgolander Promenaden bestehen aus drei längeren Wegen. Sie heißen die Kartoffelallee — der Weg zwischen den zwei Kartoffelfeldern des Oberlandes — die Bindfadenallee — das ist der Seilerplatz im Unterlande — und endlich die Lästerallee — so nennen die Fremden mit Selbstironie den Landungsort der Böte des Dampfschiffes — wo die Badegäste sich versammeln, sich an dem Anblick der jämmerlichen, seekrank ankommenden Fremden zu belustigen. Der längste dieser Wege, die Kartoffelallee, mag eine halbe Stunde lang sein, da sie die Insel in ihrer größten Ausdehnung durchschneidet, aber der harmlose Spaziergang in derselben hat seine Gefahren, wie jedes Umherwandeln im Oberlande oder auf der Düne

Die Helgolander sind nämlich leidenschaftliche Jäger und die Tradition der Seehunds- und Vögeljagden ist zu den Badegästen gedrungen, um sich bei ihnen als gefährliche Epidemie fortzupflanzen. Jeder Fremde, der sich hier nicht zu beschäftigen weiß, und es unerträglich findet, still in das Meer und den Himmel zu blicken, hängt sich ein Gewehr über die Schulter. Dann verwandelt sich das trübselige Hinstarren in ein unterhaltendes, sehr spannendes Aufpassen, und wer sich mit einem Stock in der Hand langweilte, amüsirt sich mit einer Flinte im Arm, mit der er eben so wenig sein Ziel zu treffen vermag, als mit jenem. Gerade aus diesem Nichttreffen, aus dieser Jagdheiterung der Badegäste, erwächst aber ein beängstigender Zustand. Wohin man sich wendet, ein Feuerrohr. Bald eine lange, alte Flinte, mit einem Schloß, das einen Büchsenschmied des 17ten Jahrhunderts verräth, in der Hand eines deutschen Schulmannes, der mit der Brille auf der Nase, nicht einmal die Schüler der ersten Bänke unterscheiden kann; bald eine prächtige, dem leichtesten Drucke gehorchende Büchse, in der Hand eines nervenzitternden Lebemannes. Fernsichtig wie ich bin, möchte ich den Schützen immer auf einige hundert Schritte zurufen, sich um Gottes Willen in Acht zu nehmen, wenn Leute vorbeigehen, denn ohne alle Frage sind die Robben, Möven und Regenpfeifer vor diesen Jägern sehr viel sicherer als wir.

Hie und dort begegnet man einer Ausnahme, einem wirklichen Jäger, der Etwas geschossen hat, und vor dem man sich nicht zu fürchten braucht. Zu diesen gehört der hier wohnende Marinemaler Heinrich Gätke, eine Persönlichkeit,

13*

die in ihrer Eigenart uns unablässig an Benevenuto Cellini's selbstbestimmtes, gewaltsames Wesen erinnert.

Er ist der Sohn eines Bäckers in der Mark und alle seine Brüder sind bei dem Handwerk des Vaters geblieben. Da Heinrich aber von Jugend auf eine besondere Neigung zum Zeichnen verrieth, und durchaus nicht bei dem Backofen bleiben wollte, suchte man ein anderes Gewerbe für ihn, und entschloß sich, ihn in Berlin bei einem Farbenhändler in die Lehre zu geben. Von dort aus machte er es möglich, die Akademie zu besuchen, und begann, während dieses Zeichenunterrichtes, ohne alle Anleitung in Oel zu malen. Ein Bild, das er nach zweijährigen Uebungen zur Kunstausstellung gab, fand außer vielfacher Anerkennung auch einen Käufer, und der Hinweis auf diesen kleinen Erwerb schaffte die väterliche Zustimmung zu der Berufsänderung des Sohnes.

Um Studien zu machen, ging er nach Helgoland, wo er sich in eine Halbländerin verliebte, sie heirathete und sich in Helgoland niederließ. Halbländer nennen die Insulaner Jeden, der von einem Eingebornen und einem Fremden abstammt. Frau Gätke ist die Tochter einer Helgolanderin und eines englischen Offiziers, und hat ihre Erziehung theils in England, theils auf dem Continente genossen. Eine lieblichere, anmuthigere Erscheinung als sie, findet man selten.

Anfangs mochte das Studium des Meeres Gätke in Helgoland fesseln, dann kamen die Sorgen für eine wachsende Familie, und manche andere Rücksichten dazu, ihm das Fortgehen zu erschweren, genug es sind nun zehn Jahre, daß er die Insel nicht verlassen, daß er kein Kornfeld, keinen Wald und kein Pferd gesehen hat.

Autodidakt auch in der Wissenschaft wie in der Kunst, hat er sich eine Masse von Kenntnissen und eine geistige Freiheit erworben, die um so eigenthümlicher erscheinen, als hier direkt aus der Natur, aus primitiven Zuständen in ihm hervorgegangen ist, was sonst Resultat des Studiums ist, oder Folge der Einsicht in die Mängel der übertriebenen Civilisation. Daraus ist in ihm eine gewisse Wildheit entstanden, die überall zur Selbsthülfe greift, und das Faustrecht über das Gesetz, die natürliche Billigkeit über das juridische Recht stellt; so daß er in betreffenden Fällen zu wunderlichen Thaten geführt wird, welche eben an Benevenuto Cellini erinnern.

Anderer Seits aber hat seine strebsame Natur ihn nicht nur vor Abstumpfung bewahrt, sondern ihn veranlaßt, das ihm Nächstliegende zu beobachten und daraus zu lernen. Ein großer Jagdfreund, hat er die Vögel zu seinem Studium gemacht und sich, wie man mir sagt, bedeutende ornithologische Kenntnisse erworben. Ein Zufall vermittelte unsere Bekanntschaft, wir haben ihn darauf vor einigen Tagen in seinem Hause aufge-

sucht, das um seiner Sonderartigkeit willen auch eine besondere Beschreibung verdient.

In einer der schmalsten Straßen Helgolands, in der wir, wie die Zugvögel, immer nur Einer hinter dem Andern gehen konnten, liegt ein ganz niedriges, einstöckiges Gebäude, das, nach Art unserer Bauernhäuser, zwei Fenster von beiden Seiten der kleinen Thüre hat. Ein, nach Helgolander Begriffen prächtiger Garten umgiebt dies Haus. Aber die beiden Bäume dieses Gartens, die schönsten der Insel, standen in diesem Sommer blätterlos. Ein scharfer Nordostwind hatte sie nach dem Entfalten gepackt und mit seinem salzigen Hauche so gedörrt, daß sie am Morgen alle herbstlich welk am Boden lagen. Ein paar kleine Sträuche, einige Zeitlosen, einzelne duftende Erbsenblüthen und andere kleine Blumen waren verschont geblieben. Sie erschienen hier herrlicher, als die schönste Centifolie in südlicher Natur. Alle diese Blumen und ein Feld von Kohl und Rüben, waren sorglich gepflegt. Kohl und Rüben sind, mit Ausnahme der Kartoffeln, die einzigen Erzeugnisse der Insel, und auch diese Gemüse gedeihen nicht auf jedem Punkte des Oberlandes. Alle übrigen Lebensbedürfnisse, Getreide, Fleisch, Holz, Torf und selbst das Heu zur Erhaltung der zahlreichen Schafe und der einzigen Kuh, welche dem Gouverneur gehört, muß vom Continente gebracht und die hohe Treppe hinaufgetragen werden, da man mechanische Vorrichtungen für diesen Zweck noch nicht kennt.

Aus dem kleinen Gärtchen vor dem Gätke'schen Hause traten wir in den Flur, dann zur linken Hand in das Attelier des Malers, das zugleich sein Studirzimmer und das Wohnzimmer der Familie ist. Die beiden Fenster der Hauptwand waren verhängt, um das richtige Licht für die Bilder zu schaffen, an dem frei gelassenen Seitenfenster stand die Staffelei. Gätke saß bei der Arbeit. Er stand auf, uns zu empfangen.

Eine große, sehr kräftige Gestalt, ein fast in südlichen Formen stark ausgeprägtes Gesicht, schwarze Augen, ein starker schwarzer Bart, ein langes Haupthaar, so trat er vor uns hin, und erschien noch größer in dem kaum acht Fuß hohen Stübchen, dessen Balken er offenbar mit der Hand erreichen konnte. Er trug eine blaue Leinwandblouse. Ein Paar blühend schöne Knaben, die in dem Zimmer an der Erde spielten, waren angethan wie er.

Helles Sonnenlicht beleuchtete das Gemälde auf der Staffelei. Es stellte eine der hervorspringenden Felsenkanten der Insel dar. An dem wunderbar gewölbten Bogen des rothen Gesteins, das mit seinen verschiedenen Lagen einem aus Quadern geschichteten Bauwerke gleicht, bricht sich die ganze Gewalt der mächtig anstürmenden Brandung, daß das grünlich-graue Wasser wild aufspritzt, dem Widerstande trotzend, in zornigen hoch schäumenden Wogen Schweres bleifarbenes Gewölk hüllt den Himmel ein, und läßt nur hie und da aus seinem blauen Grunde ein scharfes Streiflicht auf die Wellen fallen, die dann aufglänzen bald in silbernem Weiß, bald in grünlichem Gold, obschon man es fühlt, daß in dieser nordischen Natur die Sonne mehr leuchtet als wärmt. Unten am Fuße des Felsens, auf zerfallenem, bräunlichem Geröll sitzt ein Flug weißer Wasservögel, die Federn genäßt vom strömenden Regen, die Flügel ermattet vom Kampfe gegen den Sturm. Ihr sicheres Rasten zeigt die tiefe Einsamkeit an, deren sie hier gewiß sind.

Daneben befand sich eine kleinere Composition, ein mastloses Wrak, vom Sturme an das Land getrieben; eben noch die Welt so vieler Menschen, jetzt bereits das Spiel der Elemente. Ein tiefer, richtiger Blick für die Natur und die ganze Resignation des Menschen vor ihrer Allmacht, neben dem Wohlgefallen an ihrer Wildheit und am Kampfe überhaupt, sprach aus diesen Bildern

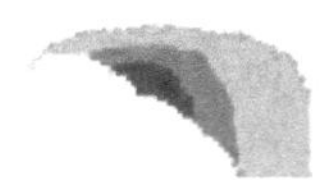

Ein Sopha zwischen den beiden verhängten Fenstern, ein Tisch mit schlichter Decke davor, ein Paar kleine Eckschränke und einige Stühle machten das ganze Ameublement des Zimmers aus. Dagegen befand sich, in den verhängten Fensternischen aufgeschichtet, eine ausgewählte kleine Bibliothek. Neben einigen ornithologischen Werken standen die deutschen Klassiker, Shakespeare und Byron in der Ursprache, griechische und lateinische Autoren in deutscher Uebersetzung, und eine Anzahl der neuen Lyriker unseres Vaterlandes.

Die Wände waren mit Glaskasten bedeckt, welche ausgestopfte Vögel enthielten. Gätke selbst hat diese Alle hier auf ihren Wanderungen geschossen und sich geübt, sie auszustopfen, was er jetzt mit höchster Vollendung zu Stande bringt. Ein Kabinet, welches an dieses Zimmer stößt, ist sein Laboratorium. Der Thüre gegenüber prangte eine weiße, große Schneeeule, die klug, als ob sie lebte, nieder sah. Hunderte von größeren und kleineren Vögeln der verschiedensten Gattungen waren in vortrefflichen Exemplaren vorhanden. Australische und Norwegische Vögel, Bewohner des Kaps, der heißen Zonen und der Pole fanden sich hier vereint, wie sich das Skalpel des Anatomen neben Pinsel und Palette, die Blüthe der Literatur neben der Flinte des Jägers und dem Theerhut des Schiffers befand.

Es lag etwas höchst Anziehendes in diesem Dasein. Die Entwicklung großer Kraft in engen Verhältnissen, die Möglichkeit geistigen Lebens aus dem eigenen Innen heraus, ohne unablässige Anregung von Außen, erschienen hier in ihrer ganzen Bedeutung. Man mußte sich unwillkürlich fragen, ob dieses Sichselbstausbeuten nicht viel fruchtbarer für die eigentliche Entfaltung der Menschenkräfte sei, als unsere Lebensweise, die uns täglich Neues zuführt, welches für uns durch die Masse unerfaßbar wird, während

wir doch unsere Kraft erschöpfen, in dem vergeblichen Bestreben, es uns in seiner Fülle anzueignen Der Mensch ist allerdings nicht für die Einsamkeit, aber noch viel weniger für den Theetisch geschaffen und für das Gesellschaftswesen, wie es sich in der großen Welt ausgebildet hat. Eine gesunde Natur wird auch länger ohne Nachtheil die Einsamkeit ertragen, als die Hohlheit unseres Verkehrs, in dem die besten menschlichen Eigenschaften brach liegen, und nur der Schein kultivirt wird. Dazu kommt noch, daß man in Helgoland nur den Winter auf sich angewiesen ist, während der Sommer in den zahlreichen Fremden dem Geiste vielfache Hülfsquellen eröffnet; und so wenig ich im Sommer hier zu leben wünschte, so angenehm kann ich es mir denken, den Winter einmal hier zuzubringen, sich in stiller Ruhe auf sich selbst zu besinnen, und einsam zu überlegen, was man innerlich gewonnen habe im Verkehr mit Welt und Menschen.

Wie der Gewerbtreibende strebt, am Ende des Tages einen Augenblick zu finden, in dem er seine Ausgabe mit seiner Einnahme vergleicht, und seinen Besitz berechnet, um sich ein klares Bild seiner Lage zu erhalten, so müßte man öfters die Menschen meiden, um mit sich allein zu sein, und sich Rechenschaft zu geben von dem, was man ist und kann, von dem, was man in sich selbst als Eigenthum besitzt. Dazu aber wäre Helgoland ein Ort, wie kein zweiter zu finden sein möchte.

13.

Den 14. September.

Eine Vorlesung über das Licht, welche unser Freund, Professor Ludwig Moser aus Königsberg, einmal drucken ließ, stimmt mit meiner Behauptung über das Akklimatisiren ganz zusammen. Er sagt im Anfange: »Wir empfinden nicht den absoluten Grad der Einwirkung, welche die Außenwelt auf uns übt, sondern nur den relativen, und zwar wird der jedesmalige Sinneseindruck nach gleichzeitigen oder vorhergehenden derselben Art beurtheilt. Auf uns macht des

Abends ein Kerzenlicht einen starken Eindruck, das wir bei Tage kaum empfinden, wenn wir aus einem erhellteren Raum treten. Die Größe der Gegenstände, ja ihre Farbe, sind zu einem beträchtlichen Grade diesem Gesetze unterworfen. Es ist, wie man bei einiger Ueberlegung einsieht, ein schönes Gesetz, darauf berechnet, uns mit der Welt zu versöhnen, in die wir jedes Mal versetzt sind."

Daran habe ich in den letzten Tagen viel gedacht und mich über die Ungleichheit der Anschauungsweise getröstet, die Du in meinem ersten und meinen spätern Briefen finden mußt. So arm, so traurig mir Helgoland erschien, so fest bin ich überzeugt, daß ich bei unserer Abreise nicht am Ende dessen sein werde, was hier zu sehen und woraus Belehrung zu ziehen wäre, daß ich es ungern verlassen werde.

Seit ich die Scheu vor der

wunden habe, und alltäglich mit den andern Badegästen zur Düne hinüberfahre, habe ich das Gefühl beengender Weltabgeschiedenheit verloren, und Helgoland erscheint mir schön in seiner Isolirung. Die bleiche Düne kann oft, wenn die Sonne sie warm beleuchtet, und das Meer zwischen der Düne und dem rothen Felsen in einem tiefen, südlichen Blau erscheint, so prächtig sein, daß man sie gar nicht verlassen mag. Vor Allem ist es dann schön, auf der Südspitze zu liegen, zu der die golddurchfunkelten grünen Wogen so majestätisch breit heranziehen, und von beiden Seiten sich aufbäumend, niedersteigen auf die Insel, daß nur der kleine Fleck, auf dem man eben sitzt, verschont bleibt von dem sich langsam über die Kiesel verbreitenden Wasser. Die Gefahr des Naßwerdens, welche jede Welle mit sich bringt, hat noch einen besondern Reiz. Man genießt durch sie die spannende Erregung eines schuldlosen Hazardspiels hier in freier Luft viel leichter und gesünder als Abends bei dem starkbesuchten Roulettespiel des Kurhauses.

Aber abgesehen von dem Reiz des Helgolander Naturlebens, hat die staatliche Einrichtung der Insel auch ihr Eigenthümliches. Die Helgolander sind Friesen, und die altfriesische Sprache soll sich unter ihnen am reinsten erhalten haben, wie auch ihr Landrecht noch das alte friesische ist. Das Gesetzbuch hat nur zehn bis funfzehn Gesetze, nach welchen Recht gesprochen wird. England, seit achtzehnhundertvierzehn im Besitze der Insel, die für dasselbe als Positionsplatz wichtig ist, erhält einen Gouverneur auf Helgoland, ohne jedoch in den Helgolander Gesetzen eine Aenderung einzuführen, oder irgend welche Abgaben von den Insulanern zu fordern. Dagegen werden die nöthigen Gelder zur Erhaltung der großen Treppe, des Leuchtthurmes und der Hafenbauten aus England gesendet, und das kluge englische Volk handelt auch hier nach dem Princip jener vortheilbringenden Großmuth, die es überall mit gutem Erfolg und gutem Anschein in Ausübung zu bringen versteht.

Unter der Oberleitung des englischen Gouverneurs, der ein Offizier höhern Ranges ist, werden die Verwaltungs- und Rechtsangelegenheiten Helgolands von sechs Rathsherren, acht Quartiersleuten und sechszehn Aeltesten besorgt. Die Würde der Rathsherren und Quartiersleute ist eine lebenslängliche, die Aeltesten werden auf sechs Jahre gewählt. Einer der Quartiersleute sagte uns, daß es höchst wenig Processe gäbe, daß Diebstahl fast nie vorkäme. Weder Schränke noch Häuser werden verschlossen, und jede Hauswirthin versichert, man könne Geld und Geldeswerth ruhig in den offenen Zimmern liegen lassen. Und doch muß die Noth hier groß sein, da, wie gesagt, die Insel Nichts erzeugt, jeder Lebensbedarf vom Festlande gebracht und die Vorräthe für den Winter im Herbste beschafft werden müssen, denn die Zufuhr ist oft durch Wochen und Monate unmöglich.

Interessant war mir das Bruchstück einer alten Helgolander Gesetzgebung aus dem Jahre eintausend sechs hundert und sechs, die ich in Wiebels Untersuchungen über die Insel Helgoland fand. Diese Gesetze, offenbar, wie Wiebel bemerkt, für eine kleine Gemeine berechnet, zeugen von dem starren Selbsterhaltungstriebe der Helgolander, sobald es galt, fremden Volksstämmen irgend einen Antheil oder Vortheil von dem zu gewähren, was jene als ihr Eigenthum betrachteten; während unter den Insulanern selbst eine fast kommunistische Einrichtung bestanden haben muß.

Es heißt nach dem Wiebel'schen Buche, im dritten Artikel, der den Fremden die Fischerei verbietet: »Da wir doch nichts Andres haben als die Fischerei, und wenn uns diese also genommen würde, so ist es um uns geschehen, so haben wir hernach keine Nahrung.«

Dann Fünftens: „ist noch von Alters her gehalten worden, wenn ein Schiff scheiterte oder Schaden erlitt, daß dasjenige, so daran verdienet worden ist, die ganze Gemeinde erhielte, der Arme davon so viel bekomme als der Reiche; solches wollen wir auch fernerhin und alle Wege so halten und bleiben lassen, und den armen Wittwen das Brot nicht aus dem Munde reißen und nehmen, welches unsere Vorfahren ihnen gegönnt haben. —

„Zum Sechsten soll Niemand mehr von dem haben, das beim Schiffen verdient worden ist, sei es bei Tag oder Nacht, als zwei Theile, das dritte Theil gehört aber der Gemeinde.

„Zum Siebenten ist auch von Alters gebräuchlich gewesen: die Rochen und andre Fische, so hier im Lande zum Verkaufe kommen, und woran ein Schilling zu gewinnen ist, davon sollen die armen Wittwen so viel haben, als die Allerreichsten. Solches ist bisher geschehen, und wollen es auch hinfort also halten. Es muß auch kein Fremder den Verkauf hier thun, er sei auch wer er wolle.«

Zum Neunten, »so soll sich nicht vermiethen, wer da will, als nur, wenn ein Mann wäre, der drei oder vier Söhne hätte, und wollte ein Jeder ein Antheil haben. Das ist nicht geschehen und kann auch nicht geschehen. Sondern, wenn Wittwen Leute miethen wollen, so soll kein fremder Mann helfen, der hier nicht wohnt, sondern sie sollen von unserm eigenen Landvolke miethen.«

Die Einwohner sind denn auch heute noch Fischer, Schiffer und Schiffsbesitzer, welche Letztere außer dem Transport der Waaren auch selbstständigen Handel treiben. Daneben aber treiben sie noch alle Handwerke und Gewerbe. Der Schiffszimmermann ist ein sehr guter Conditor; der eine alte Lootse Besitzer einer Leihbibliothek, die er selbst leidenschaftlich benutzt, wie er denn die neue Literatur kennt, und sehr erfreut ist die Bekanntschaft der Autoren zu machen. Man nannte einige der Rheder reich. In wie weit diese Bezeichnung in Helgoland mit unsern Begriffen des Reichthums übereinstimmt, vermag ich nicht zu entscheiden. Daß aber die armen Helgolander sehr arm sind, dafür will ich mich verbürgen. Jammervollere Gestalten, als ich vor den Thüren des Armen- und Krankenhauses im Oberlande gesehen habe, findet man nicht leicht. Es ist auch gar nicht abzusehen, wovon derjenige sich hier ernähren könnte, dessen Kräfte es ihm nicht mehr gestatten in See zu gehen.

Die See, Meer und Schiff sind Acker und Pflug der Helgolander, die als vortreffliche Lootsen und, in vorkommenden Fällen, als schlaue Seefahrer großen Ruf besitzen. Während der Continentalsperre feierte Helgoland sein goldenes Zeitalter, denn hier war der Stapelplatz der verbotenen englischen und Kolonialwaaren, und von hier wurden sie theils abgeholt, theils mit unglaublichem Gewinn auf das Festland gebracht. In neuerer Zeit kommt durch die Badegäste jährlich eine namhafte Summe in Umlauf; indeß trifft dieser Gewinn hauptsächlich die Hausbesitzer, und wie überall nur in geringem Maßstabe das Proletariat, das auch hier nicht fehlt. Jenes Biblische: »wer hat, dem wird gegeben werden,« ist eine höchst traurige Wahrheit unter uns geworden. Nur dem Besitzenden wird der Erwerb möglich und leicht, während dem Armen die Hülfsquellen alle verschlossen sind. Wie oft habe ich es gehört, daß bei uns arme Frauen und Männer sich zu Dienstleistungen anboten und abgewiesen wurden, indem man einwendete, sie sähen so zerlumpt aus, daß man sie nicht bei sich aufnehmen könne. Oft aber bedurfte es in der That nur eines Anzuges für die Unglücklichen, damit sie sich schicklich kleiden und, schicklich gekleidet, Arbeit und Erwerb zu suchen vermochten. Die

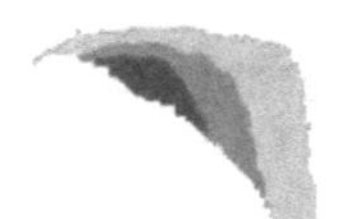

ersten Personen, welche ich eine wahrhaft förderliche Armenunterstützung ausüben sah, waren in meiner Vaterstadt Königsberg die Anhänger der Ebel'schen Sekte, die vielverklagten, vielgescholtenen Mucker. Ich am wenigsten möchte der Vertheidiger ihrer mystischen Unklarheit, ihrer religiösen Ueberspannung werden; ich weiß auch nicht, ob sie, von Fanatismus geirrt, jene Thaten verübt, in deren Folge man sie vor Gericht stellte; aber das weiß ich, und ich habe viele Personen des Kreises gekannt, daß sie eine bewundernswerthe Armenpflege hatten, daß sie tausendfach hülfreich erschienen, und daß Männer und Frauen eine ernste, wissenschaftliche Richtung verfolgten, die gegen die gewöhnliche Flachheit der Gesellschaft wesentlich abstach. Sie waren auch das einzige Beispiel in meiner Erfahrung, daß ein ganzer Kreis von Menschen seine Luxusbedürfnisse beschränkte, um den Ueberfluß für Nothleidende zu verwenden; und so erkünstelt, so abstoßend mir damals

14*

der süßliche Ton ihrer pietistischen Ausdrucksweise erschien, so sehr ich damals geneigt war, sie mit der großen Masse zu verdammen, eben so sehr habe ich später in der Erinnerung das Streben, das Ringen nach Vervollkommnung achten und ehren gelernt, das offenbar in ihnen vorhanden war.

Aber ich komme zu weit von meinen Helgolandern ab. Die reichen Männer gehen großstädtisch gekleidet, ihre Söhne bringen es sogar bis zu der Eleganz der Hansestädte. Die arbeitenden Klassen tragen Matrosen- und Fischerkleider, große Thranstiefeln, die bis zum Leibe heraufgezogen werden, den Wachstuchhut, die Seemannskaputze und die Jacke von blauem Fries. Wer nicht »auf See ist«, steht auf dem Falm und guckt in's Weite, oder geht zum alten Leuchtthurm auf dem Oberlande und sieht, ob Schiffe in Sicht sind. Man findet verhältnißmäßig mehr müssige Männer, als in Italien. Anders ist es mit den Frauen, die sehr thätig' sind, und selbst die schwersten Arbeiten, wie das Heraustragen von Torf und Ziegelsteinen nach dem Oberlande, fast ausschließlich verrichten. Man sieht sie mit dem Salzen und Dörren der Fische, mit Spinnen von grober Wolle und andern Hausarbeiten unausgesetzt beschäftigt. Sie haben noch, bis auf einige Töchter der Reichen, ihre Nationaltracht bewahrt; einen feuerfarbenen Tuchrock mit grünlich-gelbem, handbreitem Streifen am Rande, Jacke und Schürze von schwarzem Wollenzeug oder buntem Kattun, aber Beides immer gleichfarbig, und einen schwarzen, eng anliegenden Hut von Pappe, mit Zeug überzogen, von dem ein langes, viereckiges Stück dem Nacken herabfällt. Bei alten Frauen findet man bisweilen noch eine steife, gefältelte oder eine flach anliegende Haube, welche beide an altholländische Vorbilder erinnern.

Neulich gingen wir Abends in das »grüne Wasser«, das Tanzhaus der niedern Klasse, wo wir eine sehr komische Scene erlebten. Schon der Name ist bezeichnend für die Insel. Der Helgolander ist wie ein Fisch, ihm ist das Land nur ein fremdes Element, seine rechte Heimath ist das Meer, und daher nennt er denn auch den Ort, an dem er sich vergnügen will, nach seinem Lieblingselemente »das grüne Wasser«. Erinnert der Name an das Meer, so erinnert der Raum, in welchem getanzt wird, vollkommen an ein Zwischendeck. Kurze Pfeiler, welche den einen Theil des Gemaches von dem eigentlichen Tanzsaal trennen, erhöhen die Täuschung.

Auf einer Kanzel machte der Barbier, ein schmales, bleiches Männchen, den Musikdirektor, einen Baß spielend, welcher von einer Violine und von einer Flöte begleitet ward. Jedes dieser Instrumente wüthete aus einem andern Tone, jedes hatte ein besonderes Zischen, Pfeifen, Schnarren, Dröhnen, das als unfreiwilliges Akkompagnement beiherging, und ein Ensemble bildete, fast so grausig als das Heulen einer Windsbraut in wilder Novembernacht. Dazu stampften die Burschen den Boden mit erschütternder Gewalt, und eine dicke Luftschicht, mit Tabacksdämpfen beschwert, lagerte sich über den Tanzenden.

Wie neidenswerth erschienen mir die Italiener neben diesen Nordländern! Wie glücklich sind sie, daß ihr Land so warm, ihr Sinn und sie selbst so schön sind. Wie prächtig ist ein Volk in seiner Ursprünglichkeit, wie fratzenhaft in den abgelegten Lumpen einer ihm fernen Kultur! Nie habe ich das tiefer empfunden als hier, wo ich diese verzerrten Strauß'schen Walzer, diese angstvoll ächzenden Polkas, in der Stickluft eines niedrigen Raumes, von dem rohen Aufjauchzen des Volkes, von dem absichtlichen schweren Stampfen ihrer Füße begleiten hörte. Wie edel erscheinen dagegen die Männer und Frauen von Ischia, von Italien überhaupt, die leicht bekleidet, nackten Fußes, in reiner Luft die schönen

Gestalten nach dem schwirrenden Rhythmus des Tamburins bewegen, während das Sonnenlicht die Weinranken der Loggia röthet, oder den feuchten Meeressand ihrer glückseligen Ufer erwärmt.

Wir fragten, ob die Helgolander keinen eigenen Tanz hätten? —

»Ja! englisch Real, und wenn Sie einen Thaler zahlen, wird Real getanzt.«

Wir zeigten uns nicht neugierig, aber nach einiger Zeit fing der Gefragte eine Unterredung mit uns an. Es war ein großer, stämmiger Bursche von zwanzig Jahren. Unter seiner blauen Matrosenmütze mit roth- und weiß-karrirter Borte, an der zwei schwarze Taffetbänder flatterten, sah ein kugelrundes Gesicht mit kleinen, von den Lidern halb versteckten, blauen Augen hervor Die Friesjacke war weit zurückgeschlagen, die Hände steckten in den Taschen der weißen Leinwandhose. Er hatte eine Cigarre im Munde, deren Dampf er mit Selbstgefühl in die Höhe blies.

»Der Real ist ein schöner Tanz«, meinte er. »Es tanzen ihn ihrer vier, aber er macht sehr müde, es ist ein ordentlich Stück Arbeit. Er wird auch nicht mehr getanzt, er ist gar zu schwer.«

»Das kann ich mir wohl denken«, sagte Einer von uns.

»Sehen Sie«, fing der Schiffer wieder an, »es kann ihn auch selten Einer.«

»Das glaube ich wohl!«

»Ich kann ihn, und der da drüben, der kann ihn auch.«

»Aber Ihr tanzt ihn nicht, weil er so müde macht.«

»Na! das ist das Wenigste! nur sehen Sie, es ist doch eine andere Sach' — man muß einen Ordentlichen nachzutrinken haben.«

»Ja! das versteht sich.«

»Und dann sehen Sie, die Frauenzimmer dursten denn doch auch.«

Es entstand eine Pause. Die Schlauheit, mit welcher der Bursche es anzulegen suchte, daß er von dem Verlangen eines Thalers den Rückzug zu einigen Groschen fände, belustigte uns so sehr, daß wir ihm gar nicht zu Hülfe kommen mochten. Er ging eine Weile fort, trat dann zu dem Barbier, sprach eifrig mit ihm; wir sahen, wie er Erkundigungen über uns einzog, wie der Barbier mit einer Protektormiene uns offenbar ein günstiges Zeugniß ausstellte, worauf der Schiffer in unsere Nähe zurückkehrte. Er stellte sich fest auf seine gespreizten Beine, steckte die Hände wieder in die Taschen, rollte die Cigarre in den Mundwinkel und sagte mit halb geöffnetem Munde, im Tone der reinsten Objektivität: »Drüben das Mädchen tanzt ihn gut!«

»Sie ist auch hübsch genug!«

»Ja wohl! und die Kleine dort tanzt ihn auch. Die entschließen sich schon eher als unser Eins, als Mannsvolk.«

Wir schwiegen, er rauchte still, bis er seinen abgebrannten Cigarrenstumpf fortwarf, sich räusperte und auf jede Weise es kenntlich zu machen versuchte, daß er nun zu Ende geraucht habe und disponibel sei.

Da wir gleichgültig sitzen blieben und nicht kapitulirten, begann er abermals: »s' sind nicht allzuviel Fremde diesmal hier. Sonst in die Tausende. Das machen aber die Dänen.«

»So mag's wohl sein.«

Er räusperte sich noch lauter und knöpfte den untersten Knopf der Jacke zu. »Sonst ist hier alle Mittwoch und Sonntag Real getanzt worden, und immer ein Thaler!«

»Das muß sehr gut für Euch gewesen sein!«

Der Versucher ließ sich nicht abschrecken. Er wich nicht von unserer Seite, wendete keinen Blick von uns, und faßte dann in die Tasche seiner Friesjacke, holte eine neue Cigarre heraus, besah sie von beiden Ecken, biß sie ab, steckte sie in den Mund, aber ohne sie anzubrennen; und das Alles nur, um uns zu beweisen, welche Gefahr uns drohe. Endlich schöpfte er tief Athem, wie Jemand, der ein großes Unternehmen vorhat, und sagte: »Hören Sie, die Frauenzimmer möchten Real tanzen. Wenn Sie was zu trinken geben und die Musik bezahlen, könnt' ich allenfalls meinen Kameraden fragen, ob er Einen riskiren wollte.« —

Nun war der Sieg unser! und wir belustigten uns eben so sehr an unserer zähen Ausdauer, als an der Schlauheit unsers Gegners. Daß er seine Niederlage, sein Nachgeben ganz von sich abzulehnen, es auf die Schultern der Frauenzimmer und des Kameraden zu wälzen verstand, war ein sehr charakteristischer, ächt menschlicher Zug.

Wir hatten also unsern Willen und den Real. Das war aber sehr wenig. Der Real ist eine Art Anglaise mit Ringeltanz, ein sinnloses Hin

und Her, dessen Hauptvorzug wohl das Müdemachen sein mag. Gar kein Vergleich mit den Nationaltänzen aller sarmatischen und romanischen Völkerstämme, die im Tanz noch die reine Daseinsfreude, oder das reine Liebesleben, jenes anmuthige Suchen und Meiden der Geschlechter auszudrücken lieben.

Wir verließen die Realtänzer bei ihrer Erquickung nach dem Tanze, und gingen auf dem Oberlande umher. Es mochte etwas nach sechs Uhr sein, der Sonnenuntergang war schon geschehen. Das ruhige Meer hatte eine kalte Silberfarbe, der Wind wehte trocken über das kurze Gras und den auf und nieder schwankenden Windhafer. Mitten auf dem Oberlande brannte in dem weißen Leuchtthurm die große Laterne. Badegäste, in Mäntel und Oberröcke gehüllt, gingen, sich gegen den Wind sträubend, umher, während hie und da eine Helgolanderin an der Erde kniete, einzelne Kartoffeln für den Bedarf des nächsten

15*

Tages herauszuziehen. An einer kleinen Lache, von einer Vertiefung des Felsens gebildet und mit spärlichem Graswuchs umgeben, weideten einige bräunlich-weiße Schafe. Ein alter Mann führte zwei derselben, an Stricke gebunden, hin und her, ein Futter bietendes Plätzchen zu suchen. In den einzelnen Häusern glimmten Lichte auf, aus den Schornsteinen stieg der Rauch empor, sich mit den Wolken mischend und mit ihnen hinziehend über die Insel fort, und fort in das Meer. Der Eindruck war noch trauriger, als der des ersten Morgens in Helgoland, und doch beängstigte er mich nicht mehr. Es schien mir, als müsse diese fast gleichmäßige Traurigkeit der Natur Entsagung lehren, als müsse die Seele hier still werden, und Hoffen und Wünschen und Fürchten verlernen; als müsse man Ruhe finden in dieser Abgeschiedenheit.

Ruhe? — Und aus dem geünen Wasser schallten die Polkas, und unten am Meeresstrand

landete die dänische Schaluppe mit den Offizieren, zum Ball im Conversationshause. —

Drüben aber schaukelt sich, während ich dies schreibe, das Hamburger Dampfboot vor seinem Anker und bringt Passagiere und Zeitungen mit aus der Welt, in der man Alles findet, außer — Ruhe.

14.

Den 16. September 1848.

Ehe Helgoland noch der Zusammenfluß so vieler Badegäste war, zur Zeit seiner Ungekanntheit, muß diese kahle, einsame Insel ein höchst eigenthümlicher Aufenthalt gewesen sein. So oft ich es mir in dieser Weise vorstelle, erscheint es mir als ein nicht untergesunkenes, von den Meergöttern auf ihren Armen emporgehaltenes Vineta, als ein Fabelreich des Nordens. Bei dem schönen Mondlicht dieser letzten milden Nächte ist es, als tauchten in jedem Schatten, der vor uns

niederfällt, in jeder Wolke, die ihren Schleier über das Wasser wirft, die Nebelgestalten des Zwischenreiches zwischen Himmel und Erde auf, an dessen Dasein der alte freundliche Justinus Kerner, der seit einigen Tagen in Helgoland weilt, immer noch standhaft glaubt, trotz aller Rationalisten und Naturforscher unserer Zeit.

Wir haben neulich bei Sonnenuntergang mit Geheimrath Mitscherlich und Andern eine Fahrt um die Insel gemacht, die wahrhaft malerische Form, die wunderbare Zerklüftung der einzelnen Felsblöcke kennen zu lernen, welche sich allmälig von der Insel losgerissen haben, und nun dem Andrang des Meeres sich wie riesige Pallisaden entgegenzustemmen scheinen. Der Geheimrath wußte die allmälige Entstehung dieser Felsen, ihre Umgestaltung und fortdauernde Verwandlung so klar als Nothwendigkeit darzuthun, als hätte er bei der Schöpfung geholfen, als sei alles Wissen überhaupt ganz natürlich. An mehreren Stellen hat die Zerklüftung des Felsens Bogen gebildet, durch welche die bläulich-grünen Wogen langsam und stolz heranziehen. Der Himmel war so tiefblau, wie ich ihn im Norden selten gesehen habe, und die braunrothe Farbe des Gesteins erhöhte den schönen Eindruck des hellen Sonnenlichtes in der Luft und im Wasser. An einer flachen Bucht stiegen wir aus, über Muscheln und bröckelndem Felsgeröll eine kleine Grotte zu erklimmen. Aus allen ihren Ecken flogen zwitschernd und schrillend Vögel hervor, die unsere Ankunft vom Nest emporgeschreckt hatte. Während man uns auf die Wirkung des Himmelslichtes aufmerksam machte, das durch eine kleine Stelle von oben hereindrang, mußte ich nur immer in den dunklen Hintergrund blicken, weil mir war, als würde von dort etwas Wunderbares erscheinen, irgend eine Druden- oder Runengestalt der skandinavischen Vorzeit, oder ein schöner Ritter Arinbiörn mit seinen Geierflügeln

auf dem Helme, der in verschwiegener Stille ausruhte bei einer geisterbleichen, nebelweißen Meerfey. Als dann die Sonne sank, die Felsen bläulicher wurden, und die Abendnebel sich mondbeschienen emporhoben, Luft und Wasser mit einander verbindend, da war es, als schwebten weiße Schatten von Stern zu Stern, als ginge ein flüsterndes Wehen durch die Welt, als ertöne das Lied vom Leben und vom Sterben, für dessen verklingende, unartikulirte Laute nur gar Wenige das Ohr und das Verständniß haben. Je dunkler es ward, je ferner wir die zerklüftete, unbewohnte Felsseite hinter uns ließen, je mehr schienen die Nebel vor den Grotten, vor den Felsobelisken und vor den Felsthoren, Gestalt zu gewinnen, und ich wußte nicht zu sagen, ob das leise Schauern, welches ich empfand, von der kühlen Abendluft oder von einer warmen Einbildungskraft erzeugt ward.

Man erzählte mir, daß alljährlich diese Helgolander Grotten einmal mit Fackellicht erleuchtet würden, und viele Personen, welche diesem Feste beigewohnt hatten, wußten kaum Worte genug zu finden, ihr Entzücken darüber kund zu thun. O. war anderer Meinung. Er nannte es einen gewöhnlichen Theatereffekt, ein bengalisches Feuerwerkswesen, das hier kläglich erschienen sei, Angesichts der Größe der Natur. Er versicherte, daß keiner jener künstlichen Lichteffekte an die Schönheit des sanften Ueberganges von Tag zu Nacht in diesen Felsgrotten heranreiche. Ohne daß ich die Illumination gesehen habe, stimme ich ihm bei. Zweifellos muß der Eindruck derselben ein sehr materieller sein, darauf berechnet, Nerven und Phantasien anzuregen, auf welche die einfache Schönheit, die natürliche Erhabenheit ihre Wirkung verloren haben.

So bedaure ich denn nicht im Geringsten, daß ich die Grottenbeleuchtung versäumte, wohl aber thut es mir leid, daß ich den unterseeischen

Wald nicht sehen werde, von welchem der Maler Gätke sowohl, als Geheimrath M., mir als von einer der wunderbarsten Naturerscheinungen gesprochen haben. Bei ganz hellem Wetter und vollkommen stillem Meere sieht man nämlich eine halbe Stunde vom Lande, durch den Spiegel des Wassers, Seegewächse aus der Meerestiefe hervorragen, welche wie Bäume ihre Aeste dem Lichte entgegenbreiten. Form und Farbe sollen höchst eigenthümlich sein, und das Herumgleiten der Fische und Seethiere, welche sich von Stamm zu Stamm bewegen, bald an der Wurzel, bald an den Aesten hin, soll etwas ganz Mährchenhaftes haben. Nur wenn das Meer viele Tage hindurch ganz ruhig war, und der Grund also nicht aufgewühlt ist, wird man dieses Schauspiels theilhaftig. So gut ist es mir aber, seit ich hier bin, noch nicht geworden, und da wir morgen abreisen, ärgert mich seit lange der prächtige Wellenschlag, den die kranken Badegäste segnen.

Ich nehme diesen Brief mit auf das Schiff, ihn gleich nach der Ankunft in Hamburg weiter zu senden, und will heute Abend noch einmal Auge und Seele sich an der Unendlichkeit erheben lassen, die wir nicht zu fassen vermögen, und nach der wir dennoch Alle sehnsüchtig verlangen in der oft so drückenden Begrenzung unserer menschlichen Anlagen. Ich habe mich hier immer gefragt, ob diese Sehnsucht nach Unendlichkeit, dies in die Ferne Streben und Schweifen des Geistes, dieser Wunsch nach Allwissenheit, nach Allmacht, nicht Symptome höherer Anlagen sind, deren wir uns vorahnend bewußt werden, ohne daß wir die Kraft selbst bis jetzt in Bewegung zu setzen verstånden. Ich glaube nämlich, daß nicht jeder Mensch in sich die menschliche Vollendung zu erzeugen vermag, daß vielmehr alle Menschen und alle Zeiten die Fortentwicklung des Einzelnen schaffen helfen, und daß hier Empfangen und Geben wechselseitig sind. Jeder Mensch arbeitet

an der Entwicklung der Menschheit mit, aus der er seine Entwicklung zieht, und wenn ich traurig bin, daß ich nicht zu begreifen, nicht zu verstehen vermag, was ich doch begreifen und verstehen möchte, dann tröste ich mich immer mit der hoffenden Frage: »ob es denn aber die nächsten Menschengeschlechter nicht wissen und können werden.« Wer nicht an die persönliche Unsterblichkeit glaubt, verlangt an die Fortentwicklung der Menschheit, an die fortzeugende Kraft ihres Strebens und Wirkens zu glauben. Und diese ist auch vorhanden, denn es wäre gegen die Weisheit und Gerechtigkeit der Weltorganisation, fehlte diesem Drange nach Fortdauer, der sich geistiger oder roher in allen Menschen offenbart, das entsprechende Genügen.

Es ist schon Nacht. Das Meer braust wild und spritzt seine weißen Wellen thurmhoch empor. So weit das Auge reicht, der wildeste Kampf im Wasser, während ein plötzlich entstandener Nordwind die Wolkenmassen in raschem Zuge über den Vollmond hinwegführt, der bald verhüllt ist, bald aus den schwarzen, goldgesäumten Wolken glänzend hervorleuchtet, und dann um so heller aus der Tiefe wiederstrahlt, je dunkler der Schatten ist, den die eben vorübergezogene Wolke auf das Meer herabwirft.

Das soll das letzte Seestück sein, das ich Dir zeige. Auf Morgen wünsche ich gar keine Effekte, sondern ein stilles, sanftes Meer und eine schnelle Fahrt. Gute Nacht.

Frankfurt a. M. im October 1848.

15.

Frankfurt a. M., 12. October.

Wir haben nur wenige Stunden in Bonn verweilt. Die Stadt selbst ist nicht schön zu nennen; kaum aber waren wir aus dem Thore und fuhren durch die Vorstadt, den Rhein entlang auf der Chaussee, als eine Fülle südlicher Erinnerungen in mir auftauchten. Jene einsame Fahrt von Domo dossola nach Baveno stand vor meiner Seele, welche mir mit dem ersten Blicke auf den Lago maggiore die Schönheiten Italiens erschloß. Es lag, trotz der vorgerückten Jahreszeit, ein warmer weicher Hauch über der Gegend, das gelbroth untergehende Sonnenlicht und der bleiche, weiße Mond schwammen in der Luft. Der Gipfel des Godesberg strahlte in vollem Purpurroth, während sein Fuß sich schon in ein kühles Violett zu hüllen begann. Es war unvergeßlich schön. Der Gedanke an den Süden überkam mich wie ein Heimweh, denn Jeder, der einmal im Süden geathmet hat, wird die Sehnsucht danach nie wieder verlieren.

Von Koblenz gingen wir am nächsten Morgen weiter. Die Rheinfahrt war angenehm und ohne jene Nebel, vor denen man uns bange gemacht hatte. Um fünf Uhr waren wir in Mainz, spät Abends in Frankfurt

Heinrich Simon ist nicht hier, er braucht eine Badekur in Scheveningen, die für seine Nerven unerläßlich nöthig gewesen sein soll. Man erwartet ihn erst gegen das Ende des Monats zurück, so daß ich ihn kaum noch wiedersehen werde.

Im Laufe des heutigen Tages haben wir verschiedene Personen gesprochen und bei allen den Parteihaß fast noch stärker ausgeprägt gefunden, als in Norddeutschland. Besonders aber scheint auch hier die Erbitterung, oder mindestens der Ausdruck derselben, auf der Rechten, maaßlos zu sein. Diese Vertreter der alten Zustände und der guten Sitte, finden anscheinend eine wahre Genugthuung darin, ihre Gegner als ehrlose, egoistische Vaterlandsverräther anzuklagen, ohne zu bedenken, daß man sich selbst in seinem Gegner ehrt und sich selbst in ihm erniedrigt, wenn man ihn verkleinert.

Zu den entschiedenen Verächtern der jetzigen Bewegung gehören auch ein Paar alte Anhänger der seligen romantischen Schule, die, von der Nationalversammlung herbeigelockt, hier in phantastischer Tracht umherspazieren. Die Realität des jetzigen Kampfes ist ihnen offenbar beängstigend, und sie sehen verwirrt aus, wie Nachtschmetter-

16*

linge im Sonnenlicht. Wenn sie nur auch so still die Flügel zusammenfalten und schweigen wollten, wie die Nachtschmetterlinge, welche am Tage fühlen, daß ihre Stunde vorüber ist. Solche Resignation mag, wo sie nicht Instinkt, sondern Folge eines bewußten Denkens ist, schwer genug sein, aber sie muß doch eine beruhigendere Wirkung haben, als das machtlose Ankämpfen gegen eine unbesiegbare Thatsache.

Weil die Romantiker in ihrer exklusiv poetischen Auffassung mit den bürgerlich realistischen Volksvertretern gar keinen Zusammenhang haben können, haben auch sie den verstorbenen Fürsten Lichnovsky zum Gegenstande ihrer phantastischen Anbetung erhoben. Ich hörte heute von dem Fürsten sprechen, als ob er der edelste Mann der Zeit, der höchste, reinste Charakter Deutschlands gewesen wäre. Dabei wurden denn auch bittere Anklagen gegen die Linke erhoben. Man machte den Männern der Westendhalle, als deren Reprä-

sentant Heinrich Simon angesehen wird, einen Vorwurf daraus, daß sie, als eine gemäßigte Partei, die Ermordung des Fürsten nicht öffentlich und entschieden »desavouiren.« Das ist eine Forderung, als sollten sie die Ermordung Latour's desavouiren, mit der sie ebenso wenig zusammenhängen, als mit dem zufälligen Tode des Fürsten Lichnovsky. Die Rechte bezeichnet den Fürsten, der, so oft man bisher von ihm hörte, nie als ein fleckenloser Charakter, als ein sehr bedeutender Mann dargestellt wurde, jetzt als eine Natur, welche zu sich selbst zurückgekehrt, gerade hier in Frankfurt den Aufschwung zu allem Großen und Hohen genommen haben würde, und wundert sich, wenn seine Gegner das nicht gleich glauben wollen, ohne entschiedene Beweise dafür, die bisher Niemand zu geben gewagt hat.

Dieselben Personen sagen: wir sind im Parteikampfe! wir sind im blutigsten Bürgerkriege!

Dennoch erschrecken sie vor den Symptomen des Uebels, von dem sie sich befallen wissen. Sie wundern sich, daß im Fieber Frost und Hitze kommen. Sie erstaunen über schon da Gewesenes, über Zustände, welche von andern Völkern durchlebt worden sind, nur weil sie selbst sie nicht durchlebt haben. Daß Latour, Lichnovsky, Auerswald ermordet sind, daß aufgeregte Menschen bei der letzten Revolution in Wien den Kopf der Erzherzogin Sophie verlangt haben, das ist entsetzlich und furchtbar, jede Gesetzlosigkeit ist verdammenswerth und unheilvoll; aber König Karl hat in London, Ludwig XVI. in Paris das Schaffott bestiegen, England und Frankreich haben ihre anarchischen Tage, ihre Dictaturen erlebt, ehe sie die Macht des Absolutismus brachen, der sie knechtisch erniedrigte, und deutsche hochgelahrte Professoren, alte Staatsmänner, welche lange Bücher über Revolutionen und Staatsverfassungen geschrieben haben, sind außer sich darüber, daß bei uns gleiche Ursachen, wenn auch hoffentlich nie gleiche so doch ähnliche Folgen hervorrufen, daß Kampf und Sieg Opfer erheischen. Da ist doch jede junge Frau, die mit dem Blick auf ihre Mutter und Großmutter in ihr Wochenbette geht, muthiger und verständiger als diese Männer. Es kann ihr eben das Leben kosten, das Kind kann auch todt zur Welt kommen, kann sterben, nachdem sie all die Schmerzen erduldet hat; dennoch aber verzagt sie nicht, dennoch glaubt und hofft sie; denn übersteht sie es, so ist ein neues Leben geboren und es haben es ja Andere vor ihr überstanden. Es liegt etwas so Kleinliches in dem muthlosen Verzagen dieser Freunde der Ordnung, daß man sich ihrer schämt, wenn man glaubensstark auf den Sieg des Nothwendigen rechnet, das geschehen muß und das dann eben auch das Rechte ist. Und obenein behaupten gerade dieselben Leute, vorzugsweise den Glauben an Gott und göttliche Weltregierung zu haben!

Abends, als wir im Mondschein durch die Stadt und nach dem Mainufer gingen, rief der Belagerungszustand sehr malerische Scenen hervor. Auf allen Plätzen, an der Hauptwache, vor dem Römer, an der Paulskirche lagen bivouakirende Soldaten um große Feuer, singend und die Abendration verzehrend. Göthe's Statue ist von den Holzbaracken umgeben, welche für die Würtemberger Cavallerie aufgeschlagen sind. Der »alte Herr« sieht göttlich ruhig und ernst darauf hinab; er weiß, daß diese Ereignisse vorübergehen und daß er bestehen wird, daß ihm kein Volk und keine Zeit den Lorbeerkranz entreißen kann, den er in seiner Rechten hält.

Auch an Göthe's Vaterhaus gingen wir im Mondschein vorüber, es ist für die damalige Zeit ein schönes, stattliches Gebäude, deren Frankfurt überhaupt viele zählt aus jenen Tagen. Das eigentliche mittelaltrige Frankfurt ist aber nicht dazu angethan, die Abneigung gegen die raum-

beschränkte finstere Bauart der deutschen Vorzeit in mir zu vermindern. Es ist für mich weder Poesie noch Schönheit in den engen winkligen Städten, in denen man nicht Luft, nicht Licht hat und wo Pest und Epidemien allein gedeihen, während die Menschen umkommen müssen. Die Vorliebe für diese mittelaltrige Bauart stammt auch wohl aus der gemachten Empfindung jener Zeit, in der Gentz einst schreiben konnte: »unter Ekel verstehe ich allerlei schönen Ekel.«

10.

Den 13. Oktober.

Wir waren in der Paulskirche. Das Gebäude ist gar nicht kirchlich, sondern eigens wie für eine Nationalversammlung errichtet. Eine schöne stattliche Rotunde, mit einem von Säulen getragenen Chor, dem eine Estrade am Fuße der Säulen entspricht. An der Stelle der Kanzel und des Altares ist die Präsidententribüne aufgerichtet. Mir fielen immerfort Herwegh's vielgescholtene Worte ein: »reißt die Kreuze aus der Erde!« — Hier ist es zum Besten eines volks-

thümlichen Zweckes geschehen, und die deutschen Fahnen flattern, wo sonst das Bild des Gekreuzigten hing.

Die Herren v. Gagern, Simson und Riesser waren auf ihren Plätzen; da ich Simson und Riesser kannte, hatte ich volle Muße, Gagern zu betrachten. Er ist groß und stark gebaut, das Gesicht ebenfalls kräftig ausgeprägt und sehr charakteristisch durch das starke hochaufstehende Haar und die ungewöhnlich buschigen Augenbrauen. Alle Bilder von ihm sind getroffen. Seine Haltung, sein Organ, seine Ausdrucksweise tragen das Gepräge eines männlichen Wesens. Dieser Eindruck wurde später noch erhöht, als ich ihn im Laufe des Tages sprechen hörte. Dabei befremdete mich nur, daß auch er nicht an das Gute in den niedern Volksschichten glaubt, vielmehr das Volk für egoistisch und entsittlicht hält. Wie durfte er dann die Souverainität des Volkes erklären, oder vielmehr, wie kann man das von einem Volke denken, das man selbst für souverain erklärt hat? Die kommunistischen Principien, welche auch hier der Popanz vieler Leute sind, schien er nicht zu fürchten, er läugnete ihr Dasein im Volke, »aber der Socialismus greife Platz und die Idee desselben zeige sich überall.« Das ist tröstlich, denn es ist nicht abzusehen, wie ohne die Grundsätze des wahren Socialismus, ohne das Princip der Gegenseitigkeit, die Kämpfe unserer Zeit ein Ende finden können.

Man sagt, Herr v. Gagern werde die Präsidentenstelle niederlegen und Simson statt seiner gewählt werden. Formensicher und von geistreichem Ueberblick, wie Simson es ist, muß er ein ausgezeichneter Präsident sein, und dies um so mehr, als er im Ganzen keine enthusiastische Natur ist, und also von dem Parteikampfe weniger gereizt werden dürfte, als der heftigere Gagern, der heute manchmal seine Klingel mit solcher Leidenschaft schwang, daß man fürchten konnte, er werde sie

wie ein Wurfgeschoß unter die tobende Versammlung schleudern. Als er dann abtrat und Simson für ihn präsidirte, fühlte man den Unterschied in dem Wesen der beiden Männer, selbst an dem Ton ihrer Stimme. Simson's Organ, seine Ausdrucksweise sind prächtig. Er dringt mit seinem festen, klaren Ton durch den lautesten Lärm, und beherrscht diesen schon vermöge seiner Ruhe. Gagern kämpft im Geiste mit, auch wenn er präsidirt, er steht immer zwischen den Parteien, zwischen Freund und Feind im Handgemenge, und kann eben darum leicht verwundet werden und verletzen. Er ist wie ein Ajax, Simson wie Ulysses, oder vielmehr wie ein Feldherr der Jetztzeit, der sich selbst mit weisem Vorbedachte fern hält von den Kämpfenden, und in unnahbarer Stellung das Schlachtenschicksal, das er lenken soll, überblickt.

Doctor Riesser sah auf der Tribüne ganz so behaglich aus als im Alltagsleben, wenn er das

Seine redlich gethan hat und sich dann im Freundeskreise ruhig niederläßt. Arbeitsfreude, Geist, Offenheit und die reinste Güte leuchten aus jedem Zuge seines Gesichtes. Es mag auch ein befriedigendes Gefühl für den wackern, unermüdlichen Verfechter der Judenemancipation darin liegen, daß jetzt zwei Juden als Vicepräsidenten der deutschen Nationalversammlung vorstehen.

Eine der auffallendsten Erscheinungen der Versammlung ist sicher der alte Jahn. In seinem langen Rock altdeutschen Andenkens, dem übergeschlagenen Hemdekragen, dem Sammetkäppchen auf der Glatze und dem langen weißen Bart, sieht er wie ein Zauberer auf dem Theater aus, oder wie Washington Irving's aus hundertjährigem Schlaf wiederkehrender Rip van Winkel. Er sprach in einer kleinen Rede große Besorgniß vor einem neuen Aufstande aus, und brauchte dabei sein gereinigtes Deutsch, das unsern modern verwöhnten Ohren höchst befremdlich klang.

Bald darauf betrat Herr von Vincke die Tribüne. Welch eigenthümliche Erscheinung ist das und wie sehr gewinnen manches große Talent, mancher bedeutende Mann, wenn man sie nur gedruckt kennen lernt. Herrn v. Vincke's Redeweise ist betäubend; er überstürzt sich in polternder Heftigkeit, wie eine Lawine, die, je größer sie wird, um so schneller herabrollt. Vor Leidenschaftlichkeit, vor Eile hat er nicht die Zeit, seine Stimme zu moduliren. Er spricht nicht, denn er beherrscht seine Sprache nicht, sondern der Zorn spricht aus ihm. Sein Organ ist ein gewaltiges Instrument, das sein starker, scharfer Geist mit wilder, gigantischer Willkür gebraucht, und die Anstrengung desselben so groß, daß das Blut ihm nach dem Kopfe steigt und er ganz roth wird. Was er sagte, war brav, scharf und klar, die Art, mit der er es sagte, durchaus unschön.

Merkwürdig war es, während Herr v. Vincke sprach, das Mienenspiel des alten Itzstein anzusehen. Ebenso klein, mager, bleich, als Jener groß, stark und vollblütig ist, sitzt der Alte in der äußersten Linken, von lauter jungen Männern umringt. Die klugen, leise zusammengezogenen Augen unter dem weißen Haar, das spöttisch vernichtende Lächeln seines Mundes, haben oft etwas Unheimliches. Er hielt sich den ganzen Morgen ruhig auf seinem Platze, sprach kaum mit seinen Nachbarn, und gab nur hie und da den Männern seiner Partei, welche zur Rednerbühne gingen, mit einem Blick oder einem Kopfnicken ein Zeichen der Theilnahme. Er sah dann wie Mephisto aus, wenn er »seine Kleinen« ausschickt, die gegebenen Befehle zu erfüllen.

Auf der Ministerbank fällt Herr v. Schmerling zuerst auf, durch den Ausdruck bureaukratischen Hochmuths, der sein Aeußeres und sein Sprechen charakterisirt. Ein Zug tiefer Menschenverachtung schwebt um die festgeschlossenen schmalen Lippen und, wird er genöthigt auf eine Interpellation

zu antworten, so wirft er die Worte mit der bösen Geringschätzung hin, mit der harte Menschen dem Armen eine Gabe reichen. Es ist niedrig von Seiten des Herzens, den bittenden Armen einen Bettler zu heißen, es ist eben so niedrig von Seiten des Verstandes, in dem Volke, das sein Recht vertritt und fordert, einen verbrecherischen Empörer zu sehen. Die Worte Empörer und Empörung werden auch in ihrer jetzigen Bedeutung ganz von der Erde verschwinden, wenn die Knechtschaft ihr Ende erreicht. Es giebt nur eine Empörung, das ist die Empörung gegen den heiligen Geist der Wahrheit, und gegen den zieht keiner der Männer zu Felde, welche man jetzt Empörer nennt, und auf die Herr von Schmerling so verächtlich herabsieht. Herr v. Beckerath erschien neben ihm doppelt mild und freundlich, als er Venedey die Hand gab, der, von der Tribüne kommend, mit einem seiner Anträge durchgefallen war.

Jakob Venedey ist keine oratorische Macht, aber selbst seine Gegner lassen ihm als Charakter volle Gerechtigkeit widerfahren. Sechszehn Jahre des Exils in Frankreich und England haben sein deutsches Herz nicht geändert; er ist heimgekehrt, mit gläubigem Gemüth die Verwirklichung der Freiheit hoffend, für die er geschwärmt in frühster Jugend. Aber statt der Friedenspalmen fand er Kartätschenkugeln, und leidet nun unter dieser schweren Enttäuschung. Der letzte Frankfurter Krawall, die Ermordung Lichnovsky's und Auerswald's haben einen tiefen Eindruck auf ihn gemacht, eben weil man diesen Mord durchaus zu einem politischen, zu einem vorausbedachten stempeln und ihn der Opposition zur Last legen möchte, während doch Alles dagegen spricht. Er beklagte die Mißgriffe beider Parteien und sagte uns gestern: „ich habe mehr gelitten unter der unwürdigen, unheilvollen Verdächtigung dieser letzten Tage, als jemals unter drückenden Entbehrungen

in dem langen Exil!« Solche Worte spricht er mit einem Tone der Wahrhaftigkeit und Treuherzigkeit, daß man den ganzen Schmerz mit ihm empfindet. Unwillkürlich denkt man neben ihm an die deutschen Meistersänger, denn seine Erscheinung ist eine typisch deutsche.

Eben so deutsch, an Peter Vischer's Züge erinnernd, sieht Professor Vischer, der geniale Tübinger Aesthetiker aus, ein offenes, lebensfrisches Gesicht auf einer kräftigen Gestalt. Uhland saß neben ihm, und wir waren überrascht, die Erscheinung dieses großen Dichters so gewöhnlich, nein eigentlich so ungewöhnlich unschön zu finden. Die groben Gesichtsformen und der ganz kahle spitze Schädel stehen in starkem Gegensatze zu der Zartheit und Kraft seiner Werke, nur sein hellblaues Auge leuchtet in schönem Licht und sieht geistvoll und klar in die Welt. Eine junge Dame, welche sich neben uns befand, und seit Jahren ein selbstgeschaffenes Bild des trefflichen Mannes in der Seele tragen mochte, rief, als man ihr Uhland zeigte, mit komischem Erschrecken: »Das soll Uhland sein? Ach, der hat seine Gedichte gar nicht gemacht!« — Es klang so naiv in dem schönen Munde, wie die Verwunderung des Kindes in der Fabel, daß die süße Philomele solch unscheinbares, graues Federkleid umhülle.

Man zeigte uns die große Zahl jener hervorragenden Persönlichkeiten, welche wir bisher nur durch ihre Schriften und Thaten gekannt hatten. Wir sahen Dahlmann, Grimm und andere Landsleute, und es liegt doch etwas sehr Belebendes in dem Schauen, das die Bibel »mit Augen sehen« nennt. Unsere sinnliche Natur verlangt danach. Man empfindet das Große sich nahe gerückt, man sieht das geistig Würdige menschlich verkörpert, die Verehrung findet ihr Ziel, und mehr als einmal fiel mir heute der Ausspruch Heine's in den französischen Zuständen ein: »Nicht für den Nutzen und den Erfolg ihrer Thaten muß

das Vaterland seinen großen Männern danken, sondern für den Willen und die Aufopferung, die sie dabei bekundet. Selbst wenn sie gar Nichts gewollt und gethan hätten für das Vaterland, müßte dieses seine großen Männer ehren, denn sie haben es durch ihr Dasein, durch ihre Größe verherrlicht!"

Daß Heine nur aus dem Krankenzimmer der Rue de l'oursine der Bewegung dieser Zeit zu folgen vermag, daß Börne sie nicht erlebte, hat mich in diesen Tagen vielfach geschmerzt, wenn ich in die Paulskirche trat und das jetzige Frankfurt mit jenem Frankfurt verglich, in dem ein Geist wie Börne Unterdrückung und Verfolgung jeder Art zu tragen hatte.

17.

Den 15ten October.

Ueber unsere deutschen Zustände werde ich traurig und besorgt, seit ich mehr und mehr einsehe, wie viele der Deputirten glaubenslos sind, wie sie Einer den Andern für schlecht, für wahnwitzig erklären und einander jede politische Einsicht absprechen. Man hört von Allen, die man spricht, was falsch, unmöglich, unausführbar sei, aber Niemand sagt uns, was möglich und ausführbar ist, und doch muß es ein Solches geben, weil die Nothwendigkeit dafür da ist.

Die Auflösung des veralteten Polizeistaats in die Elemente der Individualitäten kann förmlich beängstigend werden, wenn man hier auch nicht einen Menschen findet, der das Talent des Neugestaltens, das Genie des schöpferischen Organisirens hat; wenn Niemand die Form weiß, in welche für diesen Augenblick die flüssig gewordenen Elemente gegossen werden müssen, damit sie sich festigen, statt verheerend über zu fluthen. Wenn man auch glaubt, daß die Erlösung und Neugestaltung der Menschheit in unserer Zeit nicht mehr von Einem Menschen vollbracht werden kann, sondern daß Jeder sich selbst erlösen und so Alle zusammen die Freiheit schaffen müssen, so sehnt sich der Mensch doch nach einem Wesen, das als großes Beispiel, als Flammenzeichen kräftiger That ihm in der ganzen Göttlichkeit der Menschennatur voranleuchtet.

Um so zaghafter macht es aber, daß hier die Deputirten, daß die Deutschen überhaupt, jetzt eine so kindische Lust an den Carrikaturen haben, welche hier täglich in großer Anzahl erscheinen. Man kann sich am Spott belustigen, wenn er, wie Goldsand, übermüthig über die großen, hervorragenden Frakturbuchstaben der Geschichte gestreut wird, wenn er sich mit unschädlichem Neide, mit unausführbarer Verkleinerungslust an große Thaten, an große Namen wagt. Aber sich täglich darüber zu freuen, daß Herr von Radowitz ultramontane Tendenzen hat, daß Herr Mohl und Herr Rößler und hundert Andere dies und jenes schlecht gemacht haben, daß Viele ihrer Aufgabe nicht gewachsen sind, dazu ist gewiß kein Grund vorhanden. Aus einem Unglück einen Spott machen zu sehen, über den man sich freut, ist traurig und widrig zugleich.

Fürst Lichnovsky's Tod ist noch immer der Gegenstand der Unterhaltung. Er wird, unerklärlich genug, öffentlich viel mehr als der Tod des Herrn von Auerswald besprochen und beklagt, obschon dieser in jedem Betracht ein Ehrenmann war und eine unversorgte Familie hinterläßt. Gestern erzählte uns Hofrath .. noch Umstände von Fürst Lichnovsky's Ermordung, die es klar herausstellen, wie dabei von einer politischen, vorausbedachten That, auch nicht im Entferntesten die Rede sein konnte, wie sein Tod nur die Folge seiner eigenen Unvorsichtigkeit gewesen ist.

Fürst Lichnovsky hatte mit einem Prinzen von Hohenlohe und einem Grafen Bentheim zu Mittag gegessen, und dem Letzteren nach der Mahlzeit den Vorschlag gemacht, sie wollten ausreiten, um zu sehen, ob die Kavallerie nicht käme. »Wollen sie eine Kugel in den Leib haben?« hatte Graf Bentheim gefragt, »daß Sie, unpopulär wie Sie sind, in diesem Augenblick spazieren reiten?« — »Bah! die Kugel für mich soll noch gegossen werden,« lachte Fürst Lichnovsky, ließ sein Pferd bringen und ritt davon. Von diesem Spazierritt haben seine politischen Gegner vorher unmöglich Etwas wissen können, sie mußten ihn zu Hause glauben. Während es aber keinem Menschen eingefallen ist, zu behaupten, man habe den Fürsten Lichnovsky in seinem oder dem Hause eines seiner Bekannten aufgesucht, stimmt eine ganze, große Partei darin überein, sein Tod sei die Folge einer überlegten politischen Absicht. Ich möchte wissen, welcher Zauberer der äußersten Linken den Fürsten von der Flucht in's offene Blachfeld, das sich meilenweit vor ihm ausdehnte, abgelenkt und in die Enge eines Gärtnerhauses gebannt haben mag? Wäre er nicht abgestiegen, es hätte kein Fußgänger ihn, der ein frisches, starkes Pferd ritt, einzuholen vermocht, und daß er abstieg vom Pferde, das kann die Linke unmöglich verschuldet haben.

Es ist auffallend, daß des Fürsten Gegner so wenig thun, die Wahrheit herauszustellen. Hofrath . . ., der mit gewohnter Rührigkeit, und mit der Dir bekannten scharfen Beobachtung, wieder an allen Ecken zugleich gewesen ist, versichert, daß alle jene Gräuel von der Verstümmlung des Fürsten erfunden wären. Er ist vielmehr gleich nach der That unter die Obhut eines Arztes gekommen, der ihn vor neuen Mißhandlungen geschützt, und bis in das Hospital geleitet hat. Als neulich ein Deputirter über das Wirken und den Tod des Fürsten sprach, meinte er: »er ist todt, also darf man über ihn nicht mehr urtheilen!« — Dieses schöne feine Empfinden kann man aber, scheint mir, nicht unbedenklich gelten lassen in unserer Zeit des Kampfes. Die Partei des Fürsten beutet seinen Tod so pathetisch anklagend aus, daß seine Gegner wohl auch sprechen und Alles thun müßten, ihre Schuldlosigkeit, des Fürsten Leichtsinn und das Zufällige dieses Mordes deutlich herauszustellen.

Sieht man überhaupt, wie festorganisirt, wie wohlgegliedert die ganze Taktik der Rechten ist, so bekommt man Respekt von ihr wie vor den

Jesuiten, — d. h. nicht vor ihrem System aber vor ihrer Klugheit und Ausdauer. Kirche, Fürsten und Aristokratie gehen mit einer so harmonischen Einheit zu Werke, daß nicht das kleinste Ereigniß von ihnen unbenutzt bleibt, daß alle Zufälle, gute wie böse, als dienende Glieder in die Kette eingereiht werden, welche sie aufs Neue um den Theil der Menschheit schlingen, der sich von ihnen frei zu machen gestrebt hat. Wäre nur die Hälfte dieser berechneten, konsequenten Organisation in den Reihen der Linken, wie anders könnten die Sachen stehen. Aber nicht nur an Organisation scheint es zu fehlen, sondern an der einfachsten Verbindung. Die hervorragendsten Persönlichkeiten der verschiedenen Fraktionen der Linken kennen sich kaum, wissen oft von einander nicht mehr, als die Zeitungen berichten, und kommen sich auch im zufälligen Verkehr nicht wesentlich näher, weil der Bildungsgrad und die äußere Form ihres We-

sens so gar verschieden sind, was aber bei der nothwendigen Zusammensetzung aus allen Ständen kaum anders sein kann. Daß in dieser fehlenden Organisation, in dem zerstückten Handeln der Keim der Niederlage liegt, das sehen Alle ein, die man darüber befragt — und doch wird es nicht anders. Gäbe es einen Menschen, der diese Parteien zusammen zu bringen und zusammen zu halten wüßte, er würde der Retter der Demokratie werden.

Nicht einmal habe ich es in Paris im März von konservativen Franzosen behaupten hören, was hier täglich von den Conservativen ausgesprochen wird: »das Volk ist entsittlicht und das ganze Grundprincip der Revolution von achtzehnhundert acht und vierzig ist strafbarer Egoismus.« Die Besseren, die Menschlichen, fügen dann hier als begütigenden Nachsatz hinzu, »aber glauben sie nicht, daß ich deshalb an dem Siege des Guten und Wahren verzweifle.« — Das heißt denn eben Nichts anderes, als was uns eine von Paris flüchtende Engländerin sagte, mit der wir von den Chartistenbewegungen in England sprachen. »Ah!« rief sie freudestrahlend aus, »chez nous les riches ont tellement la majorité, que nous écraserons bien les pauvres!«

Das ist auch die Theorie der Regierungen, das war die Theorie der ersten preußischen Ministerien nach der Revolution, jener Gutsbesitzer und Fabrikanten, welche nie das Elend gut machen können, das sie durch ihr Stillestehen und Zurückhalten über das Land gebracht haben. Sie nennen sich Staatsmänner, praktische Staatsmänner, im Gegensatze zu denen, welche eine Idee vertreten, und nach dieser Idee folgerecht handeln. Und doch stand und steht ihre Staatsweisheit nicht höher, als die Anschauungsweise des Fürsten Milosch, der, bei Gelegenheit einer Unterhaltung über die Art, wie man Revolutionen dämpfen müsse, mit seiner riesigen Faust

auf den Tisch schlug, daß er das vor ihm liegende Brot zerquetschte, und dabei ein bedeutungsvolles »So!« statt aller Antwort erschallen ließ. Sich selbst verwahren heißt nicht menschlich und gerecht sein, und es beweist gar Nichts für sie, daß diese Staatsmänner gegen die Regierungen kämpften, so lange sie die eigene Freiheit zu erlangen wünschten. Jetzt, da man von ihnen Freiheit für den vierten Stand fordert, sprechen sie ein entschiedenes Nein und nennen staatsmännisch, was egoistisch heißen sollte.

»Allen Menschen ist nicht zu helfen! Um den künftigen Generationen zu helfen, muß man den Muth haben diese jetzige Generation des Proletariats verhungern zu lassen! Ich will ja jedem ordentlichen Menschen das Wahlrecht zugestehen, der sich durch Bildung und Einsicht dessen würdig zeigt, nur diesen Bettlern, Tagelöhnern und abhängigen Bedienten nicht!« — Das sind die erhabenen Lehrsätze der Staatsweisheit dieser

Staatsmänner aus eigener Machtvollkommenheit, bei denen sie nicht bedenken, daß ein königlicher Regierungsrath oder jeder andere Beamte, der für seines Lebens Unterhalt dient, nicht sehr viel unabhängiger ist, als der Hausknecht, von welchem er bedient wird. Im Gegentheil! der Hausknecht, der gesunde Glieder hat, kann sich seine geringen Bedürfnisse vielleicht eher verschaffen, wenn sein Herr ihn entläßt, als der Beamte sich nähren kann, dessen Ansprüche schwerer zu befriedigen sind, und die Freiheit der Wahl möchte nicht mehr durch die Abhängigkeit der Bedienten, als durch die Abhängigkeit ihrer Herrn gefährdet scheinen.

Wie soll man an die Richtigkeit von Grundsätzen glauben, deren Vertreter immer den eigenen Vortheil im Auge haben, wenn sie die Rechte der Besitzenden vertheidigen und als letztes Argument Kartätschenkugeln brauchen? Die Kartätschenüberzeugung lerne ich aber nie theilen, selbst nicht

nach den empörenden Mordthaten der letzten Zeit. Ein alter geistreicher Mann pflegte zu sagen, wenn er Klagen über einzelne Todesfälle hörte: „Bei Eylau und bei Leipzig sind Tausende von Söhnen, Gatten und Vätern geblieben, und Deutschland ist nicht untergegangen, sondern größer geworden dadurch.“ — Dem Einzeln'en, den diese Schicksalsschläge treffen, sind sie hart, ja unersetzlich; im Hinblick auf die Entwickelung der ganzen Menschheit aber sind sie doch unwesentlich.

Was schreien denn all die Reichen jetzt so ängstlich, aus Furcht vor Verarmung, als hätte es noch nie eine Zeit gegeben, in welcher der Cours der Papiere geschwankt hätte und der Besitz entwerthet worden wäre? als ob in den Jahren von achtzehnhundert sechs bis fünfzehn nicht dasselbe geschehen wäre? Diese Verarmungsfurcht der Besitzenden ist gewiß egoistischer als das Verhalten des Proletariats, das noch nirgend seine oft angeklagte Habsucht bewiesen hat. Im Gegentheil hört man nur Lob, wenn man nach einzelnen Thatsachen fragt, so auch jetzt hier in Frankfurt, wo bei dem Kravall Proletarier das Rothschild'sche Haus besetzt gehabt haben. Man hat aus der Kassenstube des Komtoirs herabgeschossen, in der geprägtes Gold in Massen da gelegen hat. Hunderte von Menschen, denen ein Thaler schon als Besitz erscheint, sind in dem Hause aus- und eingegangen und nicht ein Pfennig ist entwendet worden, wie selbst Mitglieder des seligen Bundestages uns gestanden haben.

Aber die Männer der Rechten aus der Paulskirche behaupten dennoch, das Volk sei schlecht, der Meuchelmord, die Nichtachtung des fremden Eigenthums werde immer gewöhnlicher. Und mit diesem Glauben wollen sie reformiren! Zum Reformiren gehört die volle Kraft der Liebe, die festeste glaubensfreudigste Zuversicht; und sie haben weder das Eine noch das Andere, sondern nur grundlosen Haß und grundlose Furcht. —

Im Laufe des Tages erzählte man uns, es wären achtzigtausend Mann Truppen um Wien zusammengezogen. Es waren mehrere Aristokraten zugegen. Eine Dame versicherte, daß es nur fünfzigtausend Mann wären; man habe ihr aber gesagt, dies sei mehr als hinreichend, um alle revolutionairen Bewegungen in Deutschland für alle Zeit todt zu machen. Die Unterhaltung war vollkommen, wie sie Göthe in Coblenz gehört hat, die Zuversicht auf den dauernden Sieg der Regierungen eben so fest, als die Verachtung gegen das Volk groß. Die Worte »souverainer Plebs« wurden mit spöttischem Lächeln von schönen Lippen hervorgelispelt; und wieder kam mir die haarsträubende Angst, welche ich von Jugend auf vor dem Momente empfunden habe, wenn das Maaß voll sein und die Stunde der Vergeltung kommen wird, die uns Alle mit verschlingen kann. Hören, sehen denn diese Unglückseligen nicht? Haben die Kanonenschläge der letzten Junitage in

18*

Paris noch nicht laut genug getönt? Der bloße Selbsterhaltungstrieb, die bloße Besitzeslust müssen sie zum Nachgeben, zum Opferbringen treiben. Und wenn es nicht geschieht, wenn sie starr und fest in ihrer alten Anschauungsweise beharren, dann denke ich an die Worte eines alten Dichters: »wen die Götter verderben wollen, dem nehmen sie vorher den rechten Verstand!«

18.

Den 16. October.

Wir waren den ganzen Morgen, von halb neun Uhr bis halb vier Uhr in der Paulskirche, wo die Anklage gegen Zitz, Schlöffel und Simon von Trier verhandelt wurde.

Voigt aus Gießen sprach zuerst, mit großer Lebhaftigkeit und hinreißender Wärme. Die Reden und Verhandlungen kennst Du aus den Zeitungen und stenographischen Berichten; ich darf mich also darauf beschränken, Dir immer nur die Persönlichkeiten zu schildern.

Voigt hat eine starke, untersetzte, aber doch sehr gewandte Gestalt; man sieht, daß er gewohnt ist, sich viel zu bewegen, und die Leichtigkeit des Schrittes, mit der er durch den Saal geht, läßt in ihm, trotz seiner Stärke, den rüstigen Alpenbesteiger wiederfinden. Sein rundes Gesicht hat durchweg schöne Formen, die Stirne ist breit und fest; die Züge zwischen den Augen, das Einsetzen der Nasenwurzel, die Form des Mundes und des Kinnes sind von charaktervoller Bestimmtheit. Denselben Ausdruck hat sein Organ. Er spricht lebhaft, aber mit vollkommener Beherrschung seiner Mittel; wenn der Gegenstand ihn erwärmt, hat er eine fortreißende Gewalt, einen großen Schwung. Er brauchte einmal in der Vertheidigung der Angeklagten ein Bild, das mir auffiel, weil es so schlagend ist. »Sie kennen die Gesetze des Springbrunnens,« sagte er. »So tief die Wasser von der einen Seite herunter fallen, so hoch steigen sie auf der andern.

Wollen Sie sich wundern, daß man zuletzt zur Erlangung der Freiheit Dolch und Strick anwenden wird, da man von Anfang an Kartätschen benutzte, die Freiheit zu verweigern? Die Kartätsche, welche von den Thronen herabgeschleudert wird, steigt als Dolch und Strick den Thronen gegenüber empor.« Bei den Worten sprühten seine dunkelstechenden Augen wirklich Feuer, und er ging nachher mit einer so energischen Haltung von der Tribüne, daß mir jenes berühmte »j'ai dit!« — lebhaft einfiel.

Einer der Männer des rechten Centrums fragte mich heute: »nun, was sagen Sie zu dem Stande der Sache?« — »O! die Rechte wird sicher den Sieg davontragen!« — »Also doch endlich bekehrt?« — »Bekehrt? Im Gegentheil! neuen Ideen, einem neuen Glauben gegenüber ist das Alte, das Unrecht immer in der Majorität. Im Frühjahr, wenn die ersten grünen Blätter hervorkommen, hängen noch alle Bäume voll dürrem Laub, und die welken, vorjährigen Blätter haben die vollständigste Majorität, aber es wird dann doch Sommer und die welken Blätter fallen ab, und das junge Grün gewinnt die Oberhand!« — »Um im nächsten Jahre ebenfalls verwelkt zu sein.« sagte mein Gegner. — »Ja! ganz verwelkt!« antwortete ich, »oder glauben Sie, ich hätte den Muth, von der Vergangenheit Vergänglichkeit zu fordern, wenn ich nicht die Gegenwart auch als vergänglich betrachtete? Das Unrecht der Vergangenheit, der Sie Alle mehr oder weniger angehören, ist der Glaube an die Möglichkeit ihrer Fortdauer. Ich las neulich irgendwo eine Erzählung von einer alten Dame, welche seit vierzig Jahren mit einer Jugendfreundin zusammen gelebt hatte. Als die Freundin dann endlich starb, konnte die Dame den Gedanken dieses Todes gar nicht fassen, sondern bestand darauf, die Freundin lebe, und werde sich schon erholen. Sie ließ sie ankleiden, ließ ihr die gewohnten

Speisen herrichten, und setzte sich mit ihr zur Tafel. Wie nun die Leichenflecken und der Verwesungsgeruch erschienen, schminkte und parfümirte sie die Genossin ihres Lebens, und war weder durch die Bitten ihrer Hausleute noch durch die Vorstellungen der Polizei-Behörden zu bewegen, den Leichnam in die Erde senken zu lassen, dessen Dasein geradezu den Lebenden tödtlich werden konnte. Zuletzt mußte man denn Gewalt brauchen, da man es nicht abwarten konnte, bis der Anhänglichkeitswahnsinn der guten Dame vorüber sein würde. So geht es in diesem Augenblicke überall den Anhängern der alten Zeit, vornehmlich aber auch bei uns. Sie merken es Alle nicht, daß die alte Zeit schon ein tausend sieben hundert und zwei und neunzig gestorben, daß sie längst in Verwesung zerfallen ist, sondern schminken und parfümiren die Leiche ihres Staatssystems mit Ordonnanzen und Kabinetsordres, die den Lebenden gefährlich sind und doch den Verwesungsproceß der alten Zeit nicht aufhalten. Da wird dann aber auch Nichts übrig bleiben, als am letzten verzweiflungsvollen Ende Gewalt zu brauchen und sich selbst zu helfen.«

»Wie partheiisch sind Sie!« rief der Mann des rechten Centrums. — »Und sind Sie es nicht?« — »Ja! aber glauben Sie denn, daß man dieses Häuflein von Ideologen, welche hier auf der Linken sitzen, eine Partei nennen kann?« — Diese bloße Frage bestätigte wieder einmal die Behauptung, wie die Regierungen und ihre Vertreter noch nicht einmal vollkommen einsehen, daß sie eine selbstständige, berechtigte Partei sich gegenüber haben. Sie thun noch immer, als hätte eine Herrschaft widerspenstige Dienstboten, als wären die Völker leibeigen. Sie wissen nicht, daß es nur Fürsten giebt, so lange die Völker welche haben wollen, und daß, wenn hier von einem kontraktlichen Verhältnisse, oder von Gewalt die Rede ist, wohl die Völker einem Fürsten

den Vertrag kündigen können, nicht aber umgekehrt. Das Volk kann den Fürsten verbannen, kein Fürst aber kann ein ganzes Volk verbannen. Sobald sich Niemand beherrschen lassen will, giebt es aber keine Herrscher mehr, und man begreift nicht, daß sie dies nicht einzusehen vermögen.

Auch über die Verläumdungen, die unedeln Mittel, welche die Linke anwende, haben wir lange Reden gehört, und Niemand hat bedacht, daß diese langen Reden eben auch Verläumdungen waren. Personen, welche durch ihre frühern Verhältnisse vollkommen befähigt sein mußten, die reine, hohe Persönlichkeit Johann Jakoby's zu kennen, thaten die abgeschmacktesten, und in ihrem Falle, die sträflichsten Fragen. »Ob es wahr sei, daß Jakoby die Berliner Emeuten leite, daß er die Anarchie für nothwendig halte, sie heraufbeschwöre?« — Was soll man darauf antworten.

19.

Den 17. October.

Heute Morgens waren wir abermals in der Paulskirche, wo Moritz Hartmann uns Lebewohl sagte. Er ist ein so jugendfroher, frischer Mensch, daß man ihn in dieser blasirten Zeit doppelt lieb gewinnt, in der so wenig Menschen jung geboren werden und so viele Jünglinge ganz altbärtig sind. Hartmann geht mit Robert Blum und Julius Fröbel nach Wien. Hartmann und Blum nahmen Abschied von ihren Bekannten, Fröbel war nicht dabei, wenigstens sah ich ihn nicht

mehr. Es lag etwas in der Scene, das mich an die Apostelzeit erinnerte, als diese drei so fort zogen, für ihren heiligen Glauben zu kämpfen und zu leiden mit den Glaubensbrüdern.

Robert Blum ist fraglos einer der häßlichsten Menschen, die ich je gesehen habe Er ist sehr stark, der Kopf steckt tief in den Schultern, und er sieht mit seinem rothbraunen, krausen Haar, mit den kleinen, stechenden Augen, und den groben, runden Gesichtsformen, wie einer der Faunen oder Satyren aus, die oft auf den Rubensschen Bacchusbildern sich so widerwärtig darstellen. Personen, welche ihn sprechen gehört haben, sagen, daß sich sein Gesicht dann wunderbar belebe, daß es von Geist leuchte, daß er wie ein Sokrateskopf aussähe. So im Vorübergehen, wie ich ihn sah, konnte ich das nicht finden, und mußte höchstens zugeben, daß trotz der weichen, schwammigen Fleischmasse, das Gesicht Charakter habe; aber es ist, als habe die Natur diesen

Mann in einer tollen Laune geschaffen, so wunderbar kontrastiren seine Gesichtsformen unter einander, so launenhaft scheinen sie zusammengestellt zu sein.

Was ich über seinen Charakter hörte, hat mich auch überrascht. Man nannte ihn »eine dämonische Kraft!« Er liebe nicht sowohl die Freiheit, als er einen tödtlichen Haß hege gegen die Unterdrückung und die Unterdrücker. Er sei nicht der Mann der Concessionen, sondern er habe die vernichtende Gradheit des Kanonenballs, der sein Ziel suche, um es zu zerschmettern. Daß seine Reden, auch wenn er sie im Zorn des Augenblickes improvisire, von einer eisern in einander gefügten Logik wären, gestand G., der eben nicht sein Freund ist. G. erzählte auch, daß Blum trotz seiner Häßlichkeit auf Frauen einen bedeutenden Eindruck zu machen pflegte, durch die Gewaltsamkeit seines Geistes. Er selbst sei sich dieser Häßlichkeit voll bewußt, und genieße, wenn

er einer Frau gefalle, mehr den Triumph seines Geistes und seines Willens, über die ihm von der Natur auferlegten Bedingungen seiner äußern Gestalt, als er sich der ihm zu Theil werdenden Liebe erfreue. Das hat wirklich Etwas, das unheimlich an Richard den Dritten gemahnt, wie mir denn Blum's ganze Persönlichkeit unheimlich erschienen ist, dämonisch im schlimmen und im guten Sinne des Wortes zugleich. Ich fragte, ob er nicht eigentlich eine unerbittliche, eine grausame Natur sei? — Man antwortete mir: Er könnte es werden, wie jeder Mensch, der nur ein Ziel im Auge hat, und Alles rücksichtslos niedertritt, was ihn von diesem trennt. — Daß er seit Jahren mit seinem Hasse gegen Unterdrückung, dem Princip der Freiheit mit großer Ausdauer und Umsicht genützt habe, das stellte Niemand in Abrede, und so wollen wir hoffen, daß sich dies auch in Wien bewähren werde.

Fröbel's Erscheinung bildet gerade den Gegensatz zu der von Robert Blum. Er ist hoch und schlank gewachsen, und obschon sein sehr starkes schwarzes Haar und der eben so starke Bart, ihm für den ersten Augenblick ein etwas düsteres Ansehen geben, sind die Züge des Gesichtes, der Ausdruck der meergrünen Augen und des schönen Mundes, so auffallend ruhig und edel, daß ein Maler, der ihn zum erstenmale sah, ihn vollendet schön nannte und seinen Kopf mit dem herrlichen kapitolinischen Faun verglich, mit dem er in der That viel Aehnlichkeit hat. Seine Sprechweise ist in der Unterhaltung — denn auf der Tribüne habe ich ihn nicht gehört — sehr ruhig, sein Organ kräftig, aber dabei auffallend mild. Sein ganzes Wesen hat die ruhige Haltung, welche ein inneres Gleichgewicht der Seele und eine ästhetische Bildung verleihen. Er äußerte sich gegen alle Gewaltmaßregeln, so lange man noch die Aussicht habe, gesetzliche Wege zu finden. Einmal, als das Gespräch es zufällig mit sich brachte, that er den Ausspruch, der mich aus seiner socialen Politik so unumstößlich wahr angesprochen: »für jede Nothwendigkeit muß es eine Möglichkeit geben!« und dabei war seine Stimme so sanft, sein Wesen so ruhig, als wisse er, daß das Vernünftige in dieser von einem Vernunftgesetz beherrschten Welt doch nothwendig den Sieg davon tragen werde. Hier an Fröbel hat es sich mir wieder recht bestätigt, daß die wahre Kraft immer mild, die rechte Ueberzeugung immer ruhig ist, und daß man Heftigkeit und Gereiztheit durchgehends als ein Zeichen innerer Haltlosigkeit anzusprechen habe. Ich habe von Fröbel nie ein hartes Wort des Tadels, nie eine jener Verdächtigungen seiner Gegner gehört, mit denen diese so freigebig gegen die edelsten Charaktere der Linken umherwerfen, und das ist wirklich wohlthuend in dieser Zeit des Hasses und des Kampfes. —

Als wir gegen zwölf Uhr aus der Paulskirche

kamen, fanden wir Herrn von T. und Herrn von D., welche Beide darin übereinstimmten, die Nationalversammlung werde es sehr bedauern, nicht gegen die Neuwahl der zu Beamten ernannten Personen gestimmt zu haben. Aus einer Besprechung dieses Gegenstandes machten wir uns aber los, uns ein wenig in der Stadt umzuschauen.

Das Wetter war trocken und frisch, ohne hell zu sein, und wir gingen zuerst in das Städelsche Institut, ein Bild von Pecht zu sehen. Es stellt die Krönung Göthe's durch Korona Schröter dar, nach der ersten Aufführung seiner Iphigenia. Es ist ein buntes Bild, voll Portraitfiguren, in der Art der Watteau'schen Gemälde; ohne die Portraitsähnlichkeit würde es weniger anziehend sein. Jetzt aber geben diese und der Contrast zwischen dem stillen Damals, in dem Fürsten und Dichter sich in einer Region friedensvoller Kunstschöne bewegten, neben unserer sturmbewegten Zeit, ihm ein gewisses Interesse.

Der Park von Tieffurt bei Abendbeleuchtung ist der Ort der Handlung. Der Herzog in blauer Uniform mit hohen Reiterstiefeln, und die Herzogin Amalie in weißem, mit rosa Schleifen geziertem Reifrock, führen Göthe, ihn bei den Händen haltend, aus der Reihe einer Gesellschaft auf einen Teppich, der über den Wiesenboden gebreitet ist. Von der andern Seite tritt Korona Schröter hervor, in weiß gekleidet nach der Mode der Zeit, aber doch von Schleiern und derartigem Zierrath so lose umwallt, daß ihre Kleidung nicht steif, sondern recht idealisch erscheint. Sie naht sich Göthe, mit erhobenen Armen vorschreitend, ihm, wie eine Viktoria, den Lorbeerkranz entgegen zu bringen. Göthe, der jugendliche, nach Mai's Portrait gemalte Kopf, und auch dem Bilde der Angelika Kaufmann ähnlich, das Frau Ottilie von Göthe in Wien bewahrt, ist sehr gelungen. Er trägt weiße Eskarpins, eine weiße Weste mit einer Blumenguirlande gestickt, einen

19*

braunen Rock ebenfalls mit Stickerei, und das starke, schwärzliche Haar, in natürlichen Locken ohne Puder, während alle anderen Männer noch mit Zopf und Puder prangen. Wieland, Herder, Schiller, Knebel, Merk, figuriren alle in dem Bilde, und ganz im Vordergrunde steht die »Frau Rath« in dem farbenstrahlenden Prachtanzuge einer Fee aus den Contes bleus. Unwillkürlich mußte man an Bettina's Schilderung des Anzuges denken, den die Frau Rath ihr bei dem Besuche der Königin von Preußen in Darmstadt beschreibt. Ob es gerade »dieselbe Haub' mit die Sonneblume« gewesen ist, weiß ich nicht, aber die ganze Frau glänzt in Schmuck und Farben, wie eine prächtige Pfauenfeder. Da man nur immer Lust hat an Darstellungen der Personen, welche in unserm Geiste bereits lebten, so wirst Du im Voraus wissen, daß mir dies Bild große Freude gemacht hat.

Von Göthe's Bilde wanderten wir zu seinem

Vaterhause, das Zimmer zu besuchen, in dem er einst den Götz und den Werther geschrieben hat. Das Haus hat schöne, breite Treppen mit eisernen Geländern, in deren Verzierungen sich die Göthe'schen Namenschiffern finden; die einzelnen Etagen sind nicht sehr hoch, dafür aber Alle von ziemlich gleicher Höhe. Göthe's Zimmer ist eine Erkerstube mit drei Fenstern, aus denen man, wenn man sich seitwärts hinausbiegt, Gärten sieht und auch einen Blick in das Freie hat. Wer kann aber wissen, wie das Alles vor siebenzig Jahren gewesen sein mag? Es ist ein gutes, stilles Zimmer, dennoch machte mich seine Leere, im Gegensatz zu der Bewohntheit des übrigen Hauses, recht traurig. Auf dem Vorflur des ersten Stockes spielten Kinder mit einer Katze, der sie einen Kreisel entgegenschleuderten; im zweiten Stock trug man Küchenabhub, Wäsche und Speisevorräthe die Treppe hinunter; es war eben das Treiben des Alltagslebens in seiner Nothwendigkeit. Eine Magd geleitete uns in den dritten Stock, sie sprach sinnloses Ciceronengeschwätz, während wir uns in dem Zimmer umsahen. Ein kleines Schreibepult, ein zerbrochener, lederüberzogener Stuhl, ein Paar Tische an den Pfeilern wurden als von Göthe gebraucht bezeichnet. Eine Sepiazeichnung, unbedeutend wie alle Göthe'schen Zeichenversuche, hing an dem einen Pfeiler; eine Kopie danach an dem andern. Unter beiden ein Göthe'scher Vers, dessen ich mich nicht erinnere. Aber das Alles war so kahl, so ausgestorben, so ungeliebt, daß es mir wehe that. So müßte man fühlen, fände man auf dem Grabe seiner Eltern die Grabsteine zu einem Brotofen verwendet. Es schnürte mir das Herz zu das Alltagsleben in diesem Hause, und immerfort dachte ich an Göthe's Worte: »Die Stätte, die ein edler Mensch betrat, ist eingeweiht«, um es mit Schmerz zu empfinden, daß man diese geweihte Stelle nicht genugsam ehre.

Schön, prächtig, vornehm, großartig, wie man das Patricierwesen jener Zeit oft findet in großen Fluren, einzelnen Sälen und hohen Zimmern, ist dies Vaterhaus Göthe's nicht. Aber es ist zweckmäßig auf das Nothwendige beschränkt, es rahmt die Existenz ein; und wer könnte sagen, in wie weit diese Bauart auf das ganze Wesen Göthe's eingewirkt und ihm die Begränzung in den spätern Lebensepochen zum Bedürfniß gemacht haben mag.

Unser nächster Weg galt dem Römer. Die alten Bilder der deutschen Kaiser im großen Saale sind durch neue verdrängt, von denen einzelne recht charakteristisch sind; daß sie aber als Ensemble einen bedeutenden Eindruck machen, hindert schon die architektonische Anlage des Saales. Wie prächtig klingen die alten Beschreibungen des Römers, wie stattlich wird der Marktplatz geschildert, auf dem der Springbrunnen Wein sprudelte, der gebratene Ochse prangte und der Haferhaufen dem Volke Preis gegeben ward. Und dieser Marktplatz und der Weg nach dem Dome, welcher mit Tuch belegt ward, das sind Alles winkelige, kleine Plätze und enge, elende Gassen, die eben nur als Hintergrund der Ereignisse eine Theilnahme erregen, welche sie für sich selbst in keiner Weise beanspruchen könnten.

Zuletzt denn die Judengasse! — und wären alle Machthabenden der Welt durch die Revolutionen dieses Jahres in Leid und Schmerz versenkt worden, so würden sie mit ihren Thränen noch lange nicht die Schmerzensthränen aufwiegen, welche jenes unglückliche Volk in zweitausendjähriger Knechtschaft, in schmachvoller Unterdrückung vergossen hat. Als wir durch die lange, schmale Judengasse gingen, als ich in die Gehöfte dieser thurmhohen Häuser sah, welche an einander und in einander geklebt sind, wie die Zellen eines Bienenstocks, und als ich mir dachte, hier hat Börne seine Jugend verlebt, hier hat man ihn allabendlich wie einen Verbrecher eingesperrt, und

hier hat man sich geweigert, das Thor zu öffnen, selbst bei Feuersbrünsten, schauderte ich vor dem unmenschlichen Treiben der oft gepriesenen Vorzeit.

Wenn Göthe in seinem Faust den furchtbaren Fluch ausspricht, und Stein auf Stein zertrümmert von dem Bau des menschlichen Daseins, wenn er der Hoffnung und dem Glauben geflucht hat, so endet er mit den Worten: „und Fluch vor Allem der Geduld!“ Ja! der Fluch der Menschheit ist jene Geduld, die sie ausharren läßt in Leiden, welche enden, sobald man sie nicht mehr ertragen will. Ausharren mit freiem Geiste unter der Wucht eines körperlichen Schmerzes, unter dem Druck unabänderlicher Verhältnisse, darin kann Größe liegen; aber ausharren unter einer Knechtschaft, die man als Knechtschaft fühlt, das ist Feigheit und Schande. Die Conservativen sagen, wenn sie das Maaß ihres Zornes gegen die Partei der Bewegung erschöpft haben, als schwersten, letzten Vorwurf: »Es sind hauptsächlich die Juden gewesen, die jüdischen, unzufriedenen Literaten, welche den ganzen Spektakel angefangen haben aus jämmerlichem Egoismus.« Und Keiner dieser Ankläger fühlt, welchen Ehrenkranz er in diesen Worten den Juden windet.

Ja! es waren Börne und Heine, welche seit der Julirevolution, und schon früher, den Deutschen zuriefen: »Wir sind Knechte und Ihr mit uns!« Es war Gabriel Riesser, der die Emancipation der Juden mit Wärme vertrat; es waren Johann Jakoby und Heinrich Simon, welche von achtzehnhundertvierzig ab den Kampf gegen die preußische Bureaukratie unablässig führten, und zuletzt fast Mann gegen Mann dem preußischen Absolutismus gegenüber standen; und es ist erhebend, daß es so war. Es ist der ruhmvollste Ehrenkranz für das jüdische Volk, daß es nach so langer Unterdrückung nicht matt, nicht schwach, sondern stark genug geworden war, an die Spitze der

Bewegung in Deutschland zu treten. Das Wort des Welterlösers ist zur Wahrheit geworden an seinem Volke: »Der Stein, den die Bauleute verworfen haben, ist zum Eckstein geworden!« Die Geduld, welche aus Feigheit und Trägheit entspringt, mag vom Throne aus wie eine Tugend erscheinen; sie ist aber so gewiß eine Schmach und ein Laster, als das Irrlicht, das von fern wie eine reine Flamme leuchtet, ein Produkt ungesunder Sumpfesdünste ist.

Ueberall an den Schaufenstern der Buchhandlungen sieht man Börne's und Göthe's Bilder nicht nur neben einander, sondern auf demselben Blatte gezeichnet, und das in Frankfurt, wo man einst dem Doktor Börne eine Accessisten-Stelle verweigern zu müssen glaubte.

Weimar, 20. October, Abends.

In den letzten Tagen unseres Frankfurter Aufenthaltes zu schreiben verhindert, komme ich erst hier dazu, den Brief zu beenden. Wir haben gestern Morgen Frankfurt verlassen. Um die Nachtreise zu ersparen, welche man mit der Eilpost machen muß, hatten wir eine Extrapostchaise gemiethet, und haben dadurch zwar manche Bequemlichkeit, aber wenig an Nachtruhe gewonnen. Den ersten Abend langten wir so tief in der Nacht in einem schlechten Gasthofe zu Hühnenfeld an, mußten, um die Eisenbahn in Eisenach zur rechten Zeit zu erreichen, am Morgen so früh wieder aufbrechen, daß es doch um den Schlaf eigentlich geschehen war, und man nur unnöthig das Aus- und Einpacken der Nachtsäcke zu besorgen gehabt hatte.

Der Weg durch Franken, über Gellenhausen und viele kleine andere Städte, war bei dem schönsten Herbstwetter sehr angenehm, und in dieser Beziehung die Fahrt im Wagen vortrefflich. Die

Eisenbahnen haben das Widerwärtige, daß sie uns aus der Natur, aus dem Zusammenhange mit dem Leben des Landmanns, in eine öde Maschinenwirthschaft verbannen. Sie entwurzeln uns, sie zerstören den Begriff des bewohnten Landes. Indem sie uns auf ihren eisernen Schienen fortbewegen, bekommen wir von der Welt fast nichts Anderes zu sehen, als brachliegendes Terrain, Eisenbahnhöfe und Bahnwärterbuden. Die Erde erscheint aus den Waggons nur als eine Landstraße, als ein großer Weg, nicht als ein Wohnort. Jeder Bahnhof führt in die Ferne, Keiner ladet zum Weilen ein. Es liegt etwas Beunruhigendes, Quälendes in dieser Art des Reisens, und darum that uns als Gegensatz die Fahrt auf den Chausseen mitten durch das Franken- und Thüringerland so wohl. Einmal wieder Menschen zu sehen, welche die Weinlese hielten, Rüben und Kohl ernteten, Flachs brachen und für den nächsten Sommer die Aecker vorbereiteten oder die neue Saat ausstreuten, war sehr erquickend. Die großen Viehheerden, die waschenden Frauen am Brunnenrand, Kinder, welche die einzelnen Ziegen hüteten, Gänse weideten, mit dem Kettenhunde spielten, oder sich auch ehrlich und tüchtig balgten, das war Alles eben so vergnüglich, als die großen Züge von Menschen, welche zur Kirmeß gingen. Nach den uniformirten Bahnofficianten mit Messingschilden, von denen wir selbst nur wie Stückgut behandelt werden, war dies Alles reizend und neu, und um so mehr anmuthend, als man in diesen kampfdurchwühlten Zeiten die Sehnsucht nach Ruhe, nach primitivem Leben und primitiven Zuständen nur um so lebhafter empfindet.

Das ganze Frankenland ist schön, und der Frieden seiner stillen Thäler sehr lieblich. Vor Eisenach kamen wir in ein Thal, das von dem Flüßchen Bacha durchströmt wird, und in dessen Mitte ein Flecken gleichen Namens liegt. Das

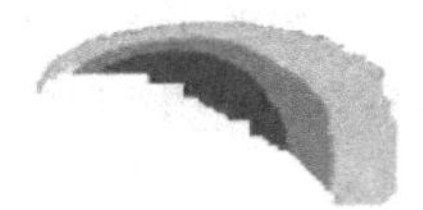

Thal ist weit, von mäßigen Hügeln gebildet, deren Laubwälder der Herbst phantastisch bunt gefärbt hatte. Es hatte am Nachmittage geregnet und war, bei der vorgerückten Jahreszeit, dann auch gleich kühl geworden. Um Sonnenuntergang aber, als wir durch das Thal fuhren, brach das Sonnenlicht wieder hervor und funkelte in scharfen Streiflichtern durch das zerrissene Gewölk, hier die buntgefärbten Blätter glänzend zu erleuchten, dort sich in Regenbogenfarben in den Nebeln zu spiegeln, die wie Schleier an den Hügeln hingen. Der Anblick war zauberhaft schön und das ganze Thal so still und friedlich, daß ich das lieblichste Bild davon in der Seele behalten habe. Mit diesem stillen Bilde soll der letzte Brief aus Frankfurt beendet werden, der Dir so viel von den Kämpfen des Tages gesprochen hat; möchte auch ihr Ende, schön wie dieser Sonnenuntergang, uns einen hellen Tag verkünden.

Berlin im November und Dezember 1848.

20.

Berlin, 8. November 1848.

Gestern bin ich nach viermonatlicher Abwesenheit heimgekehrt, und habe heute schon einen Theil unserer Bekannten gesehen, die Alle sehr besorgt sind in der Erwartung eines Staatsstreiches, gleichviel ob sie diesen Staatsstreich durch die Maaßlosigkeit der Nationalversammlung für berechtigt halten, oder ihn eine Ungerechtigkeit der Regierung, einen Akt frevelhafter Willkür nennen. Daß er ein Unglück ist für das Land, darin sind Alle einig.

Die Stimmung der Menschen scheint mir noch gedrückter, als ich sie je nach den Märztagen gesehen, die Erbitterung der Parteien schroffer. Der Haß der stabilen Freunde der Ordnung hat einen verbissenen Charakter angenommen, der zähneknirschend nur Gewaltmittel fordert. Sie sehnen sich nach einem Blutvergießen in dem die Bassermann'schen Schreckensgestalten ihren Untergang fänden. Sie haben die letzten Beweismittel der Könige offenbar zu den ihren gemacht, und die Mehrzahl mag es schmerzlich bedauern, daß dies Rechtsprechen mit Kartätschenkugeln noch »das beneidenswerthe Vorrecht« der Krone ist, daß nicht Jeder von ihnen privatim von einigen kleinen Kanonen Gebrauch machen kann, gegen die Personen und Ansichten, welche ihm selbst am meisten zuwider sind.

Das Ministerium Brandenburg erhält ein Mißtrauensvotum nach dem andern, läßt sich's aber wenig anfechten, denn offenbar besteht es

aus unverantwortlichen Ministern, welche die Befehle ihres Königs vollziehen, der sie zu vertreten hat. Dies ist unser Constitutionalismus.

Was man so besorgt erwartet, ist das Einrücken der Truppen und die Auflösung der Nationalversammlung. Daß Beides noch nicht ausgeführt ist, liegt wohl lediglich daran, daß die Regierung irgend einen Kravall abwarten und diesen als Grund für das Eine oder das Andere benutzen möchte. Wüßte man bestimmt, das Einrücken der Truppen werde Unruhen erregen, die Nationalversammlung dagegen protestiren und sich »renitent« beweisen, so ließe man vielleicht die Truppen einrücken, um die renitente Nationalversammlung mit Grund angreifen zu können. Dürfte man hoffen, die plötzliche Auflösung der Nationalversammlung veranlasse einen Aufstand, so möchte man die Nationalversammlung auflösen, um die Truppen rechtmäßig einrücken zu lassen. Aber man fürchtet, die Bürgerschaft werde nicht mehr nach momentanen Stimmungen handeln. Sie hat freilich bei einem neuen Straßenkampfe auch nicht den Gewinn zu erwarten, wie das Gouvernement.

Dieses Gouvernement kommt mir vor wie ein treuloser Liebhaber, der schlecht genug, treulos zu sein, nicht den Muth besitzt, seinen Verrath zu gestehen, sondern seine Geliebte durch Martern dazu zwingen möchte, das scheidende, trennende Wort zuerst auszusprechen; und leider sind noch so viele schwache Elemente im Volke, daß der Liebhaber, wenn er nur geduldig und grausam genug ist, sein Ziel gar leicht erreichen kann.

Als ich heute Johann Jakoby fragte: »wie stehen die Sachen in Berlin?« — antwortete er mir: »Sehr gut für die Demokratie!« Ich sah ihn befremdet an, er fühlte das und fügte hinzu: »Das Unterthanengefühl ist noch felsenfest in vielen Deutschen, Niemand kann aber dagegen so wirksam ankämpfen als der Absolutismus selbst — und er thut es jetzt redlich. Die Fürsten

nutzen das Vertrauen, den Glauben des Volkes ab, sie belehren das Volk. Das ist mehr, als man von ihnen verlangen kann, denn sie untergraben selbst den Boden, auf dem allein sie stehen können.«

In dem heißen Sommer von 1846 war der Vesuv ganz ruhig — und man zitterte vor dieser Ruhe, denn alle Quellen in Castellamare, wo ich damals mich befand, begannen zu versiegen. So ruhig wie der Vesuv in jener Zeit, so beängstigend still, erscheint mir heute Berlin.

91.

Berlin, 10. November.

Heute ist die Nationalversammlung aufgelöst; heute, am 10. November, an dem Tage, welcher den Vorkämpfern der Freiheit, Luther und Schiller, das Leben gab.

Der Ernennung des Ministeriums Brandenburg ist die Auflösung der Nationalversammlung durch die Gewalt der Bajonette schnell gefolgt. Es scheint, als hätte man in Potsdam vergessen, welche Folgen vor sechszig Jahren jene Anwendung der Bajonette in der französischen National-

versammlung gehabt hat, welche Ereignisse geschehen sind, nachdem die Worte ausgesprochen worden waren: »Wir sind hier durch den Willen des Volkes und werden nur der Kraft der Bajonette weichen.«

Aber die Völker haben jene Thatsache nicht vergessen, und die preußische Nationalversammlung hat sich würdig gezeigt ihrer Vorgänger und Vorkämpfer. Die Sympathie aller civilisirten Völker muß ihr Lohn und ihr Bundesgenosse werden, wenn sie auf diesem Wege ruhig und fest fortzugehen vermag, und das Volk stark und muthig seinen Vertretern zur Seite steht.

Seit sechsunddreißig Stunden, seit der Erklärung des Grafen Brandenburg, daß der König die Kammern von Berlin nach Brandenburg verlege, hatten das Präsidium und die Büreaubeamten der Nationalversammlung das Sitzungslokal nicht verlassen; die Deputirten hatten, sich in Sectionen ablösend, die Nacht dort zugebracht.

20*

Extrablätter, welche in den Straßen feil geboten wurden, verkündeten dem Volke den Beschluß der Nationalversammlung, sich nicht aufzulösen, weil der Befehl dazu ein ungesetzmäßiger sei. Zugleich erfuhr man durch diese Extrablätter, daß der König die Präsidenten der Nationalversammlung, Herrn v. Unruh und Herrn Bornemann, nicht vor sich gelassen habe, als die beiden Herren nach Potsdam gefahren waren, um in diesem, für Preußen entscheidenden, für die Krone gefährlichen Augenblicke, die Stimme der Wahrheit, als Privatmänner, vor das Ohr des Königs zu bringen.

Dem Magistrate war die Anzeige gemacht, daß am Mittage 15000 Mann Truppen in die Stadt einrücken würden; die Bürgerwehr hielt das Lokal der Nationalversammlung besetzt; überall standen Gruppen von Bürgern zusammen, eine ernste Ruhe, eine feste Entschlossenheit machte sich überall geltend. Keine Straßenaufläufe lärmender Art, keine lauten Aufregungen! --- Man trat zusammen, um irgend ein neues Plakat, um einen Bericht aus der Versammlung zu hören und entfernte sich, sobald dies geschehen war.

Gegen zwei Uhr gaben lebhaftere Bewegungen das Einrücken der Truppen in die Stadt kund. Um diese Zeit traten wir aus dem blendend hellen Sonnenlicht des klarsten Herbsttages in den Saal der Nationalversammlung. Man rief die Deputirten mit Namen auf, es waren 252 beisammen. Herr Bornemann führte das Präsidium.

Einzelne Deputirte, lebhaft erregt, gingen sprechend auf und nieder; da erhob sich Herr Bornemann und sagte: »es scheint mir der Würde dieses Augenblickes angemessen, daß wir in Ruhe die Rückkehr der Kommission erwarten, welche hinausgegangen ist, eine Proklamation an das Volk zu verfassen.«

Sogleich kehrte Alles zu den Plätzen zurück. Ein feierliches Schweigen herrschte im Saale, als

Herr v. Berg auf die Rednerbühne trat. »Die Zeit drängt, die Truppen rücken an, ich habe das Siegel der Nationalversammlung aus den Händen der Unterbeamten genommen und gebe es in die Hände des Präsidiums zurück;« mit diesen Worten legte er es auf das Büreau nieder.

Kaplan Berg weiß es von dem Ritus seiner Kirche her, wie tief man durch Symbole auf die Menschen wirkt. Seine symbolische Handlung hatte ihren Zweck erfüllt, als ein Abgeordneter der Kommission hereintrat und der Versammlung die Proklamation an das Volk vorlas, in der sie erklärte, daß sie sich nicht für aufgelöst erachte und sich nur, der physischen Uebergewalt weichend, zurückziehen werde.

Diese Proklamation ward einstimmig angenommen und von den überfüllten Gallerien mit zustimmendem Bravo und Beifallklatschen empfangen. Einer der Deputirten verlangte, man solle unter die Proklamation die Namen ihrer Verfasser abdrucken. »Lassen Sie unter die Proklamation drucken: »»Die Nationalversammlung««, bat der Berichterstatter, »das wird der würdigste Dank für die Verfasser sein.« Auch dieser Vorschlag ward einstimmig angenommen, ebenso die Aufforderung, vierzigtausend Exemplare der Proklamation drucken und in Berlin vertheilen zu lassen.

Nachdem diese Beschlüsse gefaßt waren, zündete man in dem Saale, über den schon die Schatten der Dämmerung sich ausgebreitet hatten, die Lampen an, und die Versammlung ging zur Tagesordnung, zur Berathung der Ablösungsgesetze über.

Diese Ruhe übte eine bannende Kraft. Ueber die kleinlichen, drückenden Frohnen der ärmsten Landbewohner beriethen hier zwei hundert zweiundfunfzig Abgeordnete des Landes, während der König Kinder dieses Landes, Söhne dieser Landbewohner zwang, als Feinde gegen die selbst erwählten Volksvertreter anzurücken, welche die Rechte dieser Bauern und Tagelöhner zu wahren strebten.

Mit dem taktmäßigen Marschschritt der Truppen klang zugleich mal auf mal das Vivatrufen der Einwohner Berlins in den Saal. Es galt der Bürgerwehr und ihrem Kommandanten Rimpler, die sich in einem Plakate als die rechtmäßigen Vertheidiger der errungenen Freiheit und als die Beschützer der Nationalversammlung erklärt hatten. Man sah durch die Fenster des Saales bei dem letzten Schein des Tages, die Scharfschützenkompagnien der Bürgerwehr das Haus umringen. Zweihundert Schritte davon standen die Truppen des General Wrangel — und in der Versammlung debattirte man über die Ablösung des Federspulgeldes, des Hundeackerhaffers, des Hundebrotes, der Küchenfuhren, des Holzspaltens und des Zutters für die Hauskuh. Man debattirte sehr ruhig, denn man befand sich auf dem festen Boden des wahren Rechtes.

Da erschien Herr v. Unruh, der Präsident der Versammlung, und nahm an Herrn Bornemann's

Stelle den Präsidentenstuhl ein. Eine lautlose Stille empfing ihn.

»Meine Herren!« sagte er mit kräftiger Stimme, »es ist mir von dem Commandanten der Bürgerwehr die Mittheilung zugegangen, daß Truppen eingerückt sind und das Sitzungslokal umgeben haben. Auf die Frage des Herrn Rimpler an den Kommandanten der Truppen, General v. Wrangel, zu welchem Zwecke diese Truppen eingerückt wären? hat Herr v. Wrangel geantwortet, daß er zum Schutze der Nationalversammlung gekommen sei. Ich habe darauf, kraft meines Amtes als Präsident dieser Versammlung, dem Herrn Rimpler die schriftliche Erklärung zugehen lassen, daß die Versammlung sich unter dem Schutze der Bürgerwehr vollkommen sicher fühle und keines anderen Schutzes bedürfe. Darauf erwarte ich die Antwort.«

Bravo! erscholl es von allen Ecken und gleich darauf gelangte der Bericht des Kommandanten

Rimpler in die Hände des Präsidenten. Alles blickte zu ihm hinüber, der Moment der Entscheidung war gekommen.

Er erhob sich abermals: »Meine Herren: General v. Wrangel hat dem Kommandanten der Bürgerwehr, auf dessen Anfrage, wie lange er hier zu verweilen denke, wo man seines Beistandes nicht begehre, geantwortet: »er werde gar nicht fortgehen, da er weder die Nationalversammlung noch ihren Präsidenten anerkenne. Graf Brandenburg habe auf Befehl des Königs die Versammlung aufgelöst, sie bestehe rechtlich nicht mehr. Die Anwesenheit der Herren im Sitzungssaale sei ungesetzmäßig; er wolle daher keinem derselben den Austritt verwehren, aber, sobald der Letzte sich entfernt habe, das Sitzungslokal schließen lassen und den Eintritt in dasselbe verhindern, und sollte er acht und vierzehn Tage hier liegen bleiben müssen; er und seine Truppen wären des Bivouakirens gewohnt.«

Worte der Mißbilligung erschollen, wurden aber von dem Ordnungsrufe übertönt, und der Präsident fuhr fort: »Die Bürgerwehr hat erklärt, obschon des Bivouakirens ungewohnt, sei sie bereit, sich daran zu gewöhnen, und werde nur mit den Deputirten zugleich ihren Posten verlassen. Aber meine Herren! darauf dürfen wir es nicht ankommen lassen. Man hat jetzt die Gewalt der Waffen gegen uns angewendet, wir sind von einer starken Militairgewalt cernirt. Ich habe gegen diesen Akt der Gewalt Protest eingelegt. Wir wollen mit der Bürgerwehr gemeinsam das Lokal verlassen und unsere Proklamation mag für uns im Vaterlande sprechen, das hier richten wird. Ich erkläre die Versammlung für vertagt.«

»Bis morgen früh um neun Uhr! »rief Herr v. Berg, die Rednerbühne besteigend. »Nur mit dieser Bedingung nehme ich den Vorschlag an.«

»Bis morgen früh um neun Uhr,« wiederholte

der Präsident. Wir wollen uns morgen versammeln und sehen, ob man uns den Eintritt verwehrt."

Wenig Augenblicke darauf zogen sich die Deputirten in Mitten der Bürgerwehr aus dem Versammlungslokale zurück. Ein donnernder Beifallsruf, die tiefgefühltesten Beistimmungen erschallten rings umher, man knüpfte weiße Tücher an die Spitzen der Bajonette, man schwenkte die Hüte, man drückte den Deputirten die Hände, sie geleitend nach allen Stadttheilen, als sie sich vor dem Hause zerstreuten.

Jetzt ist es fünf Uhr. Der Trommelschlag der Bürgerwehrkompagnien, die in ihre Wohnungen zurückkehren oder Patrouillen zur Aufrechterhaltung der Ordnung durch die Stadt senden, erklingt in den Straßen. Es ist Alles ruhig und General Wrangel mit seinen Truppen behauptet in diesem Augenblicke das Feld.

23.

Den 18. November.

Ich habe Dir nicht geschrieben, weil mir die Seele bedrückt ist, von den Segnungen des Friedens, den man uns bereitet. Der Belagerungszustand ist erklärt, die Stadt ist voller Soldaten und es ist seitdem, als hätten sie ein eisernes Netz über uns ausgespannt, als wäre uns selbst der Anblick des Himmels entzogen. Die Thore sind offen, die Straßen sind frei — aber man hat dennoch das Gefühl, sich in einem Gefängnisse zu befinden.

21*

Der Abend des Zehnten und die Nacht zum Eilften waren sehr unheimlich. Viele Leute wollten Berlin verlassen, man packte, auf den Straßen fuhren Droschken voll Kasten und Betten, ganze Familien mit Weib und Kind den Thoren zu. Als es dann Nacht ward, schien die Aufregung zu wachsen. Sobald eine Thüre zugeworfen ward, sobald ein Balken zur Erde fiel, glaubte man einen Schuß zu hören; jedes Wagengerassel hielt man für Trommelwirbel. Nicht mir allein, sondern Allen, die ich nachher sprach, ist es so gegangen Das Entsetzen über die Gewaltthat hatte die Phantasie erregt, daß man wahrzunehmen glaubte, was der gerechte Zorn für möglich hielt.

Am Morgen des Eilften befand ich mich bei B., dem Schauspielhause gegenüber, als die Deputirten sich versammelten, der Einlaß ihnen verwehrt ward, und sie sich in geschlossenem Zuge fortbegaben, in würdiger Haltung, von zahlrei-

cher Menschenmenge begleitet. General Wrangel wagte nicht dies Gefolge zu hindern, obschon es ungesetzlich war nach dem Belagerungszustande.

Unablässig tönte in meinem Innern, während die Deputirten an mir vorüber wandelten, jener Geister-Chor des Faust, jenes furchtbare

»Weh! weh!
Du hast sie zerstört.
Die schöne Welt,
Mit mächtiger Faust;
Sie stürzt, sie zerfällt!
Ein Halbgott hat sie zerschlagen!
Wir tragen
Die Trümmern in's Nichts hinüber,
Und klagen
Ueber die verlorne Schöne.«

Es war, als zögen in diesem Augenblicke der Geist des Friedens, der Verständigung und Ausgleichung fort von Berlin, und als schwängen wilde Rachegeister die blutrothen Fackeln des Hasses in der Luft.

Was die Regierung mit dieser Auflösung der Nationalversammlung gethan hat, den Widerspruch, den sie gesprochen gegen ihre Verheißungen im März, das wird sie und wir mit ihr, wenn nicht jetzt, doch einst zu büßen haben. Manches Saatkorn, das die Hand des Menschen der Erde anvertraut, wird vom Winde verweht oder geht nicht auf zur Frucht. Aber die Saaten des Uebels, welche die Hand der Fürsten streuen, finden immer den Boden, aus dem sie früh oder spät hervorschießen, als ein Schlingkraut, das die Fürstenstämme umstrickt, entkräftet und vernichtet.

Die Stadtverordneten hatten den Deputirten ihr Versammlungslokal angeboten, da es jedoch zu klein war, mußte man das Schießhaus der Bürgerschaft für sie wählen, und die Schützencompagnien übernahmen den Wachtdienst vor demselben, bis zu dem Augenblicke, da General Wrangel die Nationalversammlung auch hier vertreiben ließ. Einer der Schützen, ein Handwer-

ker, welcher für mich arbeitet, ein verständiger, braver Mann, hat mir voller Entrüstung mit weinenden Augen von dieser Vertreibung erzählt. Unter den Officieren, welche zur Ausführung derselben kommandirt waren, sollen viele nur mit Widerstreben, ein alter Major mit Thränen gehorsamt haben. Einem Andern, welcher willig den Dienst versah, einem Nachkommen des alten Blücher, hat ein alter Schützenhauptmann tadelnd zugerufen: »Herr! was möchte der alte Blücher sagen, wenn er sähe, daß Sie gegen die Volksvertreter, daß Preußen gegen Preußen geschickt werden, und daß der König uns so für unsere Wunden von 1813 belohnt?« — »Ich bin Soldat und thue meine Pflicht,« hat der Officier geantwortet.

Pflicht und Gehorsam, das sind die beiden Worte, hinter die sich die Gewalt noch immer verschanzen kann, die Gewalt, welche sich weich und doch so fest gebettet hat auf dem furchtbaren christlichen Grundsatz: »seid unterthan der Obrigkeit, welche Gewalt über Euch hat.« Dieser christliche Grundsatz hat den Franzosen von 1800 — 1813 in Deutschland ihre Siege bereitet, dieser christliche Grundsatz mit seinem blinden Gehorsam gegen die Gewalt, wird noch maaßloses Elend über uns bringen, wenn die jetzt heranwachsende Jugend abermals zu gehorsamen Christen, statt zu denkenden Menschen — zu Unterthanen der gewalthabenden Obrigkeit, statt zu Staatsbürgern erzogen wird.

Frauen, denen sonst ihre Kinder und ihr Haushalt wenig Interesse übrig ließen für die Fragen der Zeit und der Politik, habe ich weinen sehen, wenn aus den öffentlichen Gebäuden, aus der Münze, dem Zeughause und der Akademie, rauchende Soldaten die Köpfe hervorsteckten und Schelmenlieder sangen; weinen sehen, als die Straßen abgesperrt wurden, Wagen und Constabler an den Ecken hielten, und Trupps von

fünf bis sechs Soldaten in die Häuser gingen, die Waffen der Bürgerwehr abzuholen, welche man auf die Wagen lud und davon fuhr. Junge Officiere kommandirten diesen ruhmvollen Feldzug.

Alle königlichen Gebäude sind bis unter die Dächer voll Soldaten. In der Bank, in der Seehandlung liegen vier- bis fünfhundert Mann; auf den Hausfluren verkaufen Höckerfrauen Brot, Branntwein, Würste und Taback. Abends lagern die Soldaten auf den Treppenstufen, daß man fast über sie steigen muß, wenn man durch die tabackqualmenden Räume geht. Selbst das Museum ist in eine Kaserne verwandelt, und geht man an demselben vorüber, so hört man ein Geräusch, wie von einem donnernden Wasserfalle. Es ist das Singen und Sprechen der Soldaten in der prachtvollen Rotunde, deren Echo den Schall vertausendfacht. Vor der Mediceï'schen Venus balgen sich Soldaten, den Fußboden mit den Nägeln ihrer Stiefel zerreißend, der kapitolinische Faun hat eine Feldmütze auf, Helme sind den schönsten Antiken aufgestülpt, Bajonette lehnen an die Minerva Medika, und der Knabe, der sich den Dorn aus dem Fuße zieht, ist von Tornistern, Kommißbröten und Patronentaschen verdeckt. So schilderte mir ein Bekannter den Anblick.

Die Beamten, der Adel und die große Zahl ruhesüchtiger Bürger, wie Berthold Auerbach sie nannte, sind wie von einem Freudentaumel ergriffen Den Soldaten wird in vielen Häusern und in den Kasernen, in denen sie ohnehin an Nichts Mangel leiden, das Leben noch besonders bequem gemacht. Man liefert ihnen wollene Decken, wollene Strümpfe, Suppen, Weißbrod, Bierkaltschaalen und Taback. Ein Vetter von mir, ein Füselier, der in einer Kaserne einquartiert ist, erzählte mir, daß ein Konditor ihnen am letzten Sonntage ganze Eimer voll Chokolade ge-

schickt habe. Es fehlte wirklich nur, man machte ihnen Visiten, hielt ihnen Vorlesungen und arrangirte Feste, damit sie sich in Berlin nicht etwa langweilen.

Dabei wird die Disciplin sehr locker. Nie, so lange ich lebe, habe ich so viel betrunkene Soldaten in den Straßen gesehen als jetzt; es war etwas Unerhörtes in früherer Zeit. Auch der Ton der Officiere soll — nicht menschlicher, denn das wäre ein Schönes — sondern familiär geworden sein den Truppen gegenüber. Man sieht den Soldaten viel nach und schmeichelt ihnen, weil man sie braucht.

Mit den Soldaten kehrt denn auch die Schönewelt zurück. Die Damen fangen wieder an mit ihren galonirten Dienern in die Boutiken zu gehen, Toilettenstücke zu kaufen, und sich für die Salons zu rüsten, die man während der demokratischen Tage geschlossen hatte. Man stickt Chemisetts und Kragentücher mit den verschlungenen Namenszeichen des Prinzen, der Prinzessin von Preußen und des General Wrangel; man erfindet modische Toiletten in schwarz und weiß, und beneidet zweifelsohne das Zebra, das seine schwarz und weißen Streifen gleich von Gottes Gnaden auf die Haut bekommen hat.

Selbst die Geheimräthe der vormärzlichen Ministerien, welche ganz unsichtbar geworden waren, kommen schon wieder unter den Linden zum Vorschein, wie Nachtvögel nach Sonnenuntergang. Sie sehen aus, als ob sie innerlich fortwährend »Heil Dir im Siegerkranz« singen. Sängen sie es aber nicht gedankenlos, so würden sie wohl stocken vor dem schönen, wahren Verse, der also lautet:

»Nicht Roß noch Reisige
Sichern die steile Höh,
Wo Fürsten stehn!«

Es giebt eine Art, alte Gebäude zu stützen, die höchst bedenklich ist, weil die Schwere des zu Stützen verwendeten Materials, dem ohnehin schwankenden Hause leicht gefährlich werden kann, und davon machen die Fürsten jetzt vielfachen Gebrauch.

23.

Den 20. December.

Berlin kommt mir jetzt vor, wie Rom, wenn die Osterwoche vorüber ist, wenn alle Koffer gepackt werden, und die Menschen, welche sich dort im Laufe des Winters gefunden und einander lieb gewonnen haben, die Trennungsstunde immer näher und näher über ihrem Haupte schweben fühlen, ohne zu wissen, wann der Tag des Wiedersehens kommen wird.

Die Osterwoche, die Auferstehungszeit der Freiheit, scheint für dieses Jahr unwiderbringlich

zu Ende zu sein. Die meisten Deputirten rüsten sich zur Heimkehr, zur Abreise. Viele, die fern von hier wohnen und verheirathet sind, haben Berlin schon verlassen, um die Weihnachten in ihren Familien zuzubringen, diejenigen, welche noch bleiben, sind in sehr verschiedenen Stimmungen. Johann Jakoby, nach dem Du fragst, ist auch noch in Berlin. Er nimmt die Vorgänge so ruhig und gefaßt, wie er es immer ist.

Erinnere Dich, daß er einmal T... in unserer Gegenwart durch ein eben eingetretenes, ihm schmerzliches Ereigniß ganz außer sich gebracht sah. Damals sagte er mit seiner sanften, ruhigen Stimme: »Lieber Freund! in unserm Alter muß man nicht mehr verzweifeln.« So verzweifelt er auch jetzt nicht.

Als er am elften November zur gewohnten Stunde zu mir kam, fragte ich: »Nun, Jakoby! hatten Sie das erwartet?« — »Erwartet nicht gerade, aber ich hatte es für möglich gehalten und mich also darauf vorbereitet.« — »Und was wird jetzt geschehen?« — »Was ich von jeher geglaubt habe. In der Politik kann man immer voraussagen, was geschehen muß, nur das Wann ist unberechenbar. Für den Augenblick werden wir in die Provinzen nach Hause gehen. Es ist wahr, man wird die Mühe haben, einen Theil der Arbeit von vorn zu beginnen, indeß sie ist doch nicht mehr so schwer als früher, der Boden ist urbar gemacht, das ist schon viel.« — »Und Sie glauben an den Sieg der Demokratie?« — »Zuverlässiger als je. Ich sagte Ihnen ja neulich, daß der Absolutismus für sie arbeitet?« — »Aber werden wir diesen Sieg erleben?« — Jakoby sah mich lächelnd an. »Wollen Sie schon ungeduldig werden? Das ist eine Schwäche, die man sich abgewöhnen muß, wenn man das Auge auf die Weltereignisse richtet.« Dann schwieg er eine Weile, und hub darauf von selbst an: »Sein Sie unbesorgt, es endet mit einem Siege dessen, was uns Wahrheit ist. Jedes Volk macht seine lange Wüstenfahrt aus dem Bereich der Sklaverei in die Segnungen des gelobten Landes. Und wenn wir Alle den Tag der Ankunft nicht erleben — was thut's? — Wir Alle haben wie Moses das gelobte Land gesehen in geistigem Schauen, in festem Glauben; wir Alle wissen, daß es existirt, wir wissen, daß man es erreichen wird, und wollen geduldig die Wüstenfahrt mitmachen, ohne an uns selbst zu denken.«

Du weißt, wie wenig wortreich er im Ganzen ist, wie selten er auf solche Erörterungen eingeht. Um so tiefer erschütterte es mich. Er hatte etwas Seherisches in dem Augenblicke. Seine Gestalt kam mir größer vor, sein hellblaues Auge noch leuchtender und durchdringender als gewöhnlich, der Ausdruck von Klarheit, Milde und Güte, welcher ihm immer eigen ist, war wo möglich noch gesteigert. Sein Glaube hatte etwas so Ueberzeugendes, so Begeistertes — ich finde kein anderes Wort dafür — daß ich ebenfalls gläubig wurde im tiefsten Herzen. Er sprach langsam und leise wie immer, und doch lag die höchste Wärme in seiner Stimme. Mir fiel dabei ein Ausspruch ein, den er vor Jahren einmal gegen mich that.

Es war die Rede davon, daß viele Leute ihn einen kalten Verstandesmenschen, Andere einen Fanatiker oder gar einen Schwärmer nennen, und ich spottete über die Widersprüche. Jakoby aber meinte, die Leute könnten doch Alle Recht haben. »Die wirkliche Verstandeseinsicht, welche bis zur vollen Klarheit gediehen ist,« sagte er, »führt immer Begeisterung und Wärme mit sich. Man wird enthusiastisch aus Reflexion. Wenn Menschen für eine Idee, welche ihnen in der Theorie richtig scheint, in der Praxis keine Wärme haben, so liegt es darin, daß ihnen die Idee doch nicht vollkommen klar ist; denn wahre Ueberzeugung zwingt uns, ihr

auch im Handeln mit ganzer Hingebung und Selbstverläugnung zu folgen?«

Nie, in keinem Verhältniß habe ich ihn jemals gereizt gesehen, nie ein hartes Urtheil von ihm gehört. So auch jetzt nicht. Wo Andere mit Erbitterung, mit Verachtung und Zorn tadeln, hat er nur ein lächelndes Bedauern. Er sieht auf alle Reactionsversuche mit der geduldigen Zuversicht herab, mit der ein Verständiger das unbändige Toben eines Kindes betrachtet, von dem er weiß, daß es enden muß, wenn die Kraft dazu erschöpft ist. Als ihn neulich Jemand darauf aufmerksam machte, daß er ein stehender Artikel in den Spalten der Kreuzzeitung sei, daß jene Zeitung behaupte, er stehe in russischem Solde, er empfange russische Bestechungen durch ein Königsberger Handlungshaus, und daß er sich doch wenigstens dagegen vertheidigen sollte, antwortete er: »ich will dem Redakteur der Zeitung anbieten, ihm mein russisches Geld für den

22*

zehnten Theil des Betrages zu überlassen, das ist Alles, was ich thun kann. Uebrigens werde ich bald wie einst O'connel sagen können: »ich bin der bestverläumdete Mann des Königreiches!« und das ist denn doch auch tröstlich.«

Wahrscheinlich wird auch er in den nächsten Tagen abreisen, theils um seine medicinische Praxis in Königsberg wieder aufzunehmen, welche bisher von seinen Freunden vertreten ward, theils um dort zu wirken und zu schaffen, wo, wie er sagt, das eigentliche Feld seiner Arbeit ist. Einige der Deputirten, die auch für Frankfurt gewählt waren, wollen nach Frankfurt gehen, und von den nächsten Wahlen wird es abhängen, wann man sie hier in Berlin wiedersehen wird.

Die Stadt ist vollkommen ruhig, hie und da hört man von Haussuchungen nach verborgenen Waffen, aber sonst geht nichts Auffallendes vor, da man sich bereits gewöhnt hat, daß Berlin wie ein Feldlager, voll von Soldaten ist, die im Theater und auf den Promenaden wirlich das Civil ganz unsichtbar machen. Da Du Berlin seit dem Herbste nicht gesehen hast, würdest Du es sehr verändert finden. Der Nebel der Jahreszeit scheint trüber als gewöhnlich darüber ausgebreitet zu sein, aber man muß denken, daß es nicht ewig Winter bleibt, und daß Frühling und Sonnenschein ja wiederkehren.

21.

Sylvester Abend.

K.. pflegte zu behaupten, die Feier des Sylvester=Abends sei ein kindisches Unternehmen, nicht nur jene Feier, welche mit Spiel, mit Tanz und Maskenzügen das glücklich vollendete Jahr begeht, sondern auch jene, die in stillem Rückblick den Weg zu überschauen und das Wollen und Vollbringen des abgelaufenen Zeitraumes zu bedenken liebt. Es gehe an jedem Abende ein Tag, ein Jahr zu Ende. Aber er hat Unrecht. Nicht an jedem Abende hat man die Muße, die Stim=

mung, in sich selbst einzukehren und seine Arbeit, sein eigenes Werden zu betrachten, um sich der Existenz, die so schwirrend schnell dahinsaust, anders als in dem flüchtigen Genuß eines Augenblickes, in einer verschwimmenden Erinnerung oder in einem unbestimmten Hoffen bewußt zu werden. Nur was wir bewußt als Gelebtes in uns besitzen, das haben wir gelebt. Darum liebe ich Gedächtnißtage jeder Art. Sie sind Höhenpunkte, Grenzscheiden, auf denen man anhalten und die Welt betrachten soll, so weit sie unserm Auge erreichbar ist. Der Blick wird richtiger dadurch. Man sieht den einzelnen Felsblock, der uns den Weg versperrte, den wilden Strom, der uns ein Hinderniß ward, als Nothwendigkeiten in der Landschaft. Die Hütte, in der wir rasteten, der Baum, den wir gepflanzt, sie erscheinen uns nicht mehr als wesentliche Hauptsachen, und wir selbst empfinden, daß wir nicht der Mittelpunkt, sondern ein Atom sind in der Schöpfung.

Dies letzte Jahr aber vor allen andern muß man wohl als ein Ganzes von der Höhe herab betrachten, um nicht entsetzt zurückzuschaudern vor den Strömen von Blut, deren Spuren die frisch aufsprießende Freiheitssaat noch lange nicht vertilgt hat.

Wohl dem, der nicht Schuld ist an den Leiden dieses Jahres, der sich nicht sagen muß, hätte ich auf die Zeichen der Zeit geachtet, die bescheiden fordernden Bitten des Volkes seit Jahren nicht zurückgewiesen, mich nicht taub gemacht gegen unabweisliche Forderungen, ich hätte viel Unglück verhüten, den Ausbruch von Kämpfen verhindern können, die zu enden, zu beschwören jetzt in keines Menschen Macht mehr steht. Ich möchte keiner der Fürsten, keiner der Minister und Staatsmänner sein in dieser Stunde, welche sich einbildeten, das Rad der Zeit aufhalten zu können mit ihrem Arme, mit der Macht ihres Willens. Was jetzt geschehen ist, konnte Jeder

seit langer Zeit voraussehen, wenn er überhaupt nur sehen wollte.

Es sind nun fünf Jahre her, da schrieb ich in einer Novelle: »Weil man zu engherzig ist, den Armen auf der Erde zufrieden zu stellen, verweiset man ihn auf den Himmel, wo die Huld eines Gottes ihm das Glück gewähren soll, das man ihm weigert. Und selbst dies Glück wird ihm nur für den Fall verkündet, wenn er den ungeheuren Muth gehabt hat, all den Versuchungen zu widerstehen, welche unsere elenden Einrichtungen über ihn brachten. Man läßt ihn im Elende, man schützt ihn nicht vor Verzweiflung, man thut Nichts, ihn vor Verbrechen zu bewahren, und ist frech genug, zu sagen, der Gott, auf den man ihn vertröstet, werde eben so unerbittlich, eben so kurzsichtig sein, als irdische Justiz.«

Damals fanden viele meiner Bekannten diesen Ausspruch »extravagant!« — Die Welt sei nicht so schlimm, ich sähe zu schwarz. Die Verliner Censur belegte den unschuldigen genealogischen Kalender, in dem die Novelle stand, mit Beschlag. Die Novelle enthalte eine Aufreizung der niedern Stände gegen die höhern, sagte man. Als ob hungernde Männer und Weiber des Vogtlandes, welche auf den Straßen Lumpen sammeln für die Papierfabrikanten, genealogische Kalender mit Goldschnitt und Stahlstichbildern läsen! als ob ihr zitterndes Gebein, als ob die Wehklage ihrer hungernden Kinder, ihnen nicht unablässig und deutlicher zuriefen, was ich gesagt hatte. Endlich gab das Obercensurkollegium das Erscheinen des Buches frei, und Herr von Z..., der damalige Vorsitzende, erklärte, der angeführte Passus sei zwar ungesetzlich, aber da eine Frau ihn geschrieben habe, solle man ihn nicht weiter rügen und den Kalender frei geben.

Daran habe ich oft gedacht, als ein paar Jahre später der Berliner Kartoffelkrawall und der Nothschrei der hungernden schlesischen Weber

mit Flintenkugeln still gemacht wurden, weil man sie mit Versprechungen nicht mehr beschwichtigen konnte. Daran habe ich gedacht, als im Juni der Kampf in den Straßen von Paris wüthete, und daran denke ich, wenn die Besitzenden, die »staatsmännisch Gebildeten«, d. h. die durch den Egoismus hieb= und stichfest gemachten, mir sagen: »hoffen Sie denn immer noch auf die socialistischen Utopien? wollen Sie noch immer eine glückliche Menschheit sehen? glauben Sie noch immer, daß eine Gesellschaft ohne Noth und Elend bestehen könne?«

Ich habe dann nur die eine Antwort: »ich glaube es — und müßte es aus Egoismus glauben, wenn ich's nicht aus Liebe thäte.« —

Die Heiden opferten im Glücke den Göttern, um ihren Neid zu versöhnen. Wir müssen Opfer bringen, um die Noth der Darbenden zu sühnen, denn diese Noth wird sich noch stärker gegen uns wenden, als es schon geschehen ist, und vom Throne aus müßte der Opferdienst beginnen, wenn nicht die Throne und ihre Besitzer als erste Opfer der lange rastenden Nemesis fallen sollen.

Ich sehe manchmal im Geiste das Hereinbrechen einer Katastrophe vor Augen, so blutig, so grausenerregend, daß ich mich niederwerfen möchte vor die Machthabenden und sie beschwören »rettet! lenkt ein! gewährt, was Ihr doch nicht ewig werdet weigern können! Wollt nicht Erdengötter sein, denn Ihr seid nicht allmächtig, nicht allweise; kein Einzelwesen kann das sein, den gleichberechtigten, denkenden Millionen gegenüber. Begnügt Euch, Vollstrecker des Volkswillens zu sein, um Eures, um unseres Friedens willen! Es ist ein Großes, den Willen von Millionen darzustellen, der Ausdruck ihres Gesammtlebens, die Verkörperung des Gesetzes zu sein!«

Aber man würde den Angstruf wieder »ertravagant« nennen, und ihn allenfalls verzeihen, weil ein Weib ihn ausgestoßen hat. Und doch hat sich jene frühere Voraussicht nur schon zu sehr erfüllt, die ich ausgesprochen in einer Zeit, in der ich wenig mehr von der Welt wußte, als was ich in meinem Vaterhause und aus den Fenstern desselben gesehen hatte. Und jetzt in dieser Stunde frage ich mich: »was werden die nächsten Jahre uns bringen?« — Aber ich schaudere die Antwort zu hören, welche mein Bewußtsein mir giebt — ich zittre vor der Wüstenfahrt, so sehr ich auch glaube an das gelobte Land der Freiheit und einer glücklicheren Zukunft

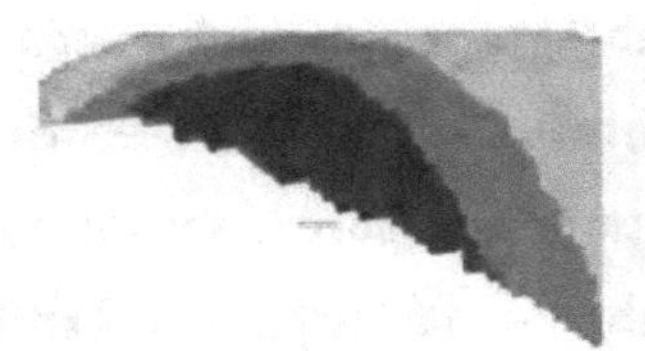

This book is a preservation photocopy.
It is made in compliance with copyright law
and produced on acid-free archival
60# book weight paper
which meets the requirements of
ANSI/NISO Z39.48-1992 (permanence of paper)

Preservation photocopying and binding
by
Acme Bookbinding
Charlestown, Massachusetts
1999

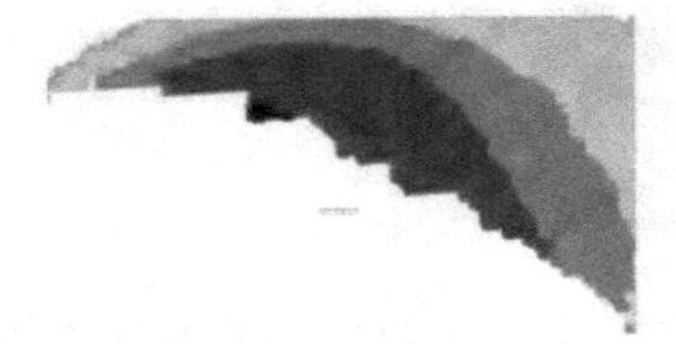

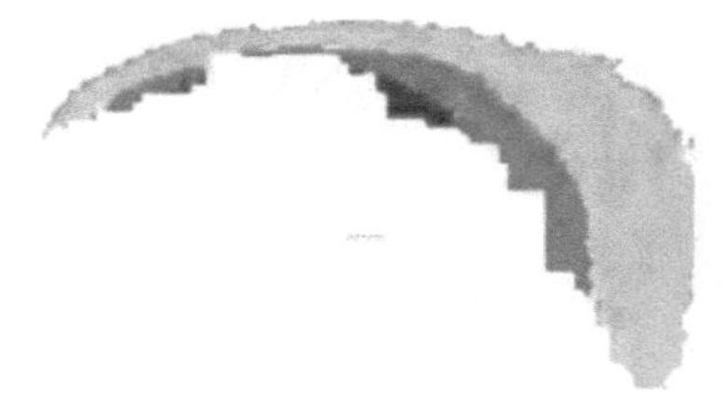

Zeitfracht Medien GmbH
Ferdinand-Jühlke-Straße 7
99095 Erfurt, Deutschland
produktsicherheit@kolibri360.de